LAURI QUINN
LOEWENBERG

POR QUE SONHEI COM ISSO?

COMO O SIGNIFICADO
DOS SEUS SONHOS
PODE MUDAR A SUA VIDA

Tradução
EVELYN KAY MASSARO

1ª edição

Rio de Janeiro | 2017

CIP-BRASIL. CATALOGAÇÃO NA FONTE
SINDICATO NACIONAL DOS EDITORES DE LIVROS, RJ.

Lowenberg, Lauri Quinn,

L953p   Por que sonhei com isso?: como o significado dos seus sonhos pode mudar a sua vida / Lauri Quinn Lowenberg; tradução Evelyn Kay Massaro. – 1ª ed. – Rio de Janeiro: Best*Seller*, 2017.

Tradução de: Dream on It: Unlock Your Dreams, Change Your Life
ISBN 978-85-770-1363-0

1. Astrologia. 2. Sonhos. 3. Interpretação de sonhos. I. Massaro, Evelyn Kay. II. Título.

CDD: 133.5
16-38635   CDU: 133.52

Texto revisado segundo o novo Acordo Ortográfico da Língua Portuguesa.

Título original:
DREAM ON IT: UNLOCK YOUR DREAMS, CHANGE YOUR LIFE

Copyright © 2011 by Loewenberg Inc.
Copyright da tradução © 2017 by Editora Best Seller Ltda.

Design de Capa: Marina Avila
Imagens de capa: Shutterstock

Todos os direitos reservados. Proibida a reprodução,
no todo ou em parte, sem autorização prévia por escrito da editora,
sejam quais forem os meios empregados.

Direitos exclusivos de publicação em língua portuguesa para o Brasil
adquiridos pela
EDITORA BEST SELLER LTDA.
Rua Argentina, 171, parte, São Cristóvão
Rio de Janeiro, RJ – 20921-380,
que se reserva a propriedade literária desta tradução.

Impresso no Brasil

ISBN 978-85-770-1363-0

Seja um leitor preferencial Record.
Cadastre-se e receba informações sobre nossos lançamentos e nossas promoções.

Atendimento e venda direta ao leitor
mdireto@record.com.br ou (21) 2585-2002.

Dedicatória

Para todos os sonhadores que me contaram seus sonhos.
Minhas pesquisas e este livro seriam impossíveis
sem sua confiança em mim.

E para meu avô, Miles Quinn, que veio a mim em
um sonho e mudou o rumo da minha vida.

Sumário

Agradecimentos	**9**
1. INTRODUÇÃO	**11**
2. SONHOS COM PESSOAS *Seus muitos papéis na vida*	**18**
3. SONHOS COM LUGARES *As diferentes áreas da sua vida*	**51**
4. SONHOS COM VEÍCULOS E VIAGENS *Navegando pelos caminhos escolhidos*	**76**
5. SONHOS COM ANIMAIS *Seus instintos e seu comportamento*	**101**
6. SONHOS COM O CORPO *Suas faculdades emocionais e psicológicas*	**124**

7. SONHOS COM CASAS E COM LAR 147
Sua autoimagem e seu estado de espírito

8. SONHOS COM CLIMA 167
Sua previsão meteorológica pessoal

9. SONHOS COM SEXO 184
A ânsia de se unir

10. PESADELOS 212
Questões ignoradas, malcuidadas e difíceis

Lista de verificação final 243
Glossário de sonhos 251

Agradecimentos

Acima de tudo, gostaria de agradecer a Deus por ter criado todos nós com esses teatros noturnos embutidos. Em minha opinião, foi um achado arquitetônico que não só nos permite ver nossa vida e comportamento a partir de uma perspectiva mais sábia, como também faz de nós pessoas um pouco mais interessantes. Sou grata para sempre ao meu impressionantemente lindo marido, que é e sempre foi meu maior fã. Quero agradecer meu filho por aguentar e obedecer a meus constantes pedidos... Exigências, para dizer a verdade, como "Desligue essa TV agora mesmo! Mamãe está escrevendo!".

Dra. Katia Romanoff, nunca poderei ser grata o suficiente por receber o seu aconselhamento e por tê-la como uma amiga para toda a vida.

Sou cheia de gratidão para com os sábios que pavimentaram o caminho que eu pretendia trilhar ao trazer o sentido prático dos sonhos para a humanidade: Carl Gustav Jung, Dra. Patricia Garfield e Dra. Gayle Delaney, só para mencionar alguns. Meus sinceros agradecimentos à minha agente, Meredith Dawson, por acreditar em mim e trabalhar muito em meu favor, e à minha editora, Hilary Teeman, que deu à luz seu primeiro filho na mesma época em que me ajudava a dar à luz este livro. Quanto aos sonhadores que contribuíram com uma parte da sua psique e da sua vida: quero deixar bem claro que vocês foram essenciais para mim. Muito obrigada a cada um de vocês. Por fim, quero agradecer ao Facebook, por fornecer uma plataforma que me permitiu entrar facilmente em contato com os sonhadores, o que acelerou o processo da criação deste livro. Quem, há alguns anos, poderia sonhar com algo assim?

Introdução

Crepúsculo, Avatar, Google, a máquina de costura, a teoria da relatividade...

Todas essas criações foram inspiradas por um sonho... Um sonho REM que todos temos quando dormimos. Ao longo da história, artistas, inventores, escritores e cientistas resolveram problemas e extraíram grandes inspirações dos seus sonhos. Você ficaria surpreso em saber quantas ideias e soluções importantes para problemas pessoais você está literalmente "sonhando" todas as noites de sua vida.

Note que *todos* nós sonhamos todas as noites, quer lembremos ou não dos sonhos. De fato, entramos em um estado de sonho — também chamado REM [*Rapid Eyes Movement*; em português, movimento rápido do olho] — a cada noventa minutos durante a noite inteira. Cada ciclo de sonho pode durar apenas três

POR QUE SONHEI COM ISSO?

minutos, mais ou menos, e o último sonho que temos antes de acordar pela manhã, desde que tenhamos dormido umas boas sete ou oito horas de sono, pode durar de 45 minutos a 1 hora. Em média, sonhamos cerca de cinco vezes todas as noites; e se você tiver a sorte de chegar perto dos 100 anos de idade, terá tido mais de 100 mil sonhos no decorrer da sua vida!

Você não consegue se lembrar dos seus sonhos ou quer lembrar-se deles mais inteiramente? É mais fácil do que você imagina. Sempre que acordar, quer seja no meio da noite para ir ao banheiro, quer seja de manhã para se levantar de vez, não se mexa! É essencial permanecer na mesma posição em que acordou, porque se trata da posição em que estava sonhando. Se movimentar o corpo, você se desconectará do sonho em que se encontrava poucos segundos antes. Se você usa um despertador para acordar, desligue-o sem demora e volte para a posição em que acordou, e dê-se alguns minutos para deixar o sonho voltar. Não pense no que precisa fazer nesse dia. Acalme a mente. Fique imóvel. Você ficará surpreso com o que está lá, esperando para ser capturado.

Se nada lhe ocorrer, comece a se fazer perguntas do tipo "como estou me sentindo?" "Quem estava comigo?" "O que eu estava fazendo?" Essas perguntas o ajudarão a ativar a memória, porque sempre vivenciamos alguma forma de emoção em nossos sonhos. Geralmente estamos com alguém, e com certeza estamos fazendo alguma coisa. Qualquer que tenha sido o seu sonho, mesmo que só se recorde de uma parte muito pequena dele, escreva sobre o que sonhou, ou no mínimo conte a alguém, porque você esquecerá tudo rapidamente. Crie o hábito de repetir essas ações e passará a se lembrar cada vez mais dos sonhos.

INTRODUÇÃO

> É como acontece com um músculo: quanto mais você fizer esse exercício simples, mais forte o músculo do sonho ficará. Prometo que as comportas se abrirão e você ficará impressionado com a vida que esteve vivendo à noite.

Infelizmente, uma infinidade de grandes ideias, conselhos e soluções passa despercebida, é esquecida ou simplesmente ignorada por ter sido "apenas um sonho". Eu lhe garanto que depois de ler este livro você nunca mais deixará de dar valor a seus sonhos.

Mas o que são esses estranhos filmes que rodam em nosso cérebro à noite, quando dormimos? De onde eles vêm? Qual é o seu propósito? Na noite passada sonhei que comprava um berço cheio de espaguete; isso significa que preciso procurar um psiquiatra? Que diabos é isso?

Desde a pré-história a humanidade se preocupa com os sonhos. Em 2001, uma expedição científica na Caverna Chauvet, situada na margem do rio Ardèche, na França, descobriu desenhos que supostamente representam um sonho. Os antigos romanos pensavam que os sonhos eram mensagens dos deuses, e muitos faziam peregrinações a templos especiais, onde passariam a noite na esperança de receber um sonho de sabedoria ou cura. Há mais de setecentas referências a sonhos e visões nas páginas da Bíblia, todas sugerindo que sonhos são mensagens de Deus ou de Seus anjos. Os antigos chineses acreditavam que um sonho acontece quando a alma deixa o corpo para viajar pelo mundo. Por isso, se fossem acordados subitamente a alma não conseguiria voltar. Até hoje os chineses não gostam muito de ter um despertador! Essencialmente, o consenso milenar é que sonhar é uma experiência poderosa e está conectada com algo muito maior do que nós.

POR QUE SONHEI COM ISSO?

Platão, o filósofo grego, foi um dos primeiros a entenderem que os sonhos não vêm de uma fonte externa, mas do *self* — muito embora ele acreditasse que os sonhos vinham do fígado! Dois mil anos depois, Sigmund Freud, o pai da moderna psicanálise, afirmou que de fato os sonhos vêm do self, da parte subconsciente do self. Ele até mesmo nos fez galgar mais um degrau ensinando-nos que sonhos não somente *vêm* do self, mas são *sobre* o self... o self sexualmente reprimido. Segundo Freud, praticamente tudo o que acontece em nossos sonhos está, de alguma maneira, conectado com nossos genitais e nossos desejos sexuais ocultos e devassos. Bem (suspiro), creio que esse era o reflexo de viver na pudica Era Vitoriana. Felizmente, Carl Gustav Jung, discípulo de Freud, logo apareceu e nos ensinou que os sonhos vêm mesmo do self, e são de fato sobre o self; e mais ainda, que compreender os sonhos nos ajuda a melhorar não apenas o self sexual, mas o self completo. Eu estou de acordo com a filosofia de Jung relacionada ao sonho. Creio que tudo o que há nos sonhos está ligado a alguma parte do self ou a alguma coisa ou pessoa que o afeta diretamente. Creio também que em todos os nossos sonhos há muitos arquétipos comuns (símbolos, imagens e temas) que guardam um significado coletivo ou compartilhado por quase todos nós. Creio ainda que a análise dos sonhos ou onirocricia, o termo médico para isso, é a forma mais criteriosa de autodescoberta que temos à nossa disposição.

Acredito que os sonhos são tão reveladores e poderosos porque creio que *sonhos são pensamentos*. Quando você está sonhando está pensando, mas em um nível muito mais profundo e focalizado do que o atingido quando acordado. Pense bem: quando você se retira para dormir, as luzes são apagadas, seus olhos se fecham e o mundo que o cerca desaparece. Não existem distrações. A mente, contudo, não para de funcionar. Seja qual for sua corrente de pensamentos, enquanto você adormece

INTRODUÇÃO   15

ela prossegue e começa a se interiorizar, e quando sua mente consciente, factual e acordada desliza para o estado de repouso, a mente subconsciente e profunda assume o controle. Entrando na fase REM, onde acontece o sonho, uma estrutura localizada no tronco cerebral, chamada ponte, envia sinais para o córtex cerebral (região do cérebro responsável pela maioria dos processos de pensamento) avisando que o sonho começou e que agora está ocorrendo um pensamento sério e profundo. Portanto, aquela corrente de pensamento desperta que usava palavras e sobre a qual sua mente consciente exercia controle, agora está sendo controlada pela mente interior subconsciente e não mais usa apenas palavras, mas também imagens, experiências e emoções. Seus pensamentos se transformaram em sonhos.

Se sonhos são pensamentos, por que são tão bizarros? A minha melhor explicação é que quando sonhamos estamos pensando por meio de metáforas.

"Ela é saudável como um cavalo"; "Está chovendo pra burro"; "Ele não passa de um bebezão". As metáforas comparam duas coisas para poder criar um quadro que nos ajuda a entender a situação. Quando estiver conversando com alguém, preste atenção no número de metáforas empregadas durante a conversa. Talvez você fique surpreso com a lista crescente delas. É natural nos comunicarmos dessa forma. Os sonhos funcionam da mesma maneira. Mas, em vez de falar uma metáfora, eles lhe dão vida.

Por exemplo: não é nada divertido quando você sonha que está se afogando; mas, quando você acorda e respira profundamente, precisa perguntar a si mesmo qual é a parte da sua vida que poderia ser comparada a um afogamento. Em que área você está tendo dificuldade para continuar na superfície? Por que está afundando? Como numa metáfora, seus sonhos ilustram o que está acontecendo em sua vida e qual é seu real sentimento sobre isso... E até o que você precisa fazer a respeito!

Acredite ou não, em muitas ocasiões os sonhos nos mostram como lidar com problemas específicos, sobretudo quando sonhamos com pessoas que vemos diariamente, como nossos filhos, cônjuges ou chefes. Neste livro, usando exemplos da vida real, eu lhe mostrarei — através dos sonhos — como você conversa consigo mesmo sobre o que está acontecendo em sua vida, que direção deve tomar para atravessar situações difíceis e como encontrar o que de fato, verdadeira e profundamente, necessita para viver a vida para a qual foi destinado.

Este livro apresenta, divididos em capítulos separados, os temas de sonhos mais comuns, como com animais, veículos, pesadelos etc. Eu lhe mostrarei como esses temas variados estão conectados com uma área específica da sua vida ou da sua personalidade. Em vez de folhear o livro para chegar ao tema particular que mais lhe interessa, eu o incentivo a ler tudo até o fim, porque as capacidades, habilidades, dicas e interpretações que aprenderá nos diferentes capítulos irão se acumulando e não gostaria que perdesse lições importantes e valiosas. Todavia, recomendo que depois de lê-lo até o fim você o deixe à mão para usá-lo como referência. Se tiver um sonho maluco com um leão, por exemplo, procure diretamente o capítulo sobre felinos predadores e conseguirá encontrar a resposta que deseja.

Como já mencionei, eu ilustrarei os temas com exemplos de sonhos da vida real, contados por pessoas reais. Os exemplos que escolhi não indicam de modo algum que esses são os únicos sonhos que podem conter tais temas e símbolos. Minha intenção ao selecioná-los foi mostrar como esses temas e símbolos comuns funcionam no contexto de um sonho para transmitir uma mensagem ao sonhador sobre uma situação da sua vida real. É provável que você encontre ligação com um grande número de sonhos e histórias da vida real que se encontram neste livro. Entretanto, mesmo que você nunca tenha tido nenhum

INTRODUÇÃO 17

dos sonhos relatados no livro, o processo que emprego para examiná-los pode ser aplicado aos seus próprios sonhos para que você consiga obter as poderosas mensagens pessoais. Existe um método na loucura dos sonhos, e há também um método na loucura da interpretação.

Quando você conseguir compreender os sonhos, descobrirá que eles são o melhor lampejo de realidade que está à sua disposição. Eles lhe permitem ser brutalmente honesto consigo mesmo quando sua mente consciente acordada se recusa a sê-lo. Os sonhos são o modo como você se espicaça devido a um comportamento recorrente que precisa corrigir, ou a uma questão para a qual não está dando a necessária atenção. Essa é a causa dos sonhos recorrentes. Eles também são seus melhores amigos e conselheiros quando precisa tomar uma decisão importante ou resolver um problema difícil. Ninguém sabe realmente o que é melhor para você — só você mesmo! Muitos dizem que têm os melhores pensamentos quando estão no banho, mas a verdade é que isso acontece quando estamos sonhando.

FATO FASCINANTE SOBRE OS SONHOS: Alguma vez você se perguntou por que os olhos se movimentam de um lado para o outro sob as pálpebras durante o REM? É porque estamos assistindo ao que está acontecendo no sonho!

Sonhos com pessoas

SEUS MUITOS PAPÉIS NA VIDA

Mãe, Pai, Homens e Mulheres Desconhecidos, Bebês, Crianças, Celebridades, Chefe, Médico, Polícia, Colegas de Escola

A experiência humana nos permite ser criaturas multidimensionais. Nossa personalidade tem muitos aspectos e são muitos os papéis que desempenhamos na vida. Existem os papéis naturais e constantes como o de pai, cônjuge e amigo, por exemplo. E há os papéis que temos de desempenhar de vez em quando para realizar alguma coisa, como o papel de juiz quando temos de tomar uma decisão, o de terapeuta quando um amigo está com um problema difícil

SONHOS COM PESSOAS

de resolver, ou o papel de banqueiro quando um parente precisa de empréstimo. Como existem muitas partes do self e inúmeros papéis na vida em vigília, uma grande variedade de personagens ganha vida nos sonhos e é importante manter em mente que cada um desses personagens é, na verdade, o self disfarçado!

> Quando você sonha com alguém com quem convive sob o mesmo teto ou com quem você lida diariamente e tem certa intimidade, como seu cônjuge, filho ou sócio, essas pessoas não são símbolos das facetas do seu eu e provavelmente estão desempenhando seu próprio papel, e aparecem no seu sonho porque existe alguma questão ou problema em que elas também estão envolvidas. O modo como se comportam no sonho e a forma como você se comporta em relação a elas frequentemente lhe dão um esclarecimento sobre o quanto essas pessoas são úteis ou prejudiciais, positivas ou negativas, ou como está seu relacionamento com elas na vida desperta.

Em outras palavras, todos que aparecem no seu sonho representam uma parte de você. Você desempenha todos os personagens nas produções cinematográficas dos sonhos porque eles são mensagens vindas de você, para você e sobre você. Portanto, quando sem mais nem menos você sonha com a principal animadora de torcida da escola da sua adolescência, isso não tem nada a ver com ela... É algo relacionado a *você* e ao modo como assumiu esse papel no dia anterior, ou como precisa assumir esse papel agora mesmo. Talvez tenha sido necessário alegrar ou incentivar alguém, ou seu sonho pode estar lhe dizendo que *você* precisa ficar mais alegre, que as coisas não estão tão ruins quanto imagina. Entendeu como funciona? Lembre-se, cada

POR QUE SONHEI COM ISSO?

pessoa em seu sonho, quer realmente exista ou não, é parte da sua *personalidade* e está ali para lhe mostrar como você está desempenhando um papel atualmente em sua vida.

Neste capítulo estudaremos as pessoas mais comuns que visitam nossos sonhos, e como eles não somente nos refletem mas também nos ensinam sobre os muitos papéis que desempenhamos quando estamos acordados.

MÃE

Conforme minhas pesquisas, em média as mães aparecem em nossos sonhos uma vez por semana; por isso quis começar com elas. A mãe é a figura central e mais importante para praticamente todos os humanos deste planeta. A mãe nos alimenta e cuida de nós, nos conforta, nos disciplina, nos ama incondicionalmente, nos perdoa e sabe o que é melhor para nós. Mamãe nos ensina a lavar bem nossas orelhas, a comer direito, o que devemos fazer quando ficamos gripados e como tratar uma ferida. Quando deixamos o ninho, levamos esse *know-how* conosco e continuamos a aplicá-lo em nós mesmos e em nossos entes queridos. Ocasionalmente, também necessitamos do conforto que só a mãe pode proporcionar. Quando estamos doentes, enfrentando dificuldades, quando a vida nos põe de joelhos, nós — mesmo que seja só internamente — chamamos nossas mãezinhas. O conhecimento nutridor e a necessidade de conforto surgem nos nossos sonhos sob a forma de nossa própria mãe ou figura materna! Basicamente, mamãe em um sonho é a manifestação de tudo o que você associaria com a palavra mãe: conforto, ensinamentos nutridores, disciplina maternal e até fertilidade.

> *Sempre tenho esse sonho em que estou brigando com minha mãe, mas não é só uma troca de desaforos, é uma luta física. Nós nos damos bem e às vezes discutimos, mas quando tenho esse sonho normalmente estamos em boa harmonia. — Carol, 28*

SONHOS COM PESSOAS

LAURI: O mais provável é que esses sonhos não sejam sobre sua mãe, mas sobre *seu* papel como mãe. Será que está sendo castigada por alguma coisa? Por acaso está se sentindo culpada porque tem dúvidas sobre o modo como trata seus filhos? Possivelmente tem esse sonho sempre que atravessa um período de conflito interno sobre como disciplinar seu filho, ou quando sente que não está sendo a melhor Mamãe que poderia ser. Seu sonho está lhe mostrando o que você está fazendo a si própria. Pare de se castigar.

> **Existem ocasiões em que sua mãe será ela mesma.** Isso ocorre quando existe algum problema atual com ela. Se ela está doente, por exemplo, e está constantemente em seus pensamentos, se existe alguma situação em que você e ela estão ativamente envolvidas e têm que lidar uma com a outra diariamente, então sua mãe provavelmente não está simbolizando sua energia nutritiva. Neste caso é importante se atentar a forma como ela está se comportando ou em que condições físicas ela aparece no sonho. Esses indícios serão um retrato honesto do quão ineficiente, útil ou prejudicial você a percebe nessa situação de sua vida acordada.

CAROL RESPONDE: *No que me diz respeito como mãe, eu de fato sinto que não sou boa o suficiente. Acontece que passo pouco tempo com meus filhos devido ao trabalho e por estar fazendo um curso de enfermagem. Por isso, saio cedo de casa e volto tarde, e seria por isso que estou me castigando. Faz sentido.*

O sonho de Carol a mostrava sob a forma de sua própria mãe para ajudá-la a se conscientizar de que estava sendo muito rígida consigo mesma. Ela nunca seria ríspida com a mãe; então, por que está sendo tão severa com a mãe de seus filhos?

POR QUE SONHEI COM ISSO?

Se você é mãe, como Carol, seus sonhos com mãe provavelmente estão comentando seu papel como mãe. Qualquer elemento negativo no sonho talvez seja um reflexo das suas próprias frustrações com a maternidade. Se ainda não é mãe mas está tentando ou desejando ser, vai sonhar com sua própria mãe... É uma carga e tanto! Se você é homem, mamãe geralmente representa sua capacidade de cuidar de si mesmo e dos que o cercam.

> Se sua mãe ou figuras maternas foram ausentes, negligentes ou abusivas na vida real, elas podem surgir num sonho e se comportar de maneira ameaçadora, negativa ou simplesmente assustadora. Nessa circunstância, sobretudo se os sonhos forem repetitivos, a mãe representaria sua própria sensação de desaprovação, raiva e insatisfação consigo mesma ou que você está projetando nos outros na época do sonho. Se os sonhos negativos com mãe são recorrentes, a situação indica que você não conseguiu se livrar da negatividade que lhe foi instilada por sua mãe ou por uma figura materna quando você era criança, e por isso talvez seja interessante procurar ajuda profissional para superar o problema

A mensagem dos sonhos com mãe: Dê uma boa olhada no lado nutridor da sua personalidade e compare-o com a figura materna do seu sonho. Você anda cuidando bem da sua saúde? Esteve "servindo de mãe" para os outros excessivamente? Está sem rumo na criação dos seus filhos? Sente que seu instinto maternal desapareceu? Quando mamãe está doente, ferida, brava ou ameaçadora, sua própria capacidade de nutrir e proporcionar bem-estar a si mesma e aos outros precisa de atenção e nova direção. Talvez seja um aviso para cuidar melhor de si própria ou de alguém à sua volta, ou reavaliar o modo como cuida dos seus filhos. Menos frequentemente, poderia indicar um caso de infertilidade que precisa de mais atenção de sua parte. Quando a mãe é um personagem feliz, saudável e disposto a ajudá-la em seus sonhos, isso mostra que seu nutridor interno está funcionando bem em sua vida. Afinal, todos nós precisamos de nossas mamães, mesmo o nosso eu interior.

PAI

Tradicionalmente o pai é o provedor, o que toma decisões e usa as calças, e também o que se encarrega da disciplina mais severa. Portanto, papai em um sonho geralmente representa esses papéis em você mesmo. Se estiver enfrentando problemas financeiros, se se vir forçado a tomar uma decisão difícil, se houver dificuldades no trabalho ou na carreira, ou se de alguma maneira você tiver de se impor durante o dia, não se surpreenda se o velho e querido papai surgir em seus sonhos à noite.

> *Sonhei que meu pai havia falecido, mas quando fui à sua casa ele estava lá e me ajudou a cuidar dos arranjos para o seu funeral. — Jamie, 28*

LAURI: A menos que você esteja preocupado com a saúde de seu pai na vida real, esse sonho não tem nada a ver com ele. Seu pai está representando seu próprio "pai interior", ou seja, a parte de você que toma decisões e que traz a comida para casa. O fato de seu pai morrer em um sonho sugere que sua capacidade de tomar uma boa e firme decisão, ou de trazer comida para a família e administrar essa comida, não está disponível para a sua pessoa. Então, qual é a história? O modo como seu pai o ajuda a cuidar dos arranjos do funeral me leva a acreditar que esse sonho está ligado às finanças. Apesar de você sentir que seu conhecimento financeiro está indo para o brejo, sua mente sonhadora quer lhe garantir — por meio da forma do seu pai — que essa parte sua está viva e saudável. O sonho também mostra que em finanças — e também em funerais — o planejamento e providências tomadas são essenciais. Você é capaz. Não seja tão rápido em enterrar essa parte do seu ser.

JAMIE RESPONDE: *Eu sentia que estava "encalhado" em minha situação financeira. Eu estudo em período integral, tenho um emprego em tempo integral e faço dois bicos em casa. Faz muito sentido saber que eu estava tentando dizer a mim mesmo que eu poderia encontrar meios de diminuir minha carga de trabalho por meio de um planejamento e arranjo financeiro. Para provar, quando comecei a procurar por modos alternativos de ganhar um pouco mais de dinheiro, parei de ter o sonho!*

Tenha em mente que o símbolo "pai" não tem nada de machista. Quer seja ou não verdadeiro na família de um indivíduo, ele é verdadeiro como arquétipo universal. Mesmo que alguém não considere os homens como provedores e tomadores de decisões, isso é a norma cultural, e o subconsciente frequentemente endossa as normas. Descobri que homens e mulheres tendem a sonhar com o pai quando enfrentam problemas financeiros. Esse arquétipo talvez sofra mudanças, já que mais e mais mulheres estão assumindo o papel de provedor financeiro do lar. Mas, por enquanto, no que diz respeito aos sonhos, papai é o cara do dinheiro.

Para homens que são pais, papai em um sonho diz respeito muitas vezes ao seu próprio papel de pai, assim como a mãe de uma mulher num sonho pode estar ligada ao seu papel como mãe. Portanto, pais, a mesma regra se aplica a vocês. Qualquer elemento negativo nos sonhos provavelmente é um reflexo de suas próprias frustrações com a paternidade. Se você ainda não é pai, mas está tentando ou esperando ser, vai sonhar muito com seu pai.

SONHOS COM PESSOAS

> **Se seu pai ou figura paterna foi ausente, indiferente ou abusivo na vida real,** ele pode representar sua própria sensação de desaprovação, raiva ou insatisfação para com você mesmo ou que você está projetando nos outros. O melhor modo de saber se esse é o caso é lembrar-se do que aconteceu no dia anterior ao sonho com seu pai. Seus pensamentos ou seu comportamento o fizeram lembrar-se dele e do modo como se comportava? Se for esse o caso, e sendo um tema repetitivo em sua vida, é uma boa indicação de que não conseguiu deixar para trás a negatividade instilada em sua mente quando era criança devido ao comportamento ou ausência do seu pai, alertando-o para procurar ajuda profissional a fim de superar esse problema

A mensagem dos sonhos com pai. Papai sabe tudo, como se costuma dizer, por isso observe atentamente o seu pai no sonho porque ele reflete seu eu interior que conhece, decide, disciplina e financia. Um pai doente ou moribundo geralmente indica problemas financeiros ou incapacidade de repreender severamente. Um pai ameaçador ou prejudicial está ligado ao seu próprio medo ou raiva por causa de finanças ou decisões, enquanto um pai saudável e colaborador indica seu próprio conhecimento sadio e razoável sobre finanças ou seu *know-how* paternal.

HOMENS E MULHERES DESCONHECIDOS

Você provavelmente já conhece ou ouviu falar do conceito chinês de yin e yang. Segundo a filosofia, yin e yang são opostos complementares dentro de um grande todo... O negativo e o positivo, as trevas e a luz, e o mais popular desses opostos, o homem e a mulher. A energia yang, ou masculina, é a que faz o indivíduo ser assertivo,

26 POR QUE SONHEI COM ISSO?

pronto a comandar e até agressivo. A energia feminina, ou yin, é a sensibilidade, a criatividade, a capacidade de nutrir e a passividade. Essas energias masculinas e femininas em nosso interior frequentemente estão em conflito, e muitas vezes uma subjuga a outra. Os que têm muita energia masculina assertiva costumam combater a ideia de recuar, desistir ou admitir sensações de incerteza ou vulnerabilidade. Por sua vez, os que têm muita energia feminina sensível e nutridora com frequência combatem a ideia de manter sua posição, superar reveses ou assumir a liderança. O conceito de yin e yang é que essas forças opostas, quando equilibradas, se complementarão, em vez de entrar em conflito. Quando há o equilíbrio entre as duas, o indivíduo é considerado completo, motivo pelo qual o símbolo yin/yang, também conhecido como Taiji, é um círculo perfeito com igual quantidade de preto (yin) e branco (yang).

Sua mente sonhadora lhe apresentará suas próprias energias masculinas e femininas sob a forma de um homem ou de uma mulher para lhe mostrar como você está utilizando bem ou mal essas forças. Não importa qual o seu sexo, homens desconhecidos no sonho estão refletindo seu lado que, quando é preciso, "vai pra cima" e cuida da situação. Mulheres desconhecidas refletem seu lado passional, sensível, nutridor e criativo.

Lembre-se: todas as pessoas em seu sonho estão conectadas a uma parte de sua personalidade.

Desde a minha separação, estou sonhando com homens que não conheço na vida real. Terminamos sentando e conversando, e eles ficam todo o tempo segurando minha mão ou acariciando-a delicadamente. — Brenda, 48

LAURI: Você está se conscientizando de que provavelmente terá de se sustentar e administrar sua casa sozinha por algum tempo, e talvez isso a deixe um pouco preocupada. Portanto, sua mente sonhadora está intercedendo e lembrando-a de que tudo o que realmente necessita já existe em seu interior. Você está completamente equipada para, se necessário, cuidar das coisas sozinha. Os sonhos estão tentando fazer você entrar em contato com seu lado masculino, a parte de você que é assertiva, toma decisões e traz a comida para casa. Acredite ou não, às vezes descobrimos a totalidade do nosso eu quando passamos por um divórcio ou separação, porque a situação nos força a agir. Certas qualidades e habilidades inatas se tornam ociosas quando "nossa outra metade" se encarrega de parte do trabalho. Você provavelmente está sendo obrigada a fazer mais do que antes, em especial as "coisas de homem", como levar o lixo para fora ou trocar o courinho da torneira que não para de pingar. Você já notou que os homens estão sempre acariciando suas mãos? As mãos simbolizam suas capacidades. Os sonhos estão focados em suas mãos porque é o modo como você garante a si mesma que é plenamente capaz de cuidar de todas as coisas que agora repousam sobre seus ombros. Esses sonhos são bons para você e estão vindo para lhe dar poder, irmã!

BRENDA RESPONDE: *Faz muito sentido. Estive mesmo um pouco preocupada com minha capacidade de cuidar dos problemas sozinha. Faz algum tempo que venho passando por uma fase de muito estresse.*

O sonho de Brenda é um perfeito exemplo de como a energia masculina se manifestará em nossos sonhos sob a forma de um homem desconhecido. No caso de Brenda, seu eu masculino está lhe dando confiança. No entanto, homens desconhecidos em sonhos de mulheres podem ser ameaçadores, o que geralmente acontece devido ao nosso medo de utilizar nossa energia assertiva. Como as mulheres não querem ser rotuladas de "machonas", tendemos a ser mais agradáveis do que firmes e enérgicas.

Essa mesma regra se aplica quando um homem sonha com um desconhecido. Esse desconhecido é o seu próprio eu assertivo ou "durão". Nos sonhos dos dois gêneros, a condição e o comportamento do homem desconhecido é um retrato da atual energia masculina assertiva da pessoa quando se encontra acordada. Um homem pequeno, doente ou ferido indica a necessidade de fortalecer essa energia. Um homem generoso, disposto a ajudar, e atraente (sim, isso vale para os dois gêneros) indica o desejo de ser vigoroso, e muitas vezes que esse desejo foi realizado com frequência. Um homem grande, raivoso ou hostil frequentemente denota excesso de agressividade ou — em especial nos sonhos de mulheres — medo da capacidade de ser agressiva.

Porém, quando nosso yin ou yang estão sendo ignorados em vez de serem temidos, eles, como uma criança desejando atenção, aparecem nos sonhos como uma mulher ou um homem desconhecido fazendo coisas esquisitas.

> *Estou falando com meu colega em nossa sala de pintura e vejo essa garota praticamente nua rolando pela poeira no chão (estivemos trabalhando com muito pó de gesso e ele agora está cobrindo tudo). Ela usa um short de grife, marca Daisy Duke, e um top curto. Não quero saber por que essa garota desconhecida está rolando de um lado para o outro na minha área de produção, digo ao meu colega que vou sair para verificar outra coisa. — Ryan, 30*

LAURI: A jovem desconhecida no seu sonho é o yin do seu yang, sua energia feminina, que é sensível, criativa e talvez até passiva. O modo como rola no pó me leva a acreditar que o mais provável é que seja a sua criatividade... Sua musa! Existe algum projeto artístico em que você gostaria de mergulhar e sujar as mãos ao executá-lo? Talvez seja por isso que ela está rolando por todos os lados e se sujando no pó. Mas, em vez de ir em frente você *cortou* o projeto, daí o short e o top curto? Será que deixou de lado ou ignorou alguma ideia ou projeto na vida real, da mesma maneira que saiu da sala depois de ver a moça no sonho?

RYAN RESPONDE: *Se ela é o yin do meu yang, então minha outra metade é bonita para valer! Estive trabalhando na criação de uma cidadezinha nevada para uma conhecida cadeia de lojas de presentes. Eu já tinha começado a avançar no projeto, esculpindo o isopor para fazer as colinas e os vários níveis do meu vilarejo, abrindo canais para a passagem de fios de eletricidade e similares. Mas então entrei em um relacionamento e só vinha para casa na hora de dormir e me arrumar para o trabalho, por isso parei com tudo. Eu tinha a esperança de terminar meu projeto para a época das festas, mas acho que estou atrasado demais. Quando você atribuiu significados a todos os símbolos, o sonho fez sentido. Parece que basicamente ela (minha outra metade) está dizendo: "Ei, quero sair e brincar e fazer casinhas!"*

Embora a moça desconhecida de Ryan represente sua energia criativa, lembre-se de que — não importa qual for o seu gênero — mulheres desconhecidas também estão ligadas à sensibilidade e à compaixão. Mais frequentemente, mulheres desconhecidas em sonhos de homens costumam ser a "donzela em aflição" e estão em alguma forma de estado de enfraquecimento ou perigo para lhes mostrar que precisam fortalecer seu lado feminino. Isso ocorre porque muitos homens não se sentem muito à vontade com sua energia yin, pois a exibição de sensibilidade pode ser percebida como um sinal de fraqueza. Todavia, a mente interior, que é sábia, quer que a energia yin seja utilizada, porque na verdade o homem se torna mais poderoso e equilibrado quando sabe ser um bom ouvinte e quando mostra sensibilidade em relação aos outros.

30 POR QUE SONHEI COM ISSO?

Todos nós temos energia feminina e masculina em nosso interior. Em geral, os homens têm mais yang e as mulheres mais yin. A chave da vida é criar o equilíbrio perfeito entre ambas as energias. Independente de gênero, todos nós precisamos ter a capacidade de sermos sensíveis e nutridores, sem exagerar nas emoções, bem como necessitamos de firmeza e determinação, sem no entanto exagerar na agressividade.

A mensagem dos homens e mulheres desconhecidos nos sonhos: É hora de equilibrar as partes masculinas e femininas da sua personalidade. Preste atenção no que a mulher ou o homem está fazendo no sonho, porque isso mostrará se você está utilizando bem sua energia masculina assertiva ou sua energia feminina nutridora. Como acontece com os equilibristas que andam na corda bamba, sem o devido equilíbrio você certamente cairá.

BEBÊS

O comediante Don Herold uma vez escreveu: "Bebês são um modo muito legal de começar pessoas." Quanta verdade! Bebês são novos em folha, imaculados e preciosos começos. Eles são o início de uma vida completamente nova, e isso é exatamente o que o bebê significa em um sonho: o começo de uma nova parte de você ou de sua personalidade.

Tenho um sonho recorrente que envolve um bebê asiático deixado na minha porta. Estou me arrumando para ir à escola e abro minha porta da frente, e então me deparo com esse adorável bebê. O sonho nunca aconteceu antes de eu começar a fazer o curso de enfermagem em agosto passado. — Katrina, 23

SONHOS COM PESSOAS

LAURI: Bebês simbolizam algo novo em nossa vida, sobretudo uma nova parte de nosso ser que precisa de *muita* atenção e cuidado para crescer e alcançar seu pleno potencial. Isso sem dúvida se aplica à escola de enfermagem, porque quando você se formar começará uma vida totalmente nova. Porém, o bebê não nasceu de você, apenas foi colocado na sua porta. Pense bem: será que na vida real a decisão de estudar enfermagem foi repentina? Será que não teve tempo suficiente para incubar a ideia? A porta aberta também nos mostra que você tem consciência de que ela abre um mundo de oportunidades. O fato de o bebê ser asiático indica que a escola de enfermagem talvez seja algo "estrangeiro" para você, algo difícil de entender no momento, mas que com estudo e diligência você acabará compreendendo.

KATRINA RESPONDE: *Estou sempre dizendo que a enfermagem é como uma língua "estrangeira", e eles nos ensinam a andar, conversar, pensar e agir tal qual uma enfermeira, como se eu fosse me ligar a outra cultura ou raça de pessoas. Toda a situação, o fato de ter sido aceita no programa, aconteceu muito rápido, trazendo uma enorme adaptação na minha vida. Por isso, sim, foi súbito. Muito obrigada!*

Como o bebê deixado em sua porta, Katrina tem uma vida completamente *nova* esperando por ela, e deve continuar a cultivá-la e concentrar-se nela. Também é importante saber se no sonho o bebê é seu ou de outra pessoa. No sonho de Katrina, ela não pariu a criança; o bebê surgiu de repente, o que se conecta com o fato de ela não ter tido tempo de pensar melhor na ideia ou de se preparar para cursar enfermagem. Quando você sabe que o bebê é seu ou sonha que está dando à luz, a indicação é que o novo elemento em sua vida ou que está dentro de você virá por seus esforços, seu *trabalho de parto*, e os frutos desses esforços agora estão aqui e prontos para terem de você a devida atenção e cultivo.

32 POR QUE SONHEI COM ISSO?

Se no sonho você encontra um bebê ou recebe uma criança que não é sua, é um bom indício de que na vida real você assumiu alguma coisa, um projeto ou ideia que não se originou em sua pessoa, mas ainda assim tem potencial para criar uma nova vida.

Às vezes, um bebê pode estar ligado à parte do self que age como uma criancinha que precisa ser mimada ou a alguém à sua volta que, em sua opinião, está agindo como um bebê.

Se o bebê do sonho for o seu na vida real, é mais provável que seja sobre o seu bebê e não sobre você mesmo. Todavia, se seus filhos estão crescidos e você sonha que são bebês, então precisa considerar se isso acontece porque continua a tratá-los como crianças em vez de lidar com os adultos que se tornaram.

A mensagem dos sonhos com bebês: Então, o que há de novo? Deve haver algum novo elemento em sua vida ou em seu interior que precisa do seu carinho e atenção: algo que talvez pareça muito pequeno agora, mas que provavelmente irá crescer e melhorar. O modo como se sente em relação ao bebê do sonho está diretamente ligado ao que sente sobre o novo aspecto de sua vida. O estado do bebê no sonho reflete a condição dessa nova parte da sua vida ou do seu self. E, como um bebê, esse novo elemento — desde que receba os cuidados necessários — tem infinitas possibilidades.

CRIANÇAS

Enquanto um bebê é um novo começo, uma criança está em progresso e continua crescendo, aprendendo e se desenvolvendo e ainda precisa de cuidados e atenção. Não é incomum alguém se referir a uma ideia, projeto ou habilidade completamente nova como algo que "está na infância". O fato é que a mente sonhadora apresenta-

SONHOS COM PESSOAS

-nos sob a forma de uma criança essa atividade em progresso que ainda está crescendo e se desenvolvendo, como na fase da infância.

Por cerca de sete anos tive um sonho no qual estou em companhia de um menino que se perdeu dos pais. Junto com ele, procuro no meio de uma multidão para tentar ajudá-lo a encontrar a família. Todos tentam me impedir, dizendo que ele é meu filho. O garoto está tão confuso quanto eu. Eu jamais encontrei a família dele no sonho. De início eu acreditava que o sonho me dizia que um dia eu teria outro filho, mas não tenho intenção de engravidar e nunca pretendi adotar. — Treena, 33

LAURI: Esse sonho não tem nada a ver com uma criança que está lá fora, em algum lugar, mas é sobre você mesma. O menino do sonho está perdido e representa algo em sua vida com que você perdeu contato e precisa encontrar de novo. Pode ser uma ideia, projeto ou relacionamento, ou mesmo uma parte sua que foi abandonada por um motivo qualquer e que sua mente interior deseja que você recupere. Meninos em sonhos geralmente representam uma energia masculina que ainda não está desenvolvida de modo pleno. O fato de ter se tornado mãe a amoleceu um pouco? Aconteceu alguma coisa nos últimos sete anos que a está impelindo a reconhecer, alimentar e desenvolver sua energia masculina assertiva?

TREENA RESPONDE: *Creio que faz sete anos que decidi criar meus filhos sozinha porque o "pai" deles claramente achava que tinha melhores coisas a fazer. Talvez essa energia masculina assertiva precisasse se manifestar em modos de disciplinar meus filhos e fazê-los me ouvir. Sim, sou mesmo molenga com as crianças. Como só têm mãe e nenhuma figura paternal, falta a eles essa assertividade masculina em suas vidas.*

Lembra-se de quando falei sobre o yin e o yang, a energia masculina assertiva e a energia alimentadora feminina que frequentemente surgem nos nossos sonhos como homens e mulheres desconhecidos? O mesmo vale para meninos e meninas, e isso acontece quando nossa energia feminina ou masculina não está plenamente desenvolvida — como vemos no sonho de Treena — e precisa de nossa atenção para que possa atingir seu pleno potencial. Assim que Treena decidiu que teria de criar os filhos sozinha, sua mente sonhadora sempre sábia interferiu e começou a lhe dar os sonhos do menininho perdido a fim de lhe avisar que para ser bem-sucedida teria de voltar a ter contato com a assertividade que deixou de lado quando os filhos nasceram.

Note que as pessoas no sonho estão dizendo à Treena que o filho é dela. Sempre preste atenção ao que lhe dizem no sonho, porque é o que sua mente interior está falando. "Essa criança é sua" significa que essa energia masculina pouco desenvolvida pertence à Treena. Chegou a hora de Treena acolhê-la, alimentá- la e desenvolvê-la para ser bem-sucedida no seu projeto: uma mãe carinhosa e nutridora, e ao mesmo tempo firme e disciplinadora.

Embora uma criança em um sonho possa indicar uma parte de sua personalidade ou de sua vida que ainda precisa crescer, descobri que na maior parte das vezes ela reflete a "criança interior", a sua parte infantil. No lado positivo, ela é a parte que não quer crescer, que ainda gosta de ser livre e de se divertir. No negativo, é sua parte que age infantilmente, é egocêntrica e dada a ataques de raiva quando contrariada. Os sonhos com crianças frequentemente nos mostram até que ponto nosso lado infantil positivo ou negativo está influenciando nossa vida. Geralmente, a melhor maneira de saber se

SONHOS COM PESSOAS

a criança no sonho está representando sua "criança interior" é se a criança é do mesmo gênero que você.

Sou policial, e há duas semanas tenho sonhado, todas as noites, que atendo o telefonema de uma pessoa que diz que vai se suicidar; porém, quando chego lá, encontro um menino de uns 10 anos. Ele está no telhado e o vejo se atirar e cair no chão. Tento de todas as maneiras ressuscitá-lo, mas não consigo. Desisto da tentativa e acordo chorando. Por favor, me ajude. Atualmente detesto ter que dormir. — Guillermo, 29

LAURI: Não se preocupe. Você não está sendo avisado sobre um futuro incidente que terá de atender. O mais provável é que o menino seja sua criança interior, a parte de você que gosta de se divertir. Aconteceu alguma coisa recentemente que tenha roubado a diversão de sua vida? Também é possível que o menino represente algum tipo de projeto, ideia ou até mesmo um relacionamento que ainda está crescendo e se desenvolvendo, mas à beira de chegar a um fim trágico. Seja o que for, é algo que está terminando por decisão sua, pois o suicídio é um fim autoinfligido. A criança também cai, o que pode estar ligado à sensação de que você tem falhado em alguma área de sua vida. O que nela está tão perto do fim que você não sente mais que pode salvá-la e que, devido a isso, tira sua alegria?

GUILLERMO RESPONDE: *Meu casamento está fracassando, e às vezes sinto que já é tarde demais e ele não pode ser salvo. Estive na força policial por um ano, mas em meu emprego anterior eu fui muito bem-sucedido e ganhei muito dinheiro. Porém, nos últimos dois anos nessa mesma companhia, tudo começou a desabar. Fui forçado a aceitar um emprego com salário muito menor, e foi aí que meu casamento se complicou. Não, ultimamente não há alegria.*

Pobre Guillermo. As tribulações de sua vida o fizeram perder o contato com sua criança interior. Mas quando a carreira e o casamento estão em jogo é difícil pensar em diversão. O que me chamou a atenção no sonho é que a criança estava tirando a própria vida, refletindo a culpa que Guillermo vem acalentando, imaginando ser responsável por todos esses finais. Ele pode até sentir que seu próprio comportamento imaturo (a criança) é a causa. Também interessante no sonho é que existem dois níveis de significado, porque aponta para dois elementos infantis em sua vida que parecem se aproximar do fim: um casamento ainda em fase de desenvolvimento e sua própria criança interior que gosta de se divertir.

Esses sonhos recorrentes são lembretes que Guillermo está mandando a si próprio de que tem de descobrir um modo de se animar, a despeito do que vem passando. Como disse uma vez o filósofo chinês Mêncio: "Um grande homem é aquele que não perde seu coração de criança."

A mensagem dos sonhos com criança: Você está precisando estabelecer uma nova conexão com sua criança interior, a fim de se soltar e se divertir? Ou você ou alguém à sua volta tem agido infantilmente e precisa de repreensão ou de disciplina? Em geral, esse tipo de sonho é um aviso de que há algo no seu interior ou em sua vida precisando de crescimento e evolução e, como qualquer criança, necessita da sua imediata atenção para que possa se tornar o que nasceu para ser.

CELEBRIDADES

Chamamos essas pessoas de celebridades porque nós as celebramos. Elas brilham, se destacam, recebem prêmios e aplausos por seu desempenho. Todos nós temos uma parte de nossa persona-

SONHOS COM PESSOAS

lidade que deseja se destacar, brilhar e receber reconhecimento pelo desempenho em alguma parte de nossa vida.

> Se você sonha com seus próprios filhos, eles provavelmente estão representando a si próprios se ainda se encontrarem sob seus cuidados. Nesse caso, eles são parte do seu sonho porque existe uma preocupação ou questão com a criança, e ele está tentando ajudar você. Como sempre, você terá de analisar o que aconteceu no dia antes do sonho e ver se consegue conectar os detalhes, emoções e comportamento do seu filho naquele dia com as imagens, emoções e contexto do sonho. Isso a ajudará a destacar com exatidão a questão que o sonho está comentando, e também lhe oferecerá uma ideia sobre a seriedade ou pouca importância do sucedido, e também o modo certo ou errado de você lidar com a situação

Há poucas noites eu sonhei que fazia cócegas no queixo de Ellen DeGeneres. Ao acordar, achei que era uma bobagem sem significado — mas, claro, eu deveria pensar melhor. Então resolvi brincar de associação de palavras e ver qual seria a primeira coisa que viria à mente quando pensasse em Ellen. Meu primeiro pensamento foi que ela é muito, muito engraçada. Que enorme senso de humor! Ellen é uma das minhas comediantes preferidas; por isso, quando perguntei a mim mesma o que precisaria para ter um bom senso de humor agora mesmo... Oh, sim. Eu me lembrei. No dia anterior eu havia feito uma entrevista pelo rádio, e foi uma droga. O áudio estava muito baixo e eu não conseguia entender direito o que a entrevistadora dizia. Eu a interrompia o tempo todo, e simplesmente não funcionou. Fiquei nervosa o resto do dia. (Suspiro.) Certo, agora entendi! Meu sonho estava me dizendo para rir de tudo, encontrar meu senso de humor (encontrar minha Ellen interior) e manter meu queixo firme — daí as cócegas no de Ellen. Eu adoro quando um sonho emprega uma celebridade para transmitir sua mensagem.

Quer se trate de Oprah Winfrey, Madonna ou Donald Trump, o melhor meio de descobrir por que uma celebridade está aparecendo como convidada em seu sonho é seguir meu exemplo e se perguntar em que essa pessoa se destaca. Seria um personagem de um programa de TV ou filme? Você consegue relacionar o personagem ou o programa com sua vida? É uma canção? O título ou letra lhe diz alguma coisa? Quer você seja ou não um fã, existe algo nessa celebridade que se conecta com sua mente interior e a faz usar essa pessoa para lhe transmitir uma mensagem a você, sobre você, para que possa continuar a brilhar.

> *Na noite passada eu sonhei que estava em pé na cozinha com Gordon Ramsay, da série de TV Hell's Kitchen, e apareceu um enorme jacaré! Subi no balcão do meio e comecei a bater nele com uma espátula. Então Gordon Ramsay me pediu em casamento e eu lhe disse que não via a hora de contar ao meu marido, porque ele se achava o máximo! Há, Há! — Tracy, 30*

LAURI: Qualquer coisa com dentes grandes e afiados em um sonho diz respeito a alguém na vida real que faz comentários sarcásticos... e Gordon Ramsay é bem conhecido pelas críticas ácidas que faz aos participantes do seu programa. Você discutiu com alguém recentemente? Recebeu uma crítica que a atingiu, ou você mesma atacou outra pessoa? Como evidenciado no seu sonho, parece que você suportou bem a crítica... e, aparentemente, deu umas boas cacetadas em alguém!

SONHOS COM PESSOAS

TRACY RESPONDE: *Sim! Foi na noite passada! Eu estava escrevendo meus cartões de Natal na cozinha, e meu marido adora implicar comigo por fazer isso. Ele acha que é uma enorme perda de tempo na era da tecnologia e dos e-mails. Todo ano é a mesma coisa. Dessa vez berrei que gosto de mandar cartões, e ele não tem nada com isso e não manda em mim. Ele também resmungou sobre a ilustração que escolhi para os cartões e me deixou ainda mais furiosa! Que mania de me criticar!*

Através do sonho, Tracy identificou-se com seu Gordon Ramsay interior, a parte da personalidade dela que não leva desaforo para casa. Também foi por isso que ele a pediu em casamento. Durante a discussão com o maridinho, ela professou seu *compromisso* com o *ritual* de enviar cartões de natal. E ele foi tão profundo que Tracy se comprometeu a sempre escrever, até que a morte a separe desse ritual. *E mais,* tudo aconteceu na *cozinha.* Deve ter acontecido um verdadeiro programa *Hell's Kitchen* na casa de Tracy naquela noite!

É divertido sonhar com celebridades, porque quando acordamos temos a sensação de realmente ter tido um encontro com a pessoa. Em minhas pesquisas, constatei que uma das personalidades mais sonhadas ao longo de uma década é Brad Pitt. Embora seja interessante ele estar na lista por tanto tempo, mais interessante ainda é descobrir que o significado por trás dele mudou.

Brad costumava personificar o que acreditamos ser o homem ideal. Ele representava tudo o que uma mulher queria em seus relacionamentos íntimos; uma mulher poderia sonhar com Brad quando seu relacionamento não fosse bem *ou* quando estivesse satisfeita com seu próprio homem ou com a energia yang em sua vida. Nos homens, Brad Pitt frequentemente representava o que eles gostariam de ser. Quando um sujeito se sentia muito satisfeito

40 POR QUE SONHEI COM ISSO?

consigo mesmo, Brad era um símbolo comum em seus sonhos. Porém, por volta dos últimos três anos seu significado mudou.

Sonhei que estava na mercearia fazendo compras junto com Brad Pitt. Ele comprava um frango, e então eu lhe disse: "Brad, eu também estou precisando de frango. Que tal comprarmos um pacotão?" O que isso significa? —
Atom, 33

LAURI: Quando você está fazendo compras em um sonho, significa que está "no mercado", procurando algo que deseja ou precisa. O frango, como sinônimo de medo ou covardia, pode ser uma referência ao fato de que você está um tanto temeroso, um tanto assustado com o que precisa fazer para conseguir o que deseja. Alguma coisa relacionada à família? Brad atualmente é um homem de família. Houve alguma conversa sobre ter filhos?

ATOM RESPONDE: *Sim. Você acertou na mosca! Minha mulher quer mais filhos, temos só um. Eu digo que não... Porque tenho medo do futuro. Agora, tudo faz sentido.*

No sonho, Atom está igualando Brad com pai porque ele não apenas tem muitos filhos como também continua sendo um homem muito atraente. A mente interior de Atom quer que ele fique atraído pela ideia de ter mais do que um filho.

Conversei com Atom depois dessa ocasião, e soube que ele e sua mulher de fato estão esperando o segundo filho. Parece que o Brad interior de Atom acabou ganhando.

A mensagem dos sonhos com celebridades: Lembre-se, as celebridades são conhecidas, vistas, aplaudidas e reconhecidas. A celebridade no sonho está retratando uma parte de você que

SONHOS COM PESSOAS

deseja reconhecimento e aprovação, e está mais provavelmente conectada à atividade que a levou à fama. Então, aproveite para analisar seu desempenho em sua vida. Você merece aplausos e polegares para cima, ou vaias e desagrado?

CHEFE

Um chefe toma decisões, administra o negócio e lhe diz o que você tem que fazer. A não ser que atualmente você esteja trabalhando muito perto do seu chefe, no sonho o chefe — mesmo do passado — simboliza a parte da sua personalidade que é ampla e está no comando.

> *Na semana passada sonhei que meu chefe tinha morrido. Eu estava no trabalho e nós todos usávamos roupas adequadas para o funeral. Eu chorava muito no sonho, e acordei chorando de verdade. Foi bastante esquisito.*
> *— Laura, 33*

LAURI: A morte nos sonhos raramente indica uma verdadeira morte física, mas o fim de alguma coisa em sua vida. Seu chefe representa o chefe interior, a parte de você que toma decisões, é autoritária e administra sua vida e seus problemas. Por acaso você está diante de uma dura decisão e não tem certeza de como deve agir? Algo desse tipo faria sua mente sonhadora sentir que o chefe interior, a capacidade de administrar e decidir, morreu.

LAURA RESPONDE: *Creio que isso tem a ver com o fim de um relacionamento que durou quatro anos e me causou muito desgosto. Quando tive esse sonho, as coisas estavam piorando. Desde então o relacionamento acabou e o passado está morto e enterrado.*

42 POR QUE SONHEI COM ISSO?

Como aconteceu com Laura, acordar chorando depois de um sonho está sempre conectado a uma questão da vida real que nos faz sentir o mesmo. No caso de Laura, seu choro não estava ligado à morte do chefe, mas sim à morte do seu relacionamento e sua falta de poder dentro dele. Por sorte, Laura entendeu a mensagem, recuperou o poder e agiu como um chefe, pondo fim a uma situação doentia.

A mensagem dos sonhos com chefe: Você está tendo dificuldade para impor sua autoridade no trabalho ou em casa? Tem lidado com muitas questões ou responsabilidades e encontrado dificuldade para estabelecer prioridades? Talvez esteja tomando consciência de que está sendo mandão. Seu chefe, mesmo que seja uma figura do passado ou um desconhecido no sonho, é a parte de você que pode assumir e administrar sua vida. O sonho lhe mostrará até que ponto você está realmente no comando. O autor Napoleon Hill uma vez escreveu: "Seu verdadeiro chefe é aquele que caminha sob o seu chapéu."

MÉDICO

Vamos ao médico quando estamos doentes, quando nos ferimos ou quando apenas queremos ter certeza de que tudo vai bem sob o ponto de vista físico. Todavia, quando alguma coisa vai mal emocionalmente, visitamos nosso médico no sonho, que na verdade é a parte do nosso eu que sabe tratar e curar uma ferida emocional.

Nesse sonho, um médico estava tentando remover algo que ele acreditava ser câncer, de dentro do meu traseiro! Foi um sonho tão desagradável e nojento que de início não quis contar para ninguém, mas preciso saber qual poderia ser seu significado. — Sharon, 44

SONHOS COM PESSOAS

LAURI: Existe alguma coisa ou alguém que ultimamente anda tirando você do sério? Seja quem ou o que for, está aparecendo no seu sonho sob a forma de um câncer para avisá-la que se não remover essa coisa ou pessoa ela continuará a crescer e a corroê-la. O médico é a parte do seu eu que sabe o que é emocionalmente saudável para você, e também sua capacidade de retirar o tecido ou relacionamento canceroso.

SHARON RESPONDE: *Nossa! Como não consegui fazer essa conexão? Há três relacionamentos cancerosos em minha vida: meu chefe, minha nora, que me detesta, e minha filha. O namorado da minha filha está sempre batendo nela, por isso acabei dando queixa dele. E agora ela se recusa a falar comigo.*

Como Sharon, nossa mente sonhadora colocará um médico em nossos sonhos para nos mostrar que temos capacidade e perícia para curarmos uma situação maligna. Depois desse sonho, Sharon foi capaz de entender como seus relacionamentos haviam fracassado e começou a canalizar seu médico interior para trabalhar na cura de seus relacionamentos. Ela mudou de emprego e conseguiu melhorar a comunicação com a filha e a nora; na última vez em que falou comigo, as coisas estavam indo bem.

Como aconteceu com o câncer metafórico de Sharon, a enfermidade que o médico está tratando no sonho lhe dará uma boa ideia do problema da vida real que precisa ser resolvido. Olhe para as características da doença. Quais são os sintomas? Como atua no organismo? Como costuma afetar o paciente? Em seguida, compare com os problemas e relacionamentos pouco saudáveis de sua vida. Por exemplo, a laringite causa a perda de voz do paciente. Você acha que não tem voz em alguma situação de sua vida? Sobre o que você precisa falar? Essas indicações mostrarão, com precisão surpreendente, qual é a área da vida real que precisa de atenção.

44 POR QUE SONHEI COM ISSO?

Embora o médico seja mais frequentemente uma representação simbólica da sua parte que é capaz de melhorar um problema, num sonho ele às vezes diz respeito a um problema médico real. Se você tem alguma preocupação com sua saúde e crê que seus sonhos podem ter uma ligação com isso, nunca é demais fazer uma consulta para verificar se tudo está em ordem.

A mensagem dos sonhos com médico: Quando tiver um sonho com médico, preste atenção ao que ele diz e faz porque isso provavelmente a ajudará a diagnosticar qual é o problema na vida real, e também o tratamento para ele. Da mesma maneira que alguém confia a saúde a seu médico, é hora de confiar no médico interior no que diz respeito à saúde emocional.

POLÍCIA

O lema dos nossos valentes homens e mulheres de uniforme é "proteger e servir". A polícia patrulha nossas ruas para nos manter em segurança, prender os meliantes para reduzir o crime e impor nossas leis para manter a paz. Entretanto, eles podem ser vistos como o inimigo se você fez algo de errado. Dependendo da perspectiva, eles são heróis honrados ou cruéis opressores. Quando a polícia patrulha seu campo dos sonhos, quase sempre representa a parte de você que pode "deter" ou colocar um ponto final em um comportamento ou questão negativa, bem como a parte que guarda e protege seus melhores interesses. O policial também representa a culpa da qual você está fugindo por ter feito alguma coisa errada; nesse caso, ele serve como sua consciência.

Sonhei que estava fugindo da polícia, correndo feito uma louca. Enquanto eu atravessava a cidade correndo, estava preocupada porque iria perder uma consulta com meu médico. — Chris, 45

SONHOS COM PESSOAS

LAURI: Correr de alguém ou de alguma coisa em um sonho é forte sinal de que você está evitando algo na vida real. Seja quem for ou o que for que a esteja perseguindo, é uma pista do motivo por que está fugindo. No seu caso, é a polícia. É uma boa indicação de que há algo em você que deveria policiar melhor, mas está evitando, como uma dieta, uma atividade ou um comportamento. Fugir de policiais também sugere que está abrigando alguma culpa na vida real. Nesse caso, os policiais são sua capacidade de fazer a coisa certa para "deter" ou colocar fim na culpa. E, por fim, a consulta marcada com o médico. Existe um problema de saúde na vida real causando preocupação? Se não for isso, o médico pode estar representando sua necessidade de melhorar algum aspecto de sua vida? Creio que o sonho está lhe dizendo que, seja qual for o caso, sua contínua atitude de evitar o que precisa fazer só prolongará o problema.

CHRIS RESPONDE: *Eu deveria estar seguindo uma dieta especial por motivos de saúde, mas ultimamente tenho sido muito má, muito má mesmo, comendo uma grande quantidade de doces! Isso está piorando meus sintomas. Tenho sentido que sou um fracasso por negligenciar essa parte da minha vida, e sei que isso interfere no meu caminho para o sucesso, porque me sinto um lixo na maior parte do tempo. Sim, sei que tenho um grande sentimento de culpa quando vejo o quanto meu marido se esforça no trabalho enquanto eu não tenho ânimo para arranjar um emprego ou para atrair clientes para um negócio que estou tentando implantar. Penso que o excesso de doces tem uma relação direta com meu sonho.*

Se não jogarmos de acordo com nossas regras e orientações pessoais durante o dia, a polícia do sonho virá atrás de nós à noite, exatamente como fez com Chris. Ela quebrou a lei estabelecida por seu médico, que ela mesma tinha se disposto a

46 POR QUE SONHEI COM ISSO?

aceitar... Daí a culpa! O sonho está avisando com muita clareza que Chris deve respeitar suas próprias leis pessoais ou aguentar as consequências se não o fizer.

> *Sonhei que eu era um policial e tinha de usar um enorme escudo sobre o peito para me proteger de tiros. O pior era que por cima eu usava um desses horríveis e pesados coletes à prova de balas. Como proteção extra, estava calçando saltos imensos, porque podia usá-los como punhais contra os bandidos. A cena toda se passou numa mercearia. — Kristen, 37*

LAURI: De algum modo você está diante da necessidade de se policiar ou se proteger dessa mesma maneira na vida real. Os protetores de peito e o colete possivelmente estão ligados à sua necessidade de se proteger de um desgosto amoroso, pois o coração está no peito. Isso, claro, se não existe um problema de saúde do qual precisa se proteger. Agora, quanto aos saltos. Penso que se trata de um jogo de palavras e na verdade se refere a algum tipo de cura, e eles talvez signifiquem que há uma grande quantidade de tratamento e cura. Os bandidos são as atuais questões negativas de sua vida. A maior mensagem do sonho é a mercearia. O sonho pode estar lhe dizendo que o melhor meio de continuar o seu processo de cura e de se proteger dos "bandidos" é policiar a alimentação. Vigie o que você anda comendo, etc.

KRISTEN RESPONDE: *Sua análise faz enorme sentido! Pouco tempo atrás tive que fazer uma dupla mastectomia por causa de um câncer, e eu definitivamente me preocupo com a possibilidade de que ele volte. Além disso, há muito pouco meu marido teve um problema relacionado com o coração, devido a uma extrema ansiedade que provavelmente não teve nada a ver com minha doença. A mercearia faz sentido porque*

SONHOS COM PESSOAS

o médico lhe disse que ele tem *de mudar seu estilo de vida, comendo alimentos saudáveis, fazendo muitos exercícios físicos e tomando antioxidantes. Como os sonhos são poderosos! Obrigada por me ajudar a entender o que minha mente dizia.*

O sonho de Kristen estava aumentando sua força colocando-a no papel de policial. Ela não fugiu dos policiais nem pediu socorro a eles porque já tinha sofrido essa necessidade anteriormente. Devido ao câncer, já sabia sobre quais alimentos prejudicam a saúde e quais são favoráveis. Ser polícia de alimentos já fazia parte de seu ser.

A mensagem dos sonhos com policiais: Pergunte-se se tem necessidade de restrição em alguma área, ou se precisa criar novas leis para você mesma ou alguém à sua volta. Se sirenes e luzes estão nos seus calcanhares, pergunte-se se há algo que tem de entregar ou confessar em sua vida real. Seja qual for o caso, é hora de pôr alguma lei e ordem em sua vida.

COLEGAS DE ESCOLA

Segundo minha pesquisa, antigos colegas de escola estão entre as dez pessoas mais comuns em nossos sonhos. Um sonho com colega pode causar grande surpresa quando se trata de alguém que não vemos há muito tempo, com quem não conversamos ou em quem não pensamos desde as carteiras escolares. Por mais absurdos que possam parecer, existe um método na sua maluquice. Como você já sabe, o sonho não é sobre o colega, mas sobre você mesmo. Existe alguma coisa nesse colega, mesmo que seja de muito tempo atrás, algo que é parte de você ou que deveria fazer parte de você.

Eu sonho regularmente com um colega que nunca mais vi desde a escola fundamental. Chamava-se Bill e era o palhaço da classe, sempre interrompendo o professor, fazendo piadas

48 POR QUE SONHEI COM ISSO?

e gozações. Aparentemente ele teve um grande impacto em minha psique, porque eu não estou levando a sério o suficiente minha perspectiva de mundo. Bill continua sendo usado pela minha mente para representar meu palhaço interior que, ironicamente, sempre surge com uma mensagem séria! Quando um antigo colega vem visitá-lo em seus sonhos, pergunte-se que papel ele desempenhava na estrutura social da sua classe, porque o mais provável é que esse seja o papel que representa na estrutura de sua vida.

> Ontem à noite, sonhei que estava na casa em que cresci. Um rapaz que foi meu colega no primeiro ano de faculdade, e com o qual perdi completamente contato, me mantinha presa no meu antigo quarto sem o conhecimento de todos que moravam lá. Finalmente consegui fugir, desci as escadas surpreendendo os novos moradores, encontrei meu pai e gritei: "Me tire daqui agora mesmo, papai!", e então acordei. — Lisa, 40

LAURI: Você está presa no antigo quarto porque uma parte de você não conseguiu crescer e superar um pensamento fixo que existia quando você morava lá. Seu antigo colega talvez esteja indicando qual é essa parte *ou* representa a *sua* parte que é como ele, que a impede de crescer e a mantém no passado. O bom do sonho é que você foi libertada e há novos residentes na casa, significando que agora, finalmente, pode avançar na vida real. Você chamou por seu pai no fim do sonho porque ele é seu pai interior, sua parte que toma decisões que a farão se afastar do antigo comportamento.

LISA RESPONDE: *Quando eu vivia em casa me sentia sufocada, e isso travou a minha vida; mas estou conseguindo enfim superar essa fase. O colega era muito bondoso, prestativo e simpático com todos. Por*

SONHOS COM PESSOAS

isso, você está certa — eu também sou assim. De fato, sou assim em todas as partes da minha vida e isso está me prejudicando. Os outros se aproveitam de mim. Para ser franca, estou ficando cheia de mover céus e terras para ajudar alguém e depois ser posta de lado. Você está absolutamente certa — meus sonhos estão me empurrando para fora do passado e do meu modo de pensar, para que eu não mais seja capacho de todos.

Devido a esse sonho, Lisa agora foi capaz de colocar forma e rosto em sua persona "capacho". Ao dar uma identidade a essa parte dela, tornou-a tangível e mais fácil de administrar, especialmente porque agora sabe que é a culpada por seu aprisionamento.

Como no sonho de Lisa, os colegas representam uma parte do self que é como eles ou precisa ser como eles. Quer tenha sido a líder de torcida, o moleque malvado ou o garoto quietinho, sempre haverá alguma coisa nessa pessoa — aparência, comportamento ou mesmo reputação — que deixou em você uma impressão que dura até hoje. Quando você consegue reconhecer o colega como parte de você, e reconhecer que o comportamento dele no sonho está ligado ao seu comportamento na vida real, ou que precisa assumir o comportamento dele na vida real, então você tem um quadro bem claro do que está certo ou errado com sua atual conduta e situação.

A mensagem dos sonhos com colegas: O que você lembra de mais marcante sobre o colega que viu no sonho? Existe alguma coisa nesse colega que precisa ser implementada em sua personalidade, que já é uma parte de você com a qual precisa se reunir; ou então ela deve ser expulsa de uma vez por todas. No passado, você aprendeu junto com seus colegas, agora chegou a hora de aprender com eles.

POR QUE SONHEI COM ISSO?

A esta altura você já deve ter elementos suficientes para saber descobrir o que significam as pessoas que surgem nos sonhos, e para saber determinar as ocasiões em que a pessoa não é um símbolo, mas ela própria. No momento em que reconhecer as pessoas do sonho como uma parte de você, conseguirá se entender como nunca antes. Nos sonhos, as pessoas lhe dão um quadro bem claro sobre seu desempenho bom ou ruim nos diferentes papéis, sobre o momento em que precisa melhorar seu desempenho em outro papel ou o momento em que precisa abandoná-lo. Pense nas pessoas que aparecem nos sonhos como um reflexo seu no espelho. Está gostando do que vê?

UM FASCINANTE FATO SOBRE OS SONHOS: É um mito que nós sonhamos em preto e branco, mito que nasceu na era da televisão em branco e preto. Isso não significa que nunca houve um sonho sem cor. Se seu sonho está cheio de tons cinzentos, pode ser uma indicação de depressão.

Sonhos com lugares

AS DIFERENTES ÁREAS DA SUA VIDA

Escola, Banheiro Público, Estacionamento, Prisão, Hospital, Hotel, Campo de Batalha, Casamento, Restaurante, Parque de Diversões

Você nunca sabe aonde irá parar depois que sua cabeça encostar no travesseiro e você for envolvido pelo cobertor quente do sonho. Sem perceber, você poderá estar em um parque de diversões tentando se encaixar num carrinho de roda gigante; ou em seu antigo colégio, nas aulas de biologia, tentando descobrir por que ninguém o avisou sobre o exame que o professor está distribuindo; ou mesmo em um castelo medieval, tentando subir ao topo de uma escada aparentemente sem fim.

52   POR QUE SONHEI COM ISSO?

Seja qual for o local onde sua mente sonhadora o deposite, o cenário não apenas monta o palco para o enredo de sua história como também é uma importante pista sobre o que está relacionado com um problema da vida real. Saiba que o local onde você se encontra no sonho está diretamente ligado ao ponto *em que está* em sua vida ou diretamente conectado a certa *área* da sua vida. Nós todos dividimos nossa vida em compartimentos. Temos uma vida social, uma vida doméstica e uma vida profissional, por exemplo. Também há diferentes locais ou pontos de nossa vida para os quais nossos sonhos criarão pano de fundo. Digamos que você agora mesmo esteja em um ponto da vida em que se sinta pronto para começar uma família. Talvez sonhe que está plantando sementes em um jardim. Pode ser que esteja em um ponto da carreira profissional no qual não tem mais a sensação de realização, ou parou de se sentir produtivo. Por isso, seu sonho pode colocá-lo num deserto para ilustrar sua falta de crescimento.

Local, local, local é o mantra dos corretores de imóveis, porque a localização de uma casa é um argumento de vendas vital. Penso que esse mesmo mantra poderia funcionar muito bem na análise de um sonho, porque mesmo que a localização não seja o principal foco do sonho ela ainda é uma dica essencial, que ajudará na descoberta do seu significado. De fato, o local ou cenário é um dos primeiros símbolos que procuro quando analiso um sonho, porque ele indica a área de interesse do sonhador. Depois disso, a avaliação de todos os outros componentes preenche os vazios e revela a mensagem por inteiro.

ESCOLA

Infelizmente, o local mais comum para sonhos não é uma praia ensolarada no Havaí ou a avenida Champs-Élysées em Paris! Nada disso; são as austeras paredes da nossa antiga escola. Mesmo que

SONHOS COM LUGARES

você tenha se formado há dez, vinte ou mesmo cinquenta anos, sua mente sonhadora constantemente o faz voltar à aula de química, calçando tênis, ou o faz circular pelos corredores, tentando encontrar seu armário. É um sonho muito desagradável.

A escola é um local tão popular para os sonhos porque a dinâmica do ambiente escolar continua em seu trabalho ou em sua vida profissional, e também em sua vida social. A escola foi o lugar onde você aprendeu a importância de chegar no horário marcado e respeitar prazos, onde aprendeu a preparar e fazer a "lição de casa", onde aprendeu a lidar com a antipatia ou a simpatia dos colegas e a fazer amizades, a se "enturmar". Os sonhos com escola estão na maior parte das vezes conectados com sua vida profissional e um pouco menos com sua vida social.

Frequentemente sonho que estou no ensino médio de novo e não consigo me lembrar da combinação para abrir meu armário. Eu também perdi a folha com a programação das aulas e não tenho a menor ideia de onde deveria estar. Às vezes sonho que estou na faculdade, que o semestre está quase terminando e esqueci de assistir às aulas de uma matéria que odeio! Minha intenção era apenas evitar algumas delas e acabei não indo a nenhuma durante todo o semestre! Às vezes tenho de enfrentar o exame final sabendo que não assisti a nenhuma aula. — Heidi, 38

LAURI: Seu armário é o seu local na escola, a única coisa que foi designada para você, portanto ela provavelmente representa o lugar ao qual você sente que pertence na vida ou, mais especificamente, na sua carreira. Quando você não encontra seu armário ou entra nele num sonho, é uma boa indicação de que se sente insegura em alguma área da vida real... Você não "destrancou" seu potencial. O mesmo vale para sonhos nos quais não conseguimos encontrar a sala de aula, outra situação

54   POR QUE SONHEI COM ISSO?

popular no sonho "volta à escola". Você está insegura sobre sua posição no trabalho ou tem dúvidas sobre sua escolha de carreira profissional? As aulas esquecidas provavelmente estão conectadas com uma sensação de "estar de fora", e também com uma sensação de despreparo ou de não estar à altura, de não ser boa o bastante ou de não contar com a experiência necessária. Mas note como você odeia a matéria no sonho. É um forte indício de que não está muito feliz com o emprego na vida real.

HEIDI RESPONDE: *Frequentemente sinto que não fiz uma boa escolha de carreira porque nunca estive num emprego que amasse e sem o qual não conseguiria viver. Trabalho sempre foi algo que era obrigada a fazer para ganhar dinheiro. Sempre quis ser intérprete de linguagem de sinais, e já fiz muitos cursos para atingir essa meta. Mas sempre acontece alguma coisa para me impedir, como ter que me mudar, não encontrar o curso adequado etc. Atualmente eu tenho três empregos para colaborar com meu marido e não precisar mandar meus filhos para a escola maternal. Sei que não estou usando meu potencial em nenhum dos empregos, mas sou grata por tê-los porque assim posso ficar em casa com as crianças.*

Heidi nos fornece a chave para entender seu sonho quando diz: "Não tenho ideia de onde eu deveria estar." Heidi tem um emprego dos sonhos em sua mente — intérprete de linguagem de sinais —, mas se agarra aos três empregos atuais, insatisfatórios, o que leva sua mente a perguntar: "Ei, afinal onde estamos nessa questão de emprego?"

É nesse ponto que aparece o exame final. Provavelmente ele está ligado às pressões que Heidi aplica em si própria, do tipo *a hora é esta*, temos de fazer as coisas enfim acontecerem, agora ou nunca mais... Final é a palavra-chave. Heidi continuará a

SONHOS COM LUGARES

ter esse sonho até chegar ao ponto de sua vida profissional em que finalmente sentirá que pertence a essa área.

Outro sonho comum com escola é este: você volta à escola e sabe que já se formou, mas descobre que precisa fazer uma matéria ou repetir todo o último ano. O principal pensamento nessas ocasiões é de irritação. Você já saiu da escola, por que fazer de novo? Grrrr! Esse sonho está conectado à realidade acordada, onde você deve estar numa situação em que precisa ser avaliado. Você sabe que tem tudo o que é necessário, mas precisa mostrar a alguém que está apto.

Sonhei que tinha voltado à escola porque precisava fazer o último ano de novo. Enquanto andava pelos corredores, tentava imaginar como poderia encaixar as aulas em minha vida profissional e na criação de um filho. Também imaginava o que todos os estudantes pensariam de mim. Achava que como atualmente sou mais velha e mais sábia, os colegas gostariam de mim, e que eu passaria pelas aulas com a maior facilidade. — Dina, 44

LAURI: Parece que você está passando por uma situação na vida real em que sente necessidade de provar seu valor para outros. Analise primeiro seu trabalho, porque a maioria desses sonhos é desencadeada por questões profissionais. Você tem de reaprender alguma coisa? Precisa impressionar um novo chefe ou colega? Se não for uma questão profissional, examine sua vida social. O sonho mostra que você está muito preocupada com o que outras pessoas vão pensar de você. Há alguém em sua vida real em quem gostaria de causar uma boa impressão? A boa nova é que sua confiança no fim do sonho certamente penetrará em sua vida real, e você será bem-sucedida.

56 POR QUE SONHEI COM ISSO?

DINA RESPONDE: *Isso se ajusta de modo perfeito ao que está acontecendo na minha vida. Minha família acabou de se mudar para um novo estado há dois meses. Não conheço ninguém aqui. Minha vizinha do lado me convidou para uma confraternização na casa dela. Estou muito nervosa em pensar que vou conhecer novas pessoas, e me preocupo com a impressão que causarei nelas. Eu era extremamente popular na minha cidade anterior, e no fundo sei que vou me sair muito bem. Gostei de saber como meu sonho está me proporcionando mais segurança. Legal.*

Os sonhos podem mesmo ser tranquilizadores. Quando temos dúvida sobre um assunto na vida real, nosso eu interior tem certeza sobre ele no mundo dos sonhos. O sonho de Dina lhe garantiu que se daria bem na área social de sua vida, comparando essa nova pressão que ela enfrenta às pressões da época escolar, quando queria ser apreciada e ter lugar entre os colegas. Mas diferente do que acontecia na escola, ela aprendeu suas artes sociais e é uma profissional experimentada nessa área. Não há motivo para se preocupar.

Sim, a maioria dos sonhos com escolas pode ser ligada à atividade profissional, porque a escola é essencialmente nosso primeiro emprego, já que nela precisamos acordar cedo e sair para fazer o que é esperado de nós, somos obrigados a lidar com pessoas de quem gostamos ou não, e tentamos melhorar nossas habilidades e nosso conhecimento para passarmos a outro nível. Todavia, às vezes é o aspecto social ou de aprendizado da escola que desempenha um papel no significado. Quando você tem de lidar com uma questão social, quando precisa aprender uma nova habilidade ou mesmo quando a vida lhe dá uma lição durante o dia, você poderá se encontrar nos sagrados corredores do aprendizado à noite.

A mensagem dos sonhos com escola: Você está lidando com o estresse vinculado ao emprego agora mesmo, ou talvez com pressão por parte do seu círculo social. Compare os pensamentos e emoções que

SONHOS COM LUGARES

tinha na escola do sonho com os pensamentos e emoções que tem no emprego ou situação social. Viu as semelhanças? Provavelmente existe alguma falta de preparo, um pouco de incerteza e mesmo de vulnerabilidade que precisam ser corrigidos. Há uma lição a ser aprendida aqui, por isso acerte sua postura e preste atenção!

BANHEIRO PÚBLICO

Quando você tem de ir, tem de ir, mesmo que precise reunir toda a coragem para enfrentar o temido banheiro público. Na vida real, eles cheiram mal, nem sempre têm papel higiênico e, pior, muitas vezes não funcionam. Porém, os banheiros públicos de nossos sonhos são muito piores... e acredito que você não gostará de uma descrição mais detalhada. Há um motivo para nossos sonhos às vezes nos colocarem nesses locais fedidos, dilapidados, nessas assustadoras privadas públicas: é porque chegamos, em nosso interior, a um ponto em que não conseguimos mais "segurar" nossas frustrações, mas tememos o julgamento alheio se revelarmos o problema — daí o banheiro ser público em vez de privado.

> *Tenho um sonho recorrente que começou a acontecer quando eu era menina. Nele, preciso usar um banheiro em um local público. Nunca há portas nos boxes, a privada é nojenta e está cheia das piores imundícies que você pode imaginar! O piso nunca está nivelado, e por isso eu sempre perco o equilíbrio e caio na privada nojenta! — Dolly, 43*

LAURI: Sua mente sonhadora sempre a coloca em um banheiro público para lhe avisar que você chegou a um lugar onde "precisa se aliviar" de todas as frustrações que esteve "segurando". E as "piores imundícies que você pode imaginar" são a "merda" com que está lidando na época. O piso inclinado lhe diz que existe

58 POR QUE SONHEI COM ISSO?

um desequilíbrio dentro de sua personalidade. Não, amiga, *não* estou dizendo que você tem um desequilíbrio químico ou que precisa de tratamento... nada disso! O sonho está lhe mostrando uma fraqueza no comportamento. Você — como eu — provavelmente tem dificuldade em demonstrar quando está de fato nervosa. Em vez de deixar os outros verem, você "se segura", e esse comportamento recorrente com certeza não a favorece.

DOLLY RESPONDE: *Tudo o que posso dizer é: sensacional! Eu realmente tenho muita "merda" na minha vida desde a infância, passando por meu trabalho como aeromoça, até meu marido um tanto controlador (certo, bastante controlador). Vou começar a procurar por livros que me ensinem como transmitir minha opinião às pessoas, e parar de me incomodar com o que pensam de mim.*

O elemento mais comum no sonho do banheiro público é a incapacidade de usá-lo devido ao seu estado deplorável. Ele pode estar diretamente ligado à incapacidade de expressar aos outros o que realmente perturba o sonhador. Todavia, algumas vezes conseguimos expelir o que nos levou ao banheiro. Esse é sempre um bom sinal de que você deu voz às suas frustrações e se aliviou da angústia.

A mensagem dos sonhos com banheiros públicos: Existe alguma coisa que você tem de tirar do seu íntimo. Você chegou a um lugar dentro de sua psique que precisa esvaziar e lavar, sem se importar com o que os outros possam dizer. Foi por isso que a sábia mente sonhadora o colocou em um banheiro. Esse sonho está avisando que seu encanamento emocional está entupido. Quanto mais você deixar as frustrações — e o que mais você considera "merda" — se acumularem, maior será a sujeira com que terá de lidar.

ESTACIONAMENTO

Estacionamento é o lugar onde deixamos nosso carro por algum tempo até precisarmos dele de novo. Também é um lugar sem movimento, quando comparado a uma rodovia, por exemplo. E mais, é um lugar de inatividade e imobilidade, um lugar de espera. Assim, quando o sonho o coloca num estacionamento, pergunte a si mesmo em que área da sua vida você está estacionado. Que área da sua vida estava antes em movimento, como o carro, e agora está parada? De que maneira você ou alguma área da sua vida está em modo de espera?

> *Sonhei que estava num estacionamento com muitos andares e não conseguia encontrar meu carro. Havia uma neve suja e lamacenta por todos os cantos, e eu circulava por todos os andares, gritando muito. Corri para minha mãe, que estava sentada no para-lama de um carro desconhecido, bêbada e fumando um cigarro. Ela não fuma, e jamais a vi embriagada. Eu chorei. — Blaire, 29*

LAURI: Perder nosso carro é um sonho clássico, que simboliza a sensação de estar sem rumo. Água ou neve suja indica depressão. Você está deprimida porque alguém próximo tem se mostrado frio em um relacionamento? O modo como você perambula por todos os andares mostra que está andando em círculos em alguma área da sua vida real, esgotando sua energia sem chegar a lugar algum. Sua mãe talvez não esteja representando a si mesma, mas sim a sua capacidade de se nutrir ou "bancar a mãe" para os que a cercam; ou talvez represente seu próprio papel como mãe. Você é mãe ou deseja ser mãe? Você bebe e fuma? Se a resposta for positiva, talvez seja algo que pode interferir com a gravidez e que você precisa empurrar para longe; daí o para-lama. Esse sonho está igualando sua vida com a sensação

60 POR QUE SONHEI COM ISSO?

de estar perdida em um estacionamento. Está lhe dizendo que chegou a hora de tomar uma decisão que a colocará na direção certa e em um melhor lugar.

BLAIRE RESPONDE: *Suas palavras são uma descrição do meu mundo atual. Recentemente fui morar com meu chefe. Planejávamos nos casar e ter um bebê. As coisas se complicaram no trabalho e em casa. De repente, ele decidiu que não queria ter filhos. Todas as minhas amigas casadas começaram a ficar grávidas, e eu sabia que perderia algo que sempre desejei. Fiquei tão deprimida que me voltei para a vodca, procurando conforto. Sei que exagerei. Você está completamente certa em sua interpretação. Vou tentar prestar atenção ao que meu subconsciente está me dizendo.*

A área da vida de Blaire que agora está parada é a vida familiar. Por mais dolorido que tenha sido para ela fazê-la estacionar depois de ter acreditado que estava progredindo, ela pode se tranquilizar porque não é uma situação final. Ela só está estacionada por enquanto.

A mensagem dos sonhos com estacionamento: Alguma área da sua vida está estacionada, sem avançar, ou talvez precise ser contida. A boa nova é que estacionamentos são locais de estadia temporária; por isso, essa falta de movimento em sua vida não vai perdurar. Você será capaz de avançar a pleno vapor assim que tomar as precauções necessárias.

PRISÃO

Faz parte da natureza humana expressar-nos livremente, fazer nossas próprias escolhas e seguir qualquer caminho do nosso agrado. Afinal, fomos abençoados com o livre-arbítrio. Todavia, em certas

SONHOS COM LUGARES

ocasiões as coisas param de se movimentar, e algo ou alguém nos força a voltar e nos segura. É nesse caso que surge o sonho com prisão para nos mostrar como realmente nos sentimos sobre nossas circunstâncias, ou para indicar que estamos permitindo que uma coisa ou alguém nos aprisione.

Sonhos com prisões são similares aos sonhos com estacionamentos por indicarem que certa área da vida do sonhador está emperrada; a diferença é que no sonho com prisão a falta de movimento ou de progresso geralmente é causada por uma fonte externa — ou percebida como uma fonte externa — e não por obra do sonhador.

> *Sonhei que estava na prisão. Eu estava com um homem*
> *negro em quem eu confiava, e nós saímos do prédio*
> *nos esgueirando por um armário. Quando me vi lá fora,*
> *comecei a me espremer para sair por um buraco na grade.*
> *Foi aí que acordei. — Ken, 40*

LAURI: Em que área de sua vida você se sente preso ou contido? O homem negro desconhecido é sua habilidade para sair dessa situação difícil de uma maneira que talvez não o deixe muito à vontade. Pessoas de diferentes raças em nossos sonhos frequentemente representam partes da nossa personalidade que não reconhecemos ou reprimimos. Ele é uma parte desconhecida que você precisa utilizar agora mesmo, e da qual talvez venha a precisar no futuro. Você escapou por um armário. Armários simbolizam segredos. O que você está pensando ou fazendo em segredo agora mesmo? Conte! A grade sugere que você esteve separado de uma decisão, e esgueirar-se pelo buraco sugere não apenas que você talvez se sinta pressionado, mas que atravessará essa situação com sucesso. De fato, seu sonho pode estar lhe mostrando que

62   POR QUE SONHEI COM ISSO?

uma decisão nem precisa ser tomada, e que a situação em que se sente preso deve estar quase resolvida.

KEN RESPONDE: *Na época do sonho, minha chefe tinha deixado a companhia. Ela sempre me mantinha a par das coisas e dependia de mim para fazer pesquisas e reunir dados importantes, que a ajudariam a tomar decisões mais fundamentadas. O homem que chegou para ajudar me deixou de fora de todas essas áreas e me via como um mero ajudante geral. Eu me senti mesmo tolhido. Comecei a procurar por outro emprego em segredo, mas esse sonho me ajudou a perceber que posso atravessar esse período aborrecido, porque deveremos ter um novo chefe em menos de um mês. Obrigado.*

A área da vida de Blaire que estava imóvel, simbolizada pelo estacionamento, foi causada por suas escolhas, enquanto a área da vida de Ken que o fez sentir-se empacado, simbolizada pela prisão, foi causada por algo fora do seu controle: a demissão da chefe. Embora o sonho de Ken tenha sido desencadeado por uma situação externa, às vezes a raiz dos sonhos com prisão é uma circunstância restritiva em alguma área da vida pela qual somos responsáveis, mas não conseguimos vê-la desse modo. Às vezes estamos aprisionados por nossos próprios atos ou por modelos de comportamento recorrentes, e em vez de reconhecermos nossa própria culpa por nossa falta de progresso, sempre sentimos que somos vítimas da má sorte. Simplesmente não enxergamos que muitas vezes somos nossos próprios carcereiros.

A mensagem dos sonhos com prisão: Você está começando a perceber que está empacado em alguma área da sua vida, não há progresso e você sente que é injusto. O sonho o está desafiando para descobrir em que ponto da sua vida você está confinado e o que pode fazer para escapar e ser livre.

HOSPITAL

Quando os sonhos acontecem num hospital, ficamos bastante impressionados e nos perguntamos se há algo de errado em nosso organismo. Porém, geralmente não é esse o caso. Mesmo que o cenário de hospital não seja obrigatoriamente um alerta para uma doença que precisa ser tratada, a mente sonhadora está lhe dando um aviso sobre a necessidade de cura em alguma outra área da sua vida. O melhor modo de descobrir é perguntar a si próprio qual é ela e por que está enferma.

Em meu sonho, estou num hospital esperando para ser operada. Parece que o lugar foi dedetizado contra baratas há pouco tempo. Os atendentes começam a atirar pelotas de gás em mim, supostamente para me anestesiar, mas não funcionam e eu fico com medo de que me operem acordada. Reparo em um cachorro grande, morto e ensanguentado, e depois acordo! — Carol, 57

LAURI: O cenário de hospital sugere que alguma área de sua vida não vai bem. A cirurgia indica que alguma situação precisa ser consertada ou removida. Sabe-se que as baratas são capazes de sobreviver a uma guerra nuclear; isso sugere que algo a está importunando ultimamente, algo difícil de "exterminar". As ineficazes pelotas de gás significam que você tem plena noção do que precisa ser feito. Infelizmente, o "procedimento" de "remover" a situação da sua vida talvez seja bem dolorido.

O cachorro morto e ensanguentado é um símbolo de grande significado. Cães simbolizam lealdade, companheirismo e amizade. Será que um relacionamento em particular a fez sangrar em termos emocionais, deixando-a vazia? O sonho está lhe dizendo que já é hora de remover essa questão perniciosa para que você possa avançar.

64 POR QUE SONHEI COM ISSO?

CAROL RESPONDE: *Tenho uma amiga da qual estou tentando me afastar. Ela é muito manipuladora. O relacionamento está quase terminado, mas continua dando os últimos suspiros. Sua resposta amarrou todos os fios e compreendi tudo. É a absoluta confirmação de* que tenho *que pôr um fim nesse relacionamento! Você nem imagina como fiquei encantada com sua orientação.*

Embora as baratas e o cão ensanguentado sejam aparentemente os símbolos mais fortes do sonho e uma visão um tanto perturbadora, é o cenário de hospital que lança à Carol o alerta de que o sonho está falando sobre uma parte de sua vida que precisa de cura. Ele mostra que a área da amizade em sua vida assumiu a forma de um hospital porque se encontrava em um estado pouco saudável e precisava ser curada ou removida, para seu próprio bem.

A mensagem dos sonhos com hospitais: Sua mente sonhadora está colocando-o em um hospital porque algo, em algum lugar da sua vida, está doente. Uma sala de pronto socorro significa que você precisa parar de desperdiçar tempo porque a situação é urgente. É hora de assumir o papel de médico e consertar o que está quebrado.

HOTEL

Hotéis são um local de sonho surpreendentemente comum. Isso acontece porque, na vida real, a estada em um hotel é temporária. Por isso, a mente sonhadora irá emprestar esse sentido de impermanência e aplicá-lo aos sonhos quando alguma área da sua vida der a impressão de que não irá durar.

SONHOS COM LUGARES

Sonhei que eu e meu namorado fomos a um hotel para participar de uma convenção. Nós nos divertimos, mas quando tentamos sair pela garagem do estacionamento encontramos uma multidão na rua, que nos impediu de sair. Havia incêndios e caos, e a polícia estava matando pessoas. Tentamos voltar ao elevador por onde tínhamos chegado à garagem, mas dois policiais corruptos nos impediram e quiseram nos agredir. Foi então que acordei.
— Melanie, 29.

LAURI: Quando nossos sonhos acontecem em um hotel, significa que estamos em um local temporário de nossa vida ou que adotamos um modo de pensar temporário. Imagino que seu eu interior está preocupado com seu namoro, que lhe parece temporário. O estacionamento na garagem sugere que o relacionamento está parado e não mostra a possibilidade de avançar. Todo o caos à sua volta reflete preocupação com um fim desagradável do namoro se as coisas não mudarem. Os policiais corruptos são um claro sinal de confusão sobre qual seria o melhor caminho a tomar. Procure afastar-se da situação e tente ver se um de vocês está acelerando a separação ou tentando evitá-la. Espero que vocês encontrem um jeito de acertarem suas diferenças; se isso não acontecer, o juízo final ficará muito perto, assim como no sonho. Boa sorte.

MELANIE RESPONDE: *Ontem, antes de ler sua mensagem, eu rompi com meu namorado. Creio que minha mente tentava me dizer que nosso relacionamento estava condenado desde o início. Felizmente, continuamos sendo bons amigos.*

Esse sonho tem dois lugares separados — o estacionamento e o hotel —, e se fosse você o sonhador, poderia ficar imaginando por qual deles começar. A verdade é que qualquer uma das localizações levaria ao significado, mas optei por começar com o hotel porque o estacionamento faz parte dele. Portanto, o hotel é o cenário dominante e a mensagem dominante. O relacionamento não iria durar. Note como Melanie e o namorado tentaram sair durante todo o sonho. É uma mensagem bem clara de que ela precisava sair do relacionamento. O sonho também nos mostra que, no fundo de sua mente, Melanie sabia que o namoro era divertido, porém temporário. O problema era como sair do relacionamento. Era o que temia. Por sorte, o rompimento foi tranquilo.

O tipo de hotel, sua condição, os motivos para estar hospedado nele e tudo o que acontece no local são elementos que indicam qual área da sua vida é temporária, e se você está lidando bem ou mal com a situação. Lembre-se que o hotel também pode indicar um modo de pensar temporário. Um grande e luxuoso hotel reflete um estado de espírito alegre, elevado, e um hotel feio, malconservado, sugere um fracasso temporário.

A mensagem dos sonhos com hotel: Alguma área da sua vida está numa fase de transição. Dependendo do contexto do sonho, você precisa pedir a conta e ir em frente, ou apreciar a estadia e se divertir enquanto durar. Mas atenção: ao sair do hotel, certifique--se de que está com a lição, e não com as toalhas!

CAMPO DE BATALHA

Você se lembra de uma canção dos anos 1980 de Pat Benatar, "Love is a Battlefield" [O Amor é um Campo de Batalha]? Ela fala da luta por poder e do cabo de guerra das emoções dentro de um relacionamento. Basicamente, quer se trate de duas pessoas ou de dois países, todas as guerras são uma luta pelo poder. Quando há uma

SONHOS COM LUGARES

luta por poder em alguma circunstância de sua vida, seus sonhos provavelmente terão como cenário uma zona de guerra, para transmitir a mensagem de que a situação atingiu um nível instável.

Muitos dos meus sonhos acontecem no passado, como na Guerra de Secessão ou na Segunda Grande Guerra. Consigo ver o tiroteio e as mortes, e estou sempre correndo sem parar. Não sei por que corro, nem quem está me perseguindo. Sempre acordo exausta por causa da correria.
— Mary Ann, 44

LAURI: Sonhar com o passado não significa necessariamente que você está vendo uma vida passada, mas sim que o sonho está comentando um acontecimento do *seu* passado. O cenário é sempre de guerra, o que diz que existe uma batalha em seu passado na qual você ainda luta. É algo de que você tenta "fugir", ou algo com que você evita lidar na vida real... E por esse motivo você vem sonhando sempre a mesma coisa. Seus sonhos não podem avançar até que você avance. Claramente existe alguma coisa no passado que você está evitando em vez de confrontar para tentar saná-la. Quando conseguir ajuda para analisar sua mente e finalmente enfrentar o problema e parar de correr, seus sonhos cessarão.

MARI ANN RESPONDE: *Penso que os sonhos estão relacionados com meus primeiros problemas de saúde. Já passei por vinte cirurgias, dez na região lombar, sete para instalar uma prótese de quadril e o restante para tentar resolver outras condições. Creio que meus sonhos de guerra começaram quando fui fazer uma de minhas muitas cirurgias. Fiquei apavorada e literalmente fugi correndo do hospital. Agora, sempre que preciso de outra cirurgia, entro em pânico e sinto vontade de fugir. Em janeiro eu estava para operar a coluna novamente, mas liguei cance-*

68   POR QUE SONHEI COM ISSO?

lando a cirurgia. Naquele mesmo dia recebi um telefonema tranquilizador do meu médico, e nós voltamos a marcar o procedimento. Estou cansada de fugir. De agora em diante vou enfrentar meus problemas de saúde cara a cara.

A saúde de Mary Ann é uma zona de guerra. Ela não está apenas lutando contra males físicos, mas trava uma batalha consigo mesma sobre os tratamentos adequados para o seu problema. Há aqui uma luta entre duas forças: de um lado, o que Mary Ann sabe ser o certo a fazer; de outro, seu desejo de não fazê-lo. Todavia, agora que ela enfim está entendendo seus sonhos, pode perceber que esteve em guerra consigo mesma! Esse, com toda certeza, não é o jeito de viver a vida.

A mensagem dos sonhos com campos de batalha: Há uma guerra em andamento em alguma área da sua vida. Com quem ou com o que você está em conflito? Será que é uma batalha interior, como, por exemplo, uma luta contra um vício? Existe uma guerra de palavras entre você e outra pessoa? Onde está a luta pelo poder? É hora de decidir se você deve bancar o soldado e enfrentar a batalha ou levantar a bandeira branca e assinar o tratado de paz. Embora nunca cheguemos a uma paz mundial, é muito, muito bom ter paz interior.

CASAMENTO

O casamento é uma cerimônia feita para duas pessoas que já estão prontas para comprometer-se uma com a outra até que a morte as separe. A palavra operante neste caso é o compromisso. O casamento marca o máximo do comprometimento; é por esse motivo que quando alguém está muito comprometido com o emprego ou trabalho, dizem: "Ele parece que está casado com seu trabalho."

SONHOS COM LUGARES

Quando chegamos a um lugar em nosso interior onde estamos prontos para assumir um compromisso na vida real — quer seja o compromisso de comer melhor, ou de fazer atividades físicas, quer seja o compromisso com uma pessoa ou outra coisa —, é quase certo que nos descobriremos sonhando com casamento em nossos sonhos.

Na noite passada sonhei que estava em um casamento na Mansão Playboy, mas o noivo não aparecia, por isso começamos a festa sem ele. Eu disse a alguém com quem eu teria de dividir um quarto muito grande que eu poderia ficar nessa vida desde que não fosse obrigada a dormir com Hef [Hugh Hefner]. Perguntei se ele tinha um filho, e depois acordei. — Julie, 30

LAURI: O cenário de casamento provavelmente significa que você precisa assumir um compromisso com alguém ou com alguma coisa, ou com você mesma, mas não está levando a ideia a sério. De preferência, você gostaria de "brincar" — daí o cenário da Mansão Playboy — em vez de cumprir a obrigação. Por isso o noivo não aparece. Ele é sua metade masculina, a parte que é ativa e assertiva e está sendo ignorada!

JULIE RESPONDE: *Meu médico me fez prometer que começaria a correr 5 quilômetros a partir de março. Atualmente sou apenas uma caminhante ocasional. Mas minha palavra significa tudo para mim, por isso vou cumprir minha promessa... Só não quero começar a treinar ainda. Oba!*

No sonho, Julie está assistindo a um casamento em vez de participar dele porque foi outra pessoa que deu origem ao compromisso — o médico —, não ela. Julie ainda não assumiu totalmente o controle de seu comprometimento. Quando se dispuser a cumprir sua promessa, provavelmente sonhará que é a noiva e não uma convidada.

A *mensagem dos sonhos com casamento:* Você chegou a um ponto de sua vida em que está preparado para assumir um compromisso. É com você mesmo? Com alguma coisa? Com alguém? Se o sonho com casamento for agradável, você está pronto e disposto a fazer a promessa e continuar mantendo-a até o fim do compromisso. Se o sonho for perturbador, provavelmente você não está à vontade com ele e o encara mais como uma obrigação. Neste caso, é preciso examinar seus compromissos e obrigações mais recentes, para ter certeza de que deseja considerá-los.

RESTAURANTE

Quando você está sentado em um restaurante, sentindo os aromas deliciosos que vêm da cozinha e ficando com água na boca diante dos pratos colocados sobre as mesas dos clientes, percebe que a fome que sentia ao entrar se intensificou. Por causa disso, a mente sonhadora associa um cenário de restaurante com a fome; não a fome física, mas a fome emocional. Como você já deve ter aprendido a essa altura, os sonhos não costumam comentar o lado físico da vida, mas sim o lado emocional e psicológico. Assim, quando existe uma necessidade psicológica ou fome emocional em alguma área da sua vida, seus sonhos o colocam em um restaurante, uma cozinha ou mesmo numa mercearia. O que acontece nesse cenário refletirá se essa necessidade ou fome está sendo atendida.

Tive um sonho no qual meu ex-namorado morava nos fundos de um restaurante de sushi. Fui lá para conversar com ele e começamos a brigar. Ele me contou que havia se encontrado com sua ex durante todo o nosso namoro. Ele também estava muito mais alto que o comum. — PJ, 22

SONHOS COM LUGARES

LAURIE: Seu sonho se passa num restaurante porque você ainda deve estar emocionalmente faminta por seu ex-namorado, e ele vive nos fundos porque está sempre nos fundo da sua mente. Por isso ele é tão alto no sonho: você lhe deu permissão para se tornar um problema maior em sua vida do que deveria ser. Lembre-se, no restaurante de sushi sempre há peixe, e foi por isso que o sonho o escolheu como cenário. Ele está dizendo que existem muitos outros peixes no mar.

PJ RESPONDE: *Muito, muito obrigada! Faz um sentido perfeito. Acho que tenho algumas mudanças a fazer.*

A fome de PJ pelo ex-namorado não está sendo saciada, portanto a mente sonhadora, mais sábia, quer lhe mostrar que os dois têm objetivos opostos, daí o conflito do sonho. Há um cenário de restaurante, mas nenhuma comida, uma boa indicação de que sua fome não será saciada. Comer em um sonho geralmente significa que alguma área de sua vida está sendo atendida e nutrida.

A mensagem dos sonhos com restaurante: Você anseia por alguma coisa agora mesmo. É por uma alimentação emocional, intelectual, espiritual ou profissional? Do que você tem fome? O tipo de restaurante, bem como a comida servida, são pistas para saber se sua fome está sendo saciada e também se o alimento é saudável e nutritivo, ou se isso não está surtindo efeito, deixando-a vazia.

> **Se você trabalha em um restaurante** e é ele o cenário do sonho, provavelmente o que acontece diz respeito a seu trabalho e suas dinâmicas. Todavia, se o sonho se passa num restaurante diferente ou desconhecido, está indicando que você tem uma necessidade ou fome em algum lugar de sua vida.

72 POR QUE SONHEI COM ISSO?

PARQUE DE DIVERSÕES

Quem não gosta de um parque de diversões? É um lugar aonde vamos mesmo quando adultos, para nos divertir, esquecer os problemas e relaxar. Não é à toa que Disney World tem a fama de ser o lugar mais feliz do mundo. O cenário de parque em um sonho pode estar ligado à área recreativa da sua vida, mas eu descobri que infelizmente tal sonho nem sempre é uma experiência feliz. As voltas dadas nos brinquedos são estranhas, devido a defeitos de funcionamento ou imperícia dos técnicos de manutenção. As pessoas que caminham pelo terreno às vezes são ameaçadoras, e os alimentos das barraquinhas podem ser bizarros. Se o parque de diversões do seu sonho não for divertido, você precisa analisar qual é a área da sua vida que deveria ser agradável, mas se tornou extremamente ruim.

> *Sonhei que estava em um parque de diversões meio sinistro. Estava escuro e totalmente deserto. Todos os brinquedos em que entrava começavam a funcionar automaticamente. Eu sempre sentia medo, e tinha que vencê-lo para subir nos brinquedos. Depois, fazia tudo para esconder meu medo enquanto estava em movimento. Quando estava na montanha-russa e o carrinho entrou no trecho onde ficava de ponta-cabeça, eu caí do banco e... acordei. — Joseph, 46*

LAURI: Qual é a área de sua vida que deveria ser divertida, mas está lhe causando ansiedade? A situação sinistra que você percebeu sugere que também há um clima sinistro na situação. O parque de diversões está deserto. Você está lidando com essa situação sozinho? Está se sentindo ignorado ou abandonado?

No final do sonho você cai do brinquedo. Há alguma coisa acontecendo que o leve a temer um grande revés? Você tenta

SONHOS COM LUGARES

esconder o medo. Penso que é desse modo que você está se preparando para sair da sua zona de conforto na vida real.

JOSEPH RESPONDE: *Sou funcionário público no Reino Unido, e entre 500 mil e 600 mil de nós estão a ponto de ser despedidos. O medo no sonho é sem dúvida o medo do que poderá acontecer se eu perder meu emprego. Se eu for cortado, será difícil encontrar um novo emprego, principalmente porque todos os dispensados estarão na mesma situação. Eu ainda gosto muito do meu trabalho, e é por isso que não quero perdê-lo. Estou nesse emprego há vinte anos e ficaria perdido no meio do inverno sem ele.*

A área do trabalho na vida de Joseph costumava ser agradável e divertida, mas agora está cheia de temor, e a escuridão em seu sonho está ligada à sua incapacidade de ver o que logo acontecerá. E note que ele cai quando o carrinho fica de ponta-cabeça. Normalmente, as voltas na montanha-russa são divertidas porque temos a segurança proporcionada pelo cinto e pela barra de segurança. Foi o que faltou para Joseph, porque a segurança no trabalho desapareceu e o sonho o avisa para se preparar para uma queda emocional e até mesmo financeira. Uma situação assustadora, sem dúvida, mas gostei do modo como Joseph sempre vence seus medos no sonho. É uma forte indicação de que ele irá vencer os medos na vida real.

Quando o sonho acontece num parque de diversões, também é importante prestar atenção aos brinquedos em que você está entrando, pois muita informação pode ser tirada deles. A montanha-russa pode representar os altos e baixos da sua vida, ou indicar uma instabilidade emocional se, por exemplo, ela for um tanto precária. O Tilt-A-Whirl — brinquedo formado por bancos que realizam um movimento de translação em torno de um eixo central ao mesmo tempo em que rotacionam em torno

74   POR QUE SONHEI COM ISSO?

de seu próprio eixo —, pode indicar que algo está começando a escapar do seu controle, e a Casa dos Espelhos talvez aponte que algo não está mais sendo levado a sério por você ou alguém ao seu redor, dependendo do contexto do sonho.

Como eu sempre digo, se você encontrar a metáfora ou figura de linguagem no sonho, já descobriu um bom pedaço da mensagem. "Alguém o está enganando, convidando para um brinquedo?" Você está numa montanha-russa emocional? "Às vezes a vida está longe de ser um parque de diversões."

A mensagem dos sonhos com parque de diversões: Que área da sua vida está cheia de risadas e empolgação? Qual é a área preferida da sua vida? Agora mesmo você precisa olhar para o que está acontecendo nesse aspecto na vida real e compará-lo com o contexto do seu sonho. Isso lhe dará uma compreensão mais profunda do quanto ela é produtiva ou problemática. A vida é curta e você não deve desperdiçá-la ruminando sobre seus altos e baixos, sobre o que está escapando do controle ou o que está à sua frente; em vez disso, melhor encontrar prazer no momento presente.

Lembre-se de que o lugar onde o sonho se passa é tão importante quanto o que acontece no sonho, porque o lugar reflete *onde você está* em sua mente no que diz respeito a um problema em especial, ou é um comentário sobre alguma *área* de sua vida.

Preste bastante atenção ao local do seu sonho, e procure conectá-lo com alguma área de sua vida. O cenário o faz lembrar-se de alguma parte de sua vida? Também procure ver se o cenário é algo encontrado na vida real. Um aeroporto, por exemplo, é um local onde decolamos em um avião e vamos para diferentes lugares. Uma área de sua vida o faz pensar em agir assim? Você chegou a um lugar no interior de sua mente onde está pronto para isso?

SONHOS COM LUGARES

Todos nós tentamos chegar a um local em nossa vida, e dentro de nós, onde nos sintamos felizes, realizados, saudáveis e em paz. Prestar atenção aos locais onde seus sonhos acontecem lhe mostrará o quanto você está perto ou distante de chegar aonde deseja.

UM FASCINANTE FATO SOBRE OS SONHOS: O príncipe Charles, Pamela Anderson e David Bowie contaram que têm diários onde anotam seus sonhos.

Sonhos com veículos e viagens

NAVEGANDO PELOS CAMINHOS ESCOLHIDOS

Automóvel, Avião, Caminhão, Trem, Barcos e Navios, Ônibus, Motocicleta, Bicicleta, Viagem Espacial

A vida é uma viagem. Aparentemente, todos nós a entendemos assim. Pense por um segundo em todas as metáforas relacionadas com jornadas que usamos quando falamos sobre nossas vidas: "Essa é a ponte para a universidade"; "Estou numa encruzilhada"; "Nosso relacionamento entrou em um beco sem saída"; "Quero dar um rumo diferente para a minha vida." Essas são só algumas. Com essa perspectiva coletiva de uma jornada de vida, não é de admirar que nossos sonhos nos coloquem numa infinidade de aventuras relacionadas com viagens.

SONHOS COM VEÍCULOS E VIAGENS 77

No mundo real, existem muitos caminhos físicos por onde podemos viajar, como estrada, mar, ar e trilhas variadas. No mundo figurativo, também existem muitos caminhos, tais como as carreiras, relacionamentos e as vias espirituais. No mundo dos sonhos, em cada tipo de caminho no qual você se encontrar, ou de veículo que estiver usando, não somente aprenderá algo sobre seus vários atalhos mas também receberá importantes informações, que indicarão se você está ou não sendo bem-sucedido no percurso dessas viagens. Em outras palavras, o caminho é o que você escolheu, seja a estrada, o ar ou a água. O veículo é a sua capacidade de viajar por esse caminho.

AUTOMÓVEL

Sem dúvida, o automóvel é o meio de transporte mais comum em nossos sonhos, pela simples razão de ser o veículo mais numeroso no mundo real. Por esse motivo, seu significado é mais amplo do que seria no caso de, por exemplo, um navio ou avião. O sonho com automóvel pode ser um comentário sobre como você está dirigindo e manobrando em uma trilha específica de sua vida — na vida profissional, por exemplo —, mas o mais frequente é que diga respeito à direção da sua vida como um todo. Ele também pode refletir sua energia ou motivação para continuar em uma determinada estrada. É sempre importante prestar atenção para determinar se é você que está dirigindo ou não, porque isso aponta para quem — ou mesmo que parte de você — controla a direção que sua vida está tomando.

As especificidades do sonho — como o tipo, marca ou condição do carro, o estado da estrada e sua capacidade ao volante — o ajudarão a determinar a que aspecto de sua vida ele se relaciona.

Em minhas muitas pesquisas, descobri que o desastre é o elemento mais comum nos sonhos com automóvel, e frequen-

78 POR QUE SONHEI COM ISSO?

temente significa que uma direção qualquer que sua vida esteja tomando chegou a uma súbita e confusa parada.

Tenho sonhos recorrentes nos quais estou dirigindo numa estrada escura desconhecida. Subitamente faço um movimento brusco ao volante, sempre para a esquerda, giro e sofro o desastre. Esse sonho aconteceu pelo menos uma vez por semana nos últimos dois meses. — Jaime, 29

LAURI: A escuridão nesse sonho tem ligação com o fato de você estar numa época escura de sua vida (você anda deprimido?) ou com uma sensação de incerteza ou "de estar no escuro" sobre a direção que sua vida está tomando. Você sempre vira bruscamente o volante para a esquerda. Ir para a esquerda é a direção errada. Se tivesse virado para a direita, seria uma indicação de que você está fazendo a coisa certa. O lado esquerdo também aponta para o passado, para o que você deixou para trás. Por acaso você fica ruminando sobre um erro ou acidente que acredita ter causado? Talvez seja por isso que continua a sofrer um desastre no sonho. Quando deixar de pensar no passado e começar a olhar para a frente, os sonhos pararão.

JAIME RESPONDE: Creio que você acertou na mosca. De fato, *estou* remoendo o passado porque vivo numa batalha de custódia com meu ex-marido. Não recebo a pensão que ele deveria pagar à minha filha desde junho. Também estou furiosa porque há meses ele não vê nossa filha, o que me faz pensar muito na época em que estávamos casados e no seu entusiasmo quando soubemos da gravidez. Não sei para onde tudo isso está me levando e não gosto dessa sensação.

SONHOS COM VEÍCULOS E VIAGENS 79

No sonho de Jamie, sempre há um acidente de carro porque ela não tem sido capaz de avançar em sua vida desde o fim do casamento, que terminou em desastre. Apesar de haver outra direção que poderia tomar na estrada da sua vida, ela ainda se permite ficar presa nos destroços do casamento. O sonho está tentando lhe mostrar, muitas e muitas vezes, que é hora de mudar o rumo de sua vida e de seus pensamentos, algo tão fácil como *virar as rodas da mente* para o outro lado. Jaime precisa começar a olhar à frente em vez de se manter presa ao homem que a deixou *no escuro* com sua filha. A parte boa do sonho, contudo, é que Jamie está dirigindo o carro, sinal de que cabe a ela tomar a *direção certa*.

Ter o carro roubado ou não ser capaz de encontrá-lo é um sonho muito comum e indica a incapacidade de avançar por um caminho escolhido, mais frequentemente devido a circunstâncias imprevistas ou incontroláveis ou a falta de impulso para continuar.

Constantemente sonho que meu carro foi roubado e passo a noite inteira procurando por ele. Às vezes eu conheço a pessoa que o levou e saio para buscá-lo. Então, no sonho, eu acordo de manhã e vejo que ele desapareceu de novo. Estou muito estressada com isso! — Jesse, 35

LAURI: Seu carro está constantemente sendo roubado nos sonhos porque talvez você se sinta sem direção, ou tenha a impressão de que lhe roubaram a oportunidade de alcançar uma meta pessoal. Sua mente sonhadora deseja que você encontre um novo caminho e recupere o entusiasmo, e por isso está tirando o carro das suas mãos. O caminho em que está atualmente não a levará a lugar nenhum.

80 POR QUE SONHEI COM ISSO?

JESSE RESPONDE: *Faz três anos que tento terminar meu curso de direito, o que não consegui fazer porque tive um bebê. Vivo pensando em encontrar um meio de concluir a faculdade. Desde que me tornei mãe, estou em dúvida sobre se deveria procurar outra carreira. O que você disse faz total sentido!*

Apesar dos sonhos de Jesse serem frustrantes para ela, também são motivadores, especialmente porque agora ela entendeu seu significado. O eu interior dela está comparando sua incapacidade de completar o curso de direito com o fato de lhe terem roubado a capacidade de seguir o caminho que havia escolhido. O sonho está lhe mostrando que chegou a hora de ela retomar o volante e voltar para a estrada que a levará a se tornar uma advogada.

Existem diferenças sutis, porém significantes, entre sonhos com carros acidentados e carros roubados. Ambos estão ligados à incapacidade de continuar no atual caminho que o sonhador está trilhando, mas somente o desastre pode ser ligado a súbitos, desastrosos ou confusos finais dos quais o sonhador precisa se livrar, exatamente como faria no caso de um acidente com perda total (como no sonho de Jaime). Por sua vez, o sonho do carro roubado geralmente está vinculado a um caminho que terminou porque o sonhador percebeu circunstâncias imprevistas ou injustas (sonho de Jesse), mas é um caminho que pode ser retomado, assim como um automóvel roubado às vezes pode ser recuperado.

Idosos e aposentados têm o sonho do carro roubado com frequência. Passamos a maior parte da nossa vida adulta com o propósito de nos levantar e sair para o trabalho na esperança de facilitar nosso caminho profissional. Contudo, quando esse caminho chega ao fim, ficamos meio perdidos, imaginando para onde devemos dirigir nossa vida. Quando não existe mais *impulso motor* para fazer nada, a mente sonhadora fica preocupada,

SONHOS COM VEÍCULOS E VIAGENS

sente-se roubada e nos envia o sonho do carro furtado para nos mostrar o que permitimos acontecer em nossa vida.

Acontecem tantas coisas com nossos veículos nos sonhos porque existem muitas coisas que podem nos levar para fora do curso na vida real. Quando os freios do carro falham, tudo indica que você está deixando algo escapar do seu controle e é preciso ir mais devagar e se reorganizar na vida real. Quando você não consegue dar a partida, provavelmente perdeu a motivação para seguir em frente ou está sendo avisado de que essa estrada em particular não vai funcionar. Às vezes você se encontra dirigindo o automóvel sentado no banco de trás, o que acontece bastante comigo. Isso significa que uma meta que foi posta em espera precisa ser colocada na frente para poder completar essa jornada. Já dirigir em marcha a ré no sonho sugere que você precisa recuar diante de determinada situação, ou está agindo de uma maneira que o fará voltar em seu caminho em vez de levá-lo para a frente.

A mensagem dos sonhos com automóveis: A direção de sua vida pode ter atingido um ponto crítico. Você está na direção certa? Existe o impulso de avançar? Ou será que você se encontra estacionado, sem gasolina ou quebrado? Os sonhos com carros são seu GPS interno indicando para onde deve ir ou dizendo quando deve parar. Obedecendo aos sinais nos sonhos com veículos, você jamais perderá a direção.

AVIÃO

A estrada percorrida pelo avião está no céu, portanto eles frequentemente representam uma jornada na qual você deposita grandes esperanças. Em minhas pesquisas, descobri que em geral os aviões estão conectados com a vida profissional porque você espera que sua carreira — como um avião — decole, alcance novos níveis e o leve a outros lugares.

POR QUE SONHEI COM ISSO?

Eu estava num avião. Minha impressão era que meu sócio e eu o havíamos alugado. Era muito grande e extremamente confortável, com grandes poltronas. O avião começou a se movimentar e decolou com uma velocidade incrível. Fui atirado contra as costas da minha poltrona. Parecia uma missão especial, como viajar ao espaço sideral. Sem dúvida estávamos ansiosos para cumpri-la.— Mark, 29

LAURI: Sua carreira ou outra área da sua vida deve estar decolando e atingindo rapidamente novos níveis. As poltronas grandes e confortáveis sugerem que você está satisfeito com a direção em que está avançando, mas também indicam uma esperança de que ela o leve para uma vida financeiramente confortável. Quanto mais o avião sobe, mais alta é sua esperança... O espaço sideral é bem, bem alto.

MARK RESPONDE: *Sim, as esperanças são bem altas. Encontramos um novo conhecimento que exerceria um enorme impacto sobre o modo como nosso negócio pode crescer e, se for executado de modo correto, será num ritmo muito rápido.*

O sonho de Mark não apenas reflete as altas esperanças, como também lhe mostra que a estrada de sua carreira está indo na direção certa... Para cima!

Sonhei que estava presa no banheiro de um avião e atingimos uma área de turbulência. Parecia que iríamos cair. A comissária de bordo me ajudou a sair e depois vomitou em mim! Então, um sujeito veio para cima de mim com uma faca na mão!! Esse foi dos bons, não? — Stacey, 38

LAURI: Você está preocupada com seu emprego neste momento? A situação está um tanto turbulenta? Como a comissária de

SONHOS COM VEÍCULOS E VIAGENS 83

bordo que vomitou em você, alguém descarregou sua raiva em você no trabalho? Alguém a criticou ou cortou um projeto (a faca)? Você estava presa no banheiro porque provavelmente se viu obrigada a conter a frustração em vez de *se aliviar* dela por causa do seu emprego.

STACEY RESPONDE: *Sim, é isso mesmo. Tem uma mulher no meu trabalho que se acha uma grande estrela e está tentando me deixar insegura sobre a posição que ocupo. Ela adora dar uma dura nos outros. Na semana passada ela me falou um monte de merda, e apesar de não precisar ter medo dela, eu tenho.*

O sonho de Stacey com o avião indica que a estrada de sua carreira não é nada suave, devido ao modo como outras pessoas a estão tratando. Porém, ele também mostra a ela como é verdadeiramente tratada para poder se armar melhor na vida real. Quantas vezes permitirá que alguém vomite verbalmente sobre ela?

Como nos sonhos com carros, queremos que os sonhos com aviões prossigam sem obstáculos. Também como nos sonhos com carros, os aviões podem sofrer acidentes e isso acontece com frequência. É uma poderosa expressão de esperanças frustradas, geralmente ligada a esperanças relacionadas com a vida profissional, mas com certeza pode estar conectada com qualquer coisa em que o sonhador deposita grandes esperanças. A diferença entre assistir a um desastre de avião e estar no avião acidentado frequentemente está ligada ao nível de envolvimento na situação da vida real. Há maior probabilidade de você se encontrar *dentro* do avião quando já esteve ativamente envolvido em sua vida profissional ou em outro aspecto que está em processo, mas vai "cair" na vida real. Se você estiver *assistindo* ao desastre, algo em que você depositava confiança, mas ainda não chegou à fase de

84 POR QUE SONHEI COM ISSO?

realização, fracassará. Se você não está diretamente conectado com o avião, ainda existe uma alternativa bem-sucedida além daquela que você enxerga hoje.

A mensagem dos sonhos com aviões: Existe um enorme potencial para o caminho que você escolheu. Chegou a hora de avaliar de modo proativo em que ponto está sua vida profissional (ou qualquer esperança alta que abrigue em sua mente) e para onde ela caminha. Não deixe uma pequena turbulência lançá-lo fora do curso. Até mesmo um acidente pode ser superado. O céu é o limite no que diz respeito à mente sonhadora. Continue apostando alto.

CAMINHÃO

O propósito de um caminhão é transportar uma carga pesada de um lugar para outro. Portanto, em um sonho, o caminhão sugere que atualmente você está carregando um fardo pesado que o prejudica, e terá de descarregá-lo em algum ponto de sua vida.

> *Eu sonhei que estava em um acampamento. Uma DJ da minha cidade e eu estávamos na cabine de um caminhão, e ela dirigia. Ela freou para se certificar se eu tinha prendido o cinto de segurança e se ele estava bem ajustado. Nós decolamos e voamos por cima de um imenso lago. — Tiffany, 24*

LAURI: O acampamento é uma boa indicação de que há alguma coisa que você precisa trazer "para fora". O caminhão significa que ultimamente você tem carregado um grande fardo, uma grande carga. Lembre-se do que ensinei no capítulo relacionado a sonhos com pessoas; quando alguém aparece no sonho, neste caso uma MC, é importante pensar que parte do seu ser ela representa. Um

SONHOS COM VEÍCULOS E VIAGENS

MC é alguém que fala para ganhar a vida, alguém conhecido por sua voz; por isso, a MC do seu sonho simboliza a *sua* voz. Dito isso, pergunto: Há algo que você precise falar em voz alta? O sonho lhe garante que é seguro falar, porque seu cinto foi bem afivelado. Que ótimo o caminhão voar por cima do lago! Sua mente sonhadora está novamente confortando-a e até a encorajando a "subir acima" dos seus temores, sem se deixar oprimir pelo peso ou impedir o seu caminho. Nos sonhos, o voo também é um sinal de soltura, liberdade e alma leve, o que você terá quando resolver falar.

TIFFANY RESPONDE: *Já faz algum tempo que eu estou interessada em namorar pessoas do mesmo sexo. Creio que essa é a questão que preciso revelar. Ninguém, a não ser eu, conhece minha orientação sexual. Me sinto muito solitária e desejo muito encontrar essa pessoa especial. Portanto, sua resposta fez muito sentido.*

Tiffany carrega um grande fardo e seu sonho lhe mostra que chegou a hora de parar de levá-lo de um lado para outro. Note também que não é Tiffany que está ao volante. Isso nos mostra que está pronta para sua voz (a DJ) assumir o controle e levá-la para um caminho que elevará seu espírito e não mais a fará se curvar sob seu segredo pesado.

A mensagem dos sonhos com caminhão: Sua atual jornada de vida o está oprimindo com uma carga pesada. Quanto maior o caminhão no sonho, maior o fardo na vida real. Por que continuar carregando peso? Nenhum peso deve ser carregado para sempre.

TREM

Os trens viajam num trilho e seguem uma programação predeterminada. Por isso os sonhos com trens frequentemente apontam para uma rota que planejamos para nós mesmos.

86 POR QUE SONHEI COM ISSO?

Eu tentava pegar um trem e corria ao lado dele. Enquanto corria, entrei numa nuvem de insetos, que me picaram. Então alguém me estendeu a mão e me ajudou a entrar.
— Rachelle, 33

LAURI: Tentar pegar um avião, trem ou ônibus num sonho significa que você teme que alguma oportunidade na vida real passe sem que a aproveite. Você está trabalhando e precisa cumprir um prazo? Você foi capaz de entrar no trem — uma boa indicação de que está "nos trilhos" no que concerne a essa oportunidade ou prazo —, *mas* me parece que uma determinada questão ou pessoa o tem incomodado. Aconteceu alguma coisa recentemente que de fato foi uma "picada"? Seu sonho pode estar lhe avisando para não deixar que coisas de menor importância a impeçam de embarcar em sua viagem planejada.

RACHELLE RESPONDE: *Agora esse sonho faz sentido. Estive pensando em cursar uma faculdade, mas tenho duas crianças em casa e um marido que não me apoia, o que realmente me "morde". Mas preciso continuar em frente para dar um futuro para meus filhos.*

Rachelle tem uma rota predeterminada que deseja seguir. Isso se destaca em seu sonho sob a forma de um trem que deixa a estação, para que ela compreenda melhor a urgência e a esperança de "subir a bordo" a fim de obter o que de fato quer na vida e continuar seguindo essa rota antes que seja tarde demais.

A mente sonhadora adora brincar com palavras para transmitir uma mensagem, e os trens estão carregados de figuras de linguagem que devemos considerar quando deciframos nosso sonho; por exemplo, estar no trilho certo, ter uma linha de pen-

SONHOS COM VEÍCULOS E VIAGENS

samento e assim por diante. Já disse antes e vou repetir agora: quando encontrar a figura de linguagem escondida no sonho, você descobrirá a mensagem!

A mensagem nos sonhos com trens: Você está prestes a entrar numa rota que planejou para si próprio? Houve um descarrilhamento na sua viagem? Alguma coisa prejudicou seu percurso? Independentemente de você ter adiado seus sonhos ou de eles estarem correndo bem sobre os trilhos, lembre-se do mantra rítmico cantado pela máquina do trem: *"Sei que eu posso, sei que eu posso, sei que eu posso..."*

BARCOS E NAVIOS

Navios e barcos viajam pela água e a água — para a mente sonhadora — está ligada às nossas emoções. Como a água, as emoções são fluidas, em contínua mutação e frequentemente são muito profundas. Portanto, se você se encontrar em um barco ou navio durante o sonho, é uma indicação de que está embarcando em uma jornada emocional na vida real.

De modo geral, esses sonhos estão conectados ao caminho do relacionamento emocional. De novo, se você procurar as figuras de linguagem usadas quando falamos sobre diferentes embarcações, encontrará frases que se repetem nos sonhos: "o barco do amor", "o barco das ilusões", "navegar para uma ilha paradisíaca" etc.

Eu estava em uma lancha veloz, atravessando o oceano na direção de rochedos altos. Quem pilotava era o meu ex. Estávamos nos aproximando sempre em caminho reto, em alta velocidade, e tive certeza de que iríamos colidir. Acordei antes do impacto. — Darcey, 47

LAURI: Seu relacionamento com o ex deve ser muito pedregoso, daí os rochedos. O que antes era um barco do amor tornou-se a lancha da morte. É ele a força impulsora de todo o processo? Seu sonho a está advertindo que vocês dois estão à beira do desastre e perto do ponto onde não há retorno.

DARCEY RESPONDE: *Isso faz todo sentido. Somos como água e fogo. Temos custódia compartilhada de nossos filhos, de 4 e 6 anos. É extremamente difícil para nós termos até uma conversa simples, sem tensão ou troca de desaforos. Qualquer contato é sinônimo de briga. Brigamos sobre as roupas das crianças, sobre quem deve fazer as compras, sobre finanças, material escolar etc. Às vezes ele ameaça entrar com um processo para me obrigar a pagar todo o sustento dos filhos, ou para conseguir a plena custódia.*

O sonho de Darcey tem uma mensagem muito clara para ela. Ela permitiu ao ex assumir o controle da lancha no caminho do relacionamento, e ele está pilotando diretamente ao ponto sem volta.

Seu sonho com um barco ou navio pode ou não estar conectado a uma estrada de relacionamento, mas fique certo de que ele sempre está ligado a um caminho altamente emocional.

Caía uma tempestade e eu caminhava por uma cidade cinzenta e lúgubre no litoral de um oceano furioso. Eu sabia que uma grande onda vinha em minha direção. Então avistei um pequeno barco pesqueiro enferrujado. Parecia ser incapaz de navegar, mas no fundo do coração eu sabia que era minha única possibilidade de sobrevivência. Enquanto corria para o barco, podia ver a onda gigante vindo pelo porto pedregoso. Consegui entrar no barco assim que a onda atingiu a praia e quebrou bem em cima

SONHOS COM VEÍCULOS E VIAGENS

dele, inundando completamente a cidade. Enquanto eu via a cidade desaparecer sob o oceano turbulento, senti o velho barco levantar. As cordas que o prendiam à doca se esticaram e depois se romperam quando o barco enferrujado se ergueu numa onda de poder. Segurei firme enquanto ele se virava e saía na direção do mar. A cidade havia desaparecido e só se via uma corrente de água branca no lugar onde ela estivera. — Scott, 51

LAURI: Você claramente está numa fase turbulenta, pedregosa e incerta de sua vida. A cidade lúgubre e cinzenta está ligada ao fato de que não vê mais cores na vida. Talvez esteja deprimido por causa de circunstâncias presentes. A cidade é o que você construiu em sua vida, e parece estar à beira da destruição. E você quer escapar disso.

O barco é sua habilidade de encontrar uma rota para atravessar essa época turbulenta. Aparentemente ele não está em condições de navegar porque você não tem muita confiança em si mesmo. Mas ele está enferrujado porque você já enfrentou diversas tempestades, e com certeza vai vencer mais uma.

Você se agarra ao barco porque precisa se agarrar à vida real... Agarre-se ao seu eu interior, seus instintos e sua confiança e afaste-se dessa época tempestuosa, sabendo que apesar de precisar abandonar o que você construiu (a cidade destruída) você é um sobrevivente e isso não é o fim. Em suma, se você não se libertar do que parece ser a ruína certa, com certeza irá afundar.

SCOTT RESPONDE: *Nessa época de profunda crise econômica, eu também estou enfrentando o fato de que meu negócio talvez não consiga atravessá-la. É verdade, às vezes me parece que toda a cor e alegria da minha vida sumiram. De fato, na semana passada conversei com um amigo sobre essa mesma impressão.*

90 POR QUE SONHEI COM ISSO?

Eu construí um negócio substancial ao longo dos últimos 15 anos; meu faturamento anual em 2008 passou de 12 milhões. Portanto, você entende por que tenho tantas emoções envolvidas no meu sonho. A cidade, se é o que criei na minha vida, está mesmo afundando enquanto luto para salvá-la.

O barco, sendo minha capacidade de navegar nessa época tempestuosa, sou eu. Sim, faz sentido. Eu já caí muitas vezes e consegui me levantar. E, apesar de eu mal estar me agarrando agora, acredito que meu barco ainda consegue enfrentar o mar.

Finalmente, abandonar a cidade. É difícil de aceitar, porque acredito que sobreviverei. É possível que a realidade tenha uma visão diferente da minha sobre o que está acontecendo. Quando o barco se libertou das amarras, pude sentir uma liberdade, um entusiasmo com relação ao lugar onde eu me encontraria depois.

Note que Scott afirma: *É possível que a realidade tenha uma visão diferente da minha sobre o que está acontecendo.* Os sonhos, quando conseguimos entendê-los, são a melhor vista da realidade que está à nossa disposição. São o modo de sermos brutalmente honestos conosco mesmo quando a mente consciente, acordada, se recusa a ser sincera.

O sonho de Scott está sendo brutalmente honesto mostrando--lhe que precisa abandonar o negócio que construiu, porque, na realidade, ele está afundando. Contudo, o sonho também o conforta e o tranquiliza por meio do entusiasmo que sentiu no final. A sábia mente sonhadora o faz lembrar que a liberdade poderá levá-lo a incontáveis possibilidades. A sensação, pensamento ou ação vivenciada no final do sonho costuma ser a mensagem que a mente sonhadora quer lhe passar. Lembre-se disso. Quando tudo o mais fracassa, o final dos nossos sonhos costuma ser a parte mais poderosa da mensagem.

SONHOS COM VEÍCULOS E VIAGENS

A mensagem dos sonhos com barcos e navios: Você embarcou em uma viagem emocional, quer se trate de um relacionamento, um empreendimento econômico ou qualquer outra coisa de igual importância. Lembre-se de que o estado da água, a condição da embarcação e a navegação tranquila ou tumultuada lhe darão uma pista sobre se deve ficar a bordo ou abandonar o navio.

ÔNIBUS

Além de ser um veículo de transporte de massa, o ônibus é uma das formas mais lentas de viagem; portanto, quando você se encontra em um deles em seus sonhos, tudo indica que o trajeto escolhido na vida real está vagaroso ou que você depende de outras pessoas para ajudá-lo na jornada.

> *Uma noite sonhei que estava em um ônibus, muito satisfeita com o passeio, quando subitamente notei que as pessoas iam descendo, pouco a pouco, e o motorista, que imagino ser uma mulher, também saltou. Eu fiquei sozinha no ônibus! As pessoas pareciam sentir raiva de mim; mas eu estava com muito medo! — Donna, 57*

LAURI: Em um ônibus você não é o motorista, é o passageiro, portanto o sonho sugere que atualmente você não tem o controle completo sobre a direção que sua vida está tomando. Você depende, em qualquer grau, de outras pessoas? No sonho, você está gostando do passeio porque talvez encontre conforto por não ter de ficar atrás do volante. Todavia, sua sábia mente sonhadora lhe indica que você não deve ficar confortável demais. As pessoas descendo do ônibus e até a *motorista* desembarcando são uma boa indicação de que bem no fundo você sabe que terá de tomar as rédeas de sua vida, mais cedo ou mais tarde. As pessoas com raiva representam as suas partes que estão com raiva de você

92 POR QUE SONHEI COM ISSO?

por ser dependente demais dos outros. Sua vida e o caminho a percorrer pertencem só a você, a mais ninguém.

DONNA RESPONDE: *Tudo o que você disse nessa análise é a pura verdade! Sim, estou de fato dependente demais dos outros, e isso vem acontecendo há alguns anos. Recebo uma pensão por invalidez devido a um transtorno de ansiedade que foi muito grave. Estou melhorando vagarosamente. Portanto, vivo dessa pensão e não ganho nenhum dinheiro. Minha irmã me deixou alugar um quarto em sua casa. Há poucos anos eu era muito independente, e uma feliz divorciada. Então fiz a besteira de casar de novo e descobri que ele era um alcoólatra. Esse homem arruinou minha vida. Eu gostaria muito de voltar à minha independência. Estou muito brava comigo mesma, como você disse, por me deixar ficar na zona de conforto de não ter responsabilidades.*

O desprezo de Donna por si própria aparece em seu sonho sob a forma de *pessoas* com raiva porque ela tem *muitos* motivos para estar com raiva de si mesma. Todas as outras pessoas iradas são diferentes personalidades que ela é e foi (lembre-se, a maioria das pessoas nos sonhos são parte de nós): a esposa, a irmã, a mulher independente etc. Nenhuma delas está muito contente com a direção que Donna permitiu que a vida tomasse. O principal motivo é que ela deixou outras pessoas assumirem o volante e, devido a isso, sua viagem tem progredido muito devagar. Assim que ela conquistar o controle e assumir a própria vida, exatamente como procedem os que têm seu próprio veículo, é bem provável que em seus sonhos logo esteja ao volante de um Mustang vermelho turbinado em vez de ser uma passageira de ônibus.

O principal aspecto do sonho com ônibus é que esse veículo é projetado para acomodar muitas pessoas e não só duas ou

SONHOS COM VEÍCULOS E VIAGENS 93

três. Em um ônibus há carência de conexões pessoais, e isso é bem diferente da conexão e do controle que temos ao dirigir um automóvel. Como resultado, o sonho com ônibus quase sempre sugere que o sonhador não está mandando em sua vida real. Como acontece com Donna, os sonhos podem indicar que você está se conformando com as ideias de um grupo ou com os desejos de alguém em vez de seguir seu próprio caminho.

Um ônibus escolar é um pouco diferente, porque o caminho que escolhemos leva a um novo conhecimento e voltar a estudar é uma indicação óbvia. Mas também pode sugerir um emprego para o qual teremos de fazer aulas de treinamento. Outra possibilidade é o início de um relacionamento que nos leve a aprender o idioma, os costumes ou as tradições do parceiro.

Seja qual for o caso, a direção que nossa vida está tomando nos fornece lições e, em muitas situações, indica outras pessoas fazendo a jornada ao nosso lado.

A mensagem dos sonhos com ônibus: Você está num caminho que não é só seu. Pode ser também que não esteja atingindo suas metas com a rapidez que desejava. É hora de decidir se você está pronto para assumir o volante ou se prefere continuar sua jornada de vida como um passageiro.

MOTOCICLETA

A motocicleta é o oposto perfeito do ônibus em termos de significado. Como ela foi primariamente projetada para transportar uma só pessoa, em geral representa a necessidade de seguir sozinho pelo caminho escolhido. Outro elemento importante é o fato de não haver paredes para nos conter nem cintos impedindo-nos de levantar, o que gera uma sensação de liberdade para o condutor. Portanto, quando estamos no processo de nos

94   POR QUE SONHEI COM ISSO?

libertar de um caminho restritivo durante o dia, poderemos nos encontrar dirigindo uma Harley-Davidson durante a noite.

Entrei num prédio abandonado dirigindo uma motocicleta. Eu ia trabalhar junto com outras pessoas para reformar o local com o intuito de criar uma clínica de terapias alternativas para um hospital. Meu trabalho era limpar e restaurar as janelas e instalar painéis solares. Uma mulher me disse que eu não devia morar mais lá porque eu ganhava dinheiro demais (seria bom!). O fato, porém, é que na vida real não possuo moto, nem penso em comprar uma. Apesar disso, atravessei a cidade dirigindo a motocicleta para comprar algumas peças para os painéis solares. No caminho, tive de estacionar para consertar minha moto que, vou lhe dizer, era uma verdadeira obra de arte. Um carro parou perto de mim e o motorista me perguntou o que eu estava fazendo. Quando lhe contei, o homem disse que eu não pertencia àquela cidade e que eu poderia fazer muito mais pelos outros se trabalhasse por conta própria. — Sean, 37

LAURI: Parece que você está no meio de uma tentativa de reconstruir alguma coisa, de melhorá-la. Seria um relacionamento? Sua autoestima? Sua carreira? A moto é sua necessidade de liberdade, de não ter amarras nem passageiros em sua viagem. Seja o que for, também precisa de conserto. Sua autoconfiança está abalada? Talvez seja nesse aspecto que entra a reinstalação de janelas. Sua mente acordada quer que você modifique o modo como vê a vida (as janelas) e a torne mais ensolarada (os painéis).

As palavras ouvidas num sonho — não importa quem está falando — vêm da intuição, aquela vozinha do fundo da sua mente, que fala com você todos os dias, mas possivelmente é ignorada. Na vida real você deve estar numa situação

SONHOS COM VEÍCULOS E VIAGENS

abaixo do seu valor (ouvindo que está ganhando demais). Talvez você, na realidade, esteja ganhando o suficiente para viver sozinho sem outras pessoas diluindo suas habilidades. Examine primeiro a carreira, depois os relacionamentos etc. Seja o que for, sua intuição pensa que obterá mais vantagem continuando sozinho e procurando mudanças em vez de tentar o conserto.

SEAN RESPONDE: *Eu larguei minha esposa. Por mais dinheiro que eu ganhasse, ela conseguia gastar tudo. É a antiga passageira. Minha autoestima está baixa porque atualmente trabalho por um salário muito menor do que o de antes.*

Note que Sean descreve a motocicleta como uma verdadeira obra de arte. Ali está sua autoconfiança assumindo a forma de moto. Apesar da decisão difícil que foi obrigado a tomar e da aparente falta de confiança, a mente sonhadora está interferindo, dizendo: "Olhe! Você é uma máquina de primeira qualidade e precisa reconhecer isso, e também saber que está plenamente qualificado para continuar sua viagem sozinho." A verdade é que quando temos confiança em nós mesmos, ela aparece. Outros indivíduos não podem deixar de vê-la e, como resultado, colocam um valor mais alto em nós.

Motocicletas em sonhos também podem estar associadas a pura energia sexual, masculina ou feminina! Isso mesmo. Um motor poderoso roncando entre suas pernas pode causar muitos problemas se você for incapaz de controlá-lo. Portanto, se uma noite você sonhar que perdeu o controle da moto e está dirigindo na água, preste atenção na sua energia sexual. Seu sonho pode estar lhe mostrando se você tem ou não um bom controle sobre ela.

96 POR QUE SONHEI COM ISSO?

A mensagem dos sonhos com motocicleta: Provavelmente você está experimentando a sensação de liberdade de seguir por qualquer caminho que escolher. Além disso, por enquanto talvez não esteja interessado em levar passageiros. Como o motor de uma moto, essa é uma decisão poderosa e destemida. Mantenha o foco na estrada e o visor fechado para se proteger dos insetos.

BICICLETA

Para guiar uma bicicleta, primeiro é preciso que você se equilibre sobre as duas rodas; por isso, sua capacidade de equilibrar ou dar atenção igual a duas vias da vida — como vida profissional e família — é o significado mais comum num sonho com bicicleta. No entanto, é preciso também examinar os outros elementos de sua vida que precisam de equilíbrio, como equilíbrio emocional e psíquico, equilíbrio nas despesas, na conta bancária etc. Todos podem ter um papel importante no significado por trás de uma bicicleta.

Sonhei que um sujeito estava tentando me matar e por isso subi numa bicicleta para tentar fugir, mas ela não andava, o que me fez ficar furiosa por desperdiçar o tempo que eu poderia utilizar correndo. — Nicole, 30

LAURI: A bicicleta é sua capacidade de equilibrar duas coisas em sua vida, como o trabalho e a vida doméstica. No entanto, como a bicicleta não se move, você deve ter um desequilíbrio que a está contendo, e não lhe permite avançar para uma meta que determinou. Talvez esse seja o ponto em que entra o sujeito que tenta matá-la. Ele é o homem assertivo, a parte de você que deseja colocar um fim em algum aspecto de sua vida. Esse indivíduo não quer acabar com toda a sua vida, mas apenas com parte dela, provavelmente a que a está contendo.

SONHOS COM VEÍCULOS E VIAGENS

NICOLE RESPONDE: *Começo a faculdade amanhã, na esperança de mudar de carreira, porque odeio meu emprego! Por isso, farei duas coisas ao mesmo tempo. Deve ser aí que preciso de equilíbrio. Sinto que estou empacada no emprego. Eu me inscrevi na faculdade como uma maneira de me ajudar a avançar na vida profissional. Enquanto eu não mudar o que estou fazendo, receio que continuarei a me sentir uma escrava das minhas finanças e fora do controle da minha própria jornada. Sempre fui rompedora de caminhos e nunca me conformei em ficar sentada em um cubículo. Agora, tudo isso faz sentido.*

O eu interior de Nicole sabe que ela vai ter de equilibrar seu aspecto profissional com o do aprendizado antes de procurar o caminho que deseja seguir, que é representado pela bicicleta como um veículo de aceleração. Infelizmente, a bicicleta não quis se movimentar. Isso acontece porque bem no fundo do seu ser ela está tentando lidar com a estagnação que terá de enfrentar enquanto não se forma na faculdade. Embora sua impaciência seja clara no sonho, porque ela sente que está desperdiçando tempo em vez de correr, Nicole sabe que não pode arredar pé enquanto não aprender a equilibrar os dois elementos de sua vida antes de haver um movimento.

A mensagem dos sonhos com bicicleta: A vida, como uma bicicleta, exige equilíbrio. Quer se trate de carreira, família, relacionamentos, finanças ou até emoções, tome cuidado para não exagerar em um aspecto, porque isso o fará negligenciar outro. Perdendo o equilíbrio você perderá o controle, e levará um tombo. O modo como está andando na bicicleta lhe mostrará se está equilibrado ou não em sua jornada atual.

VIAGEM ESPACIAL

Naves, óvnis, foguetes, ônibus espaciais são veículos capazes de viajar não apenas no céu, mas alcançam também o espaço sideral e muito além do nosso mundo; por isso, quando surgem em nossos sonhos representam esperanças extremas de viajar acima e além do nosso atual mundo pessoal.

> *Eu me encontrava no que parecia ser o corpo de um avião, e estávamos sendo puxados pelo Ônibus Espacial. Viajávamos com grande velocidade, mas aconteceu o que ocorre depois da decolagem, os foguetes impulsionadores se soltaram e caíram. Caímos no oceano, ilesos. Foi esse o meu sonho. — Mike, 38*

LAURI: Atualmente está acontecendo alguma coisa que o faz sentir que está sendo elevado de alguma maneira em sua carreira, relacionamentos ou em qualquer área da sua vida? Algo que poderia levá-lo muito acima e além do ponto onde se encontra agora? Cair do ônibus espacial indica que você sofreu uma decepção. Talvez algo que imaginou que fosse decolar acabou caindo.

MIKE RESPONDE: *Sim, sou uma superestrela em ascensão no mundo do rádio. Ha, ha! Minha companhia vive dizendo: "Vamos transmitir seu show para todo o país. Vamos sindicalizá-lo para ter uma cobertura nacional." E quando parece que vai acontecer, eles me deixam cair, exatamente como o ônibus espacial me jogou para fora. Ora, estou cheio disso!*

Um programa em rede nacional certamente transportaria Mike para outro mundo, no que diz respeito à sua carreira. Infelizmente, como sugere o sonho, ele sofreu decepção atrás de decepção. O sonho também mostra que os reveses e desapontamentos não

SONHOS COM VEÍCULOS E VIAGENS 99

são causados por ele, mas por sua companhia, porque estava sendo puxado pelo ônibus espacial (a companhia). Ele não pilotava o avião. A boa notícia é que desde o sonho Mike escolheu outra agência, e agora também tem seu próprio programa de TV.

Descobri em minhas pesquisas que veículos capazes de viagens espaciais também são comuns em sonhos nos quais vemos entes queridos falecidos. Esses sonhos refletem nossa compreensão interna ou crença de que existe outro mundo e uma inteligência mais elevada do que a terrestre.

Os óvnis, particularmente, tendem a estar conectados com um caminho de vida que é "alienígena" ao sonhador, algo que ele nunca encontrou antes. No contexto positivo, é uma jornada capaz de modificar o mundo do sonhador; no contexto negativo, é uma estrada que ameaça puxar ou "abduzir" o sonhador para fora da zona de conforto ou rotina diária.

A mensagem dos sonhos com viagens espaciais: O céu não é o limite para você. Você tem planos e esperanças que podem modificar sua vida por completo. Esteja ou não o veículo espacial funcionando a contento, seja ele intrigante ou ameaçador, é *sua* capacidade de se transportar para uma vida além do mundo que você atualmente conhece.

Como um veículo, sua vida está em movimento; e, como um veículo, o movimento de sua vida às vezes o faz sentir que está voando ou se espatifando, acelerando ou quebrando, navegando tranquilamente ou afundando. Portanto, sempre que acordar de um sonho com veículo ou viagem, tente determinar a qual dos seus caminhos de vida ele está conectado. Depois disso, considere se a viagem transcorreu em circunstâncias fáceis ou difíceis, porque é uma excelente pista. O tipo de veículo também é uma pista importante, como também são importantes o controle ou a falta de controle sobre ele. Pergunte-se quais dos seus caminhos de vida são parecidos com a jornada do sonho, e se a ação do veículo se parece com o modo como você percorre o caminho atualmente.

Pense nos sonhos como cartões-postais que sua mente sonhadora lhe enviou, dando-lhe atualizações sobre os muitos empreendimentos de sua vida. Preste bastante atenção a elas, porque formam o mapa para levá-lo ao destino que todos nós desejamos: realização e paz de espírito.

FATO FASCINANTE SOBRE OS SONHOS: Depois do naufrágio do Titanic em 1912, centenas de pessoas relataram que haviam sonhado com a tragédia e feito previsões a respeito dela. Dezenove dessas experiências foram confirmadas.

Sonhos com animais

SEUS INSTINTOS E SEU COMPORTAMENTO

Cães, Gatos, Cobras, Felinos predadores, Lobos, Cavalos, Ursos, Pássaros, Insetos

Às vezes, nossos sonhos são um zoológico que exibe os mais exóticos e extraordinários animais. Não importa quão fantásticos, quão reais e ameaçadores, os animais criados pela mente sonhadora simbolizam nossos instintos e comportamentos primevos, o modo como agimos naturalmente ou reagimos a situações sem pensar.

Como humanos, somos capazes de pensar muito antes de agir. Pesamos os prós e os contras, conversamos com outras pessoas para ouvir suas opiniões, pesquisamos, meditamos e

102 POR QUE SONHEI COM ISSO?

depois fazemos... Bem, na maioria das vezes. Os animais agem primariamente por instinto. Naturalmente existe certo nível de processo de pensamento mas, na maioria das vezes, os animais apenas fazem o que fazem. Cada animal específico tem um comportamento específico pelo qual é conhecido. Por exemplo, cães são leais, gatos são independentes, elefantes nunca esquecem. Também usamos comportamento animalístico em nossa linguagem: eu comi como um porco; minha irmã é uma gata; você é teimoso como uma mula etc.

Essas características que projetamos em animais aparecem com frequência em nossos sonhos para nos mostrar nossos comportamentos e ações atuais, ou para nos mostrar como as ações e comportamentos de uma pessoa estão nos afetando diretamente. Assim, podemos determinar se estamos nos comportando de modo correto numa situação atual ou se alguém que conhecemos está agindo de maneira correta ou prejudicial para conosco.

CÃES

Conforme minhas pesquisas, os cães são a presença mais constante nos sonhos, devido às suas características e porque elas satisfazem uma necessidade básica e fundamental do ser humano. Estou falando de amizade e lealdade. Os cães têm a fama de serem o melhor amigo do homem e de serem fiéis aos donos. Faz parte do seu instinto serem amigos do ser humano, e o relacionamento entre o homem e o cachorro ao longo dos séculos provou ser benéfico para ambos. Por isso, os cães nos sonhos representam nossa própria lealdade instintiva em relação a uma pessoa e a lealdade de alguém em relação a nós. Quando temos um sonho com cachorros, é melhor primeiro examinar nossos relacionamentos e o comportamento que nós, ou a outra pessoa,

SONHOS COM ANIMAIS 103

exibimos dentro do relacionamento. Faça isso e provavelmente descobrirá que a condição e o comportamento do cão nos sonhos são surpreendentemente similares à condição e ao comportamento dos envolvidos na relação.

Faz algum tempo que tive esse sonho, mas ele ainda me perturba. Eu estava em meu quarto, mas ele era bem aberto, como se pudesse estar conectado com o mundo exterior. Eu estava com Max, o cachorro com quem cresci (ele já morreu). Ele era muito carinhoso, totalmente fiel e protetor. De repente um pastor alemão muito agressivo, louco por causa da raiva, entrou no quarto e pulou em cima de mim. Caí para trás e Max saltou para enfrentá-lo. A briga foi bastante barulhenta, me lembro de ter visto um incêndio no fundo e muitos latidos, rosnados etc. Senti um medo terrível e acordei gritando. — Leslie, 32

LAURI: Seu quarto está aberto para o mundo exterior, o que sugere que você se deixou ficar de certa forma vulnerável; por isso, uma ameaça significativa entrou em sua vida. O mais provável é que essa ameaça tenha sido um relacionamento, alguém que você imaginava ser um amigo leal, como era Max, mas que se tornou agressivo com você. Acredito que a briga entre Max e o pastor alemão reflete seu conflito interior por causa do relacionamento. Você lutou com o desejo de manter a relação por causa dos elementos carinhosos nela existentes (Max), mas também quis se livrar dela devido aos aspectos perigosos (o pastor alemão)? Os pastores alemães são conhecidos por serem cães de guarda e policiais. Sua mente sonhadora pode estar lhe dizendo que você deveria se manter mais precavida no relacionamento.

104 POR QUE SONHEI COM ISSO?

LESLIE RESPONDE: *Tive um relacionamento muito ruim na faculdade e, apesar de não ter durado muito, ele me marcou demais. Até então eu não entendia pessoas que continuavam com o parceiro em relacionamentos abusivos (do ponto de vista mental, físico, sexual). Meu namorado começou a me bater depois de uns dois meses de namoro sério e eu fiquei prevenida depois dessa fase. Creio que com o passar do tempo fui amolecendo, porque recentemente eu me casei e um pouco antes do casamento sonhei que acariciava um pastor alemão muito afável e brincava com ele.*

Outra parte do sonho de Leslie que agora acho interessante depois de ficar sabendo da sua situação na vida real com o ex--namorado agressivo é o fogo no fundo da cena enquanto os cachorros brigavam. Isso sugere que a mente interior de Leslie tentava entender o comportamento do namorado e achou que as ações dele provavelmente eram resultante de raiva e fúria (o fogo) em sua criação. Em sua maioria, as pessoas agressivas agem dessa maneira porque também foram vítimas de abuso. Mesmo assim, os sonhos de Leslie ilustram perfeitamente como os cães nos sonhos podem nos ensinar a administrar melhor nossos relacionamentos e monitorar nosso comportamento.

Mesmo que você sonhe com seu próprio cachorro, não se trata obrigatoriamente dele, mas da amizade e do companheirismo que você tem com alguém que ele representa. Quando um cão ataca, como no sonho de Leslie, é uma boa indicação de que um relacionamento antes confiável se voltou contra você, ou que você teme um compromisso. Se um cachorro foge de você, como outro exemplo, você ou alguém está se esquivando e mostrando sinais de querer terminar o relacionamento na vida real. A raça do cachorro também tem um papel no significado. Os chihuahuas, por exemplo, tendem a ser nervosos e tímidos e sugeririam que a outra pessoa na relação pode estar

SONHOS COM ANIMAIS 105

se sentindo incerta ou preocupada. Um filhote pode simbolizar um novo relacionamento que exige sua fidelidade.

A mensagem dos sonhos com cães: É hora de examinar seus relacionamentos e como se comporta dentro deles. Qual deles o faz lembrar o comportamento do cão em seu sonho? Você ou alguém à sua volta está sendo fiel como um labrador ou bravo como um pit bull? Os sonhos lhe darão uma pista do grau de lealdade no seu interior ou à sua volta, e lhe indicarão se ele precisa de um treinamento de obediência ou se precisa ser solto.

GATOS

Os gatos vêm em segundo lugar nas listas de sonhos com animais, não apenas por serem bichos de estimação muito populares, mas também pelas características que possuem. Eles são considerados sofisticados e independentes, não precisando da atenção e aprovação constantes que os cães exigem. Os gatos também têm um andar sinuoso e ronronam, e têm certa sexualidade; por isso, quando deslizam para dentro dos seus sonhos, simbolizam seu próprio comportamento independente ou sua sexualidade feminina. Pensem nisso, mulheres: quando estão se sentindo especialmente sexy e aumentando um pouco o nível de flerte, vocês instintivamente deslizam e rebolam como um gato... Talvez até ponham certo ronronar em suas vozes. Os homens são instintivamente atraídos por esse comportamento felino. A propósito, homens: quando sonharem com um gato, ele pode estar simbolizando a energia sexual ou o comportamento felino de uma mulher que está à sua volta.

Sonhei que encontrei um saco com gatinhos na cozinha. Estavam vivos, mas precisavam de cuidados. Eu me assustei e me entristeci ao mesmo tempo. Acordei antes de descobrir o que aconteceu aos gatos. — Brenda, 64

106   POR QUE SONHEI COM ISSO?

LAURI: Quando descobrimos alguma coisa em um sonho significa que recentemente descobrimos algo novo na vida real. Qual foi essa descoberta para você? Gatinhos no sonho de uma mulher geralmente representam sua sexualidade, sua "gatinha sexy" interior! Há novidades no departamento da intimidade? Ou precisa redescobrir essa parte de você? Você "demitiu" essa parte de sua vida? Seja como for, como os gatinhos estavam vivos e precisando de cuidados, sua sexualidade também precisa de atenção. O sonho lhe diz que é hora de alimentá-la.

BRENDA RESPONDE: *Acho que você acertou no alvo. Acabamos de descobrir que meu marido não poderá mais fazer sexo, e penso que a notícia me perturbou muito mais do que eu imaginava. Vou trabalhar em melhorar o que sinto sobre mim, e sei que estou bem. É impressionante como os sonhos nos ajudam a ter vidas melhores.*

Note as emoções que Brenda viveu nesse sonho, ficando ao mesmo tempo amedrontada e triste. Elas estão diretamente ligadas à condição do seu marido. Sua mente real decidiu enfiar a sexualidade num saco, mas a mente sonhadora, muito mais sábia, reclamou: "Ei, calma aí!" O sonho ajudou Brenda a perceber que sua sexualidade continua precisando de atenção. Não existe motivo para o marido deixar de acariciá-la e fazê-la ronronar. Também nada a impede de cuidar desse aspecto sozinha... Também é importante Brenda ter acordado antes de soltar os gatos, o que significa que ela ainda não conversou com o marido sobre suas dúvidas ("soltar os gatos" aqui funciona como figura de linguagem, significando que há uma revelação a ser feita). Seu sonho está lhe dizendo para contar ao marido do que vai necessitar, e falar francamente com ele.

Enquanto os gatos apontam, em geral, para o comportamento e a energia sexual femininos, pode haver uma figura de

SONHOS COM ANIMAIS   107

linguagem escondida, como a que vimos no sonho de Brenda. Eu repito isso várias vezes no livro porque é a pura verdade: Se conseguir encontrar uma figura de linguagem no sonho, encontrou a sua mensagem!

A mensagem dos sonhos com gatos: Seu comportamento felino precisa da sua atenção. Você ou alguém à sua volta tem sido curioso, independente ou astuto? Ou será que existe uma energia sexual que precisa ser acariciada ou escovada, ou ficar presa numa corrente e com as unhas extraídas? A condição e o comportamento do gato no sonho o ajudarão a melhor entender e administrar sua coragem felina!

COBRAS

Quando comecei a estudar e pesquisar sonhos, surpreendi-me com a frequência com que cobras deslizam no mundo dos sonhos. Depois de tantos anos, ainda me impressiona o número de sonhos com cobras que ouço diariamente; e o pior de tudo é que a maioria deles causa muito medo... Com um bom motivo. As cobras evocam o medo em praticamente todos os seres humanos, a ponto de causar graves fobias. Elas têm dentes afiados e uma língua fendida demoníaca. Podem atacar com a rapidez de um raio e injetar venenos gravíssimos. Estremeço só de pensar!

Devido a essas características amplamente temidas, a mente sonhadora usa com frequência uma cobra para representar seu próprio comportamento venenoso e prejudicial, ou o de alguém próximo a você, que em geral é um homem. O formato fálico da cobra desempenha um importante papel no seu significado, claro.

O interessante, contudo, é que cobras em um sonho também podem significar o início de uma cura física ou emocional. A

108 POR QUE SONHEI COM ISSO?

conexão é o caduceu, o símbolo da medicina: duas cobras enroladas em torno de um bastão alado. Nós nos acostumamos a ver essa figura nas farmácias, nas laterais das ambulâncias e em hospitais; por isso ele está embutido em nosso subconsciente, o que nos dá a impressão de que cobras significam cura. O sonho de Shelley, abaixo, é um ótimo exemplo da dualidade do símbolo da cobra.

> *Tive vários sonhos sobre cobras nas últimas semanas. No primeiro eu tentava fugir de uma serpente venenosa multicolorida. Ela me dava botes assustadores, mas nunca me picou. Há algumas noites sonhei que estava andando de bicicleta e sendo perseguida por uma cobra que tentava picar meus tornozelos. — Shelley, 42*

LAURI: Há um homem em sua vida que está lhe causando problemas? Ou uma questão física ou emocional que você tenta sanar? A bicicleta no segundo sonho me leva a acreditar que você está tentando equilibrar esses dois problemas. O fato de a serpente nunca picar é uma indicação de que nenhuma das questões está resolvida.

SHELLEY RESPONDE: *Sim e sim! Tenho sérios problemas com meu marido, e também estou tentando me curar de doenças físicas e emocionais, como narcolepsia, depressão, artrite e vários males que me deixam sem energia. Meu marido faria tudo o que estivesse ao seu alcance para ajudar um estranho. Quando namorávamos, parecia ser carinhoso e ter um coração de ouro. No entanto, as coisas mudaram completamente quando nos casamos. Sinto que ele quer me punir por ser doente. Ele também usa minha mãe para me agredir. Ele a irrita de propósito e continua perturbando até ela ficar furiosa e descontar em mim! Ele acha isso muito divertido. Ele se afasta de mim quando*

SONHOS COM ANIMAIS

choro pela morte do meu pai, que aconteceu recentemente. E ameaça mandar embora os nossos bichinhos de estimação só para caçoar da minha reação. Ele adora me deixar nervosa. Eu poderia continuar eternamente, mas acho que você já entendeu a situação.

Nossa! O sonho de Shelley está lhe mostrando um quadro ampliado do comportamento do marido. Ele é como "uma cobra escondida na grama" que repetidamente a ataca com palavras e ações venenosas. A mente sonhadora de Shelley lhe mostra as "verdadeiras cores do marido", daí a cobra multicolorida no primeiro sonho.

Acredite ou não, apesar do elemento amedrontador de uma cobra em um sonho, a picada é um bom sinal de que a cura, emocional ou física, está a caminho. Pense numa picada de cobra como uma injeção de um soro curador. Todavia, a cura de Shelley ainda não começou porque o comportamento do marido apenas agrava a doença dela, e a doença dela só faz agravar o comportamento do marido. Ela vive em um ciclo vicioso, venenoso, e a sábia mente subconsciente continuará a incitá-la com sonhos com cobras até que resolva, de uma maneira ou outra, pôr um ponto final nessa história.

Enquanto os sonhos de Shelley contêm tanto os elementos ruins como os curadores do arquétipo da serpente, muitos de nossos sonhos com cobras só apresentam um: ou os elementos curadores ou os ruins. O melhor modo de descobrir o significado que se deve aplicar a esse tipo de sonho é analisar o dia anterior ao do sonho — lembre-se: os sonhos estão sempre conectados a esse dia — e se perguntar se alguma pessoa à sua volta (principalmente um homem) o está fazendo se sentir ameaçado. Se isso não parece se ajustar, pergunte-se se existem questões físicas pedindo maior atenção. Por exemplo, na noite passada tive um sonho onde duas cobras brigavam. Elas se enrolaram uma na outra e morreram. Por isso comecei a refletir sobre o dia de

110 POR QUE SONHEI COM ISSO?

ontem. Nenhum homem — e nenhuma mulher também — estavam exibindo um comportamento venenoso ou pessimista, então resolvi prestar atenção à minha saúde. Ah, sim, eu havia falado com o meu seguro de saúde e descobri que os exames de sangue que preciso fazer não serão cobertos por meu plano. É isso! Encontrei a questão de saúde. Naturalmente, as cobras enroladas, parecendo as do caduceu, foram uma grande pista.

As mensagens dos sonhos com cobras: cuidado com um comportamento depressivo, venenoso, tanto seu como de outra pessoa. Para melhorar sua situação, conte com sua habilidade de encantar serpentes. Em outras palavras, talvez tenha chegado a hora de abandonar o comportamento venenoso ou o modo como reage a esse comportamento nos outros. Lembre-se que ninguém muda ninguém, só a si próprio. Pode ser também que por meio do sonho você esteja dizendo a si mesmo que precisa sanar uma ferida emocional ou física. Se a cobra picar, a cura está próxima.

FELINOS PREDADORES

Tigres, leões, panteras ou qualquer outro animal predatório que vaga por nossos sonhos simboliza nosso próprio comportamento, nossa habilidade de "perseguir" e agarrar o que queremos da vida, seja emprego, relacionamento, promoção etc. Os felinos predatórios são especialmente comuns nos sonhos de mulheres, porque nós nos identificamos com sua natureza felina e feminina.

Há alguns anos tenho sonhos recorrentes em que tigres correm atrás de mim para me caçar. Todas as vezes eu estou procurando um modo de me esconder, ou então fico imóvel, esperando que passem por mim sem me machucar.
— Melissa, 24

SONHOS COM ANIMAIS

LAURI: Esses tigres que têm aparecido em seus sonhos simbolizam sua bravura feminina, sua energia feminina agressiva, sua caçadora interior — enfim, o seu poder como mulher! Eles a perseguem porque você tem medo de reconhecer ou usar essas importantes qualidades. Você está ou esteve fugindo de um relacionamento? Tem evitado ser agressiva no trabalho ou em áreas da sua vida? Você tem esses sonhos recorrentes porque está fugindo da sua tigresa interior em vez de dar-lhe as boas-vindas. Seus tigres não querem feri-la, desejam apenas atenção. Lembre-se que eles são uma parte da sua personalidade. Você está dizendo a si mesma, através dos sonhos, que chegou a hora de ser feroz e assertiva. De vez em quando você se vê frente a frente com seus instintos incentivando-a a avançar e agarrar o que deseja mas, em vez disso, age como no sonho, evitando a situação ou não fazendo absolutamente nada. Essa força está em você! Não tenha medo dela.

MELISSA RESPONDE: *Foi de fato uma grande ajuda. Estou constantemente lutando comigo mesma para ser mais assertiva. Sempre fui muito tímida e calada, mas penso que conseguirei me imaginar como uma "tigresa". Serei mais firme.*

Esse é um dos aspectos que adoro na mente sonhadora. Ela nos oferece imagens feitas sob medida para nos tornarmos indivíduos melhores tanto na vida pessoal como na profissional. Nem sempre damos a nós mesmos crédito ou confiança; não acreditamos ser capazes de alcançar uma meta que estabelecemos. No entanto, quando imaginamos que somos outra pessoa ou outra coisa, se desempenhamos um papel no teatro do subconsciente, frequentemente conseguimos tomar a decisão que "fará as coisas andarem".

Além do comportamento desconfiado e caçador que os felinos predatórios indicam, também é preciso prestar atenção nas

112 POR QUE SONHEI COM ISSO?

características de cada animal, porque elas podem ajudar no significado do sonho. Um leão, por exemplo, é conhecido pela coragem e bravura, e pelo rugido assustador. Estamos precisando de coragem para lidar com uma situação? Ou temos de rugir para sermos ouvidos? Um guepardo é conhecido pela velocidade. Será que estamos nos movimentando depressa demais em alguma área ou precisamos acelerar nosso passo?

E, finalmente, como muitos símbolos oníricos, certos felinos predatórios também servem como um jogo de palavras. Um leão faz lembrar *"lying"* (mentira), e um guepardo (*"cheeta"*) talvez signifique um *"cheater"* (trapaceiro). Também costuma-se dizer que "Um leopardo não consegue mudar suas pintas". Você ou alguém à sua volta não está disposto a fazer mudanças neste momento?

A mensagem dos sonhos com felinos predatórios: Você precisa se concentrar em alguma coisa ou em alguém. É hora de canalizar seus instintos predatórios primitivos em vez de temê-los. É isso que o deixará apto para caçar, lutar e capturar o que você anseia na vida real com agilidade e presteza.

LOBOS

Lembra-se do grande lobo mau nos contos de fada e nos desenhos da sua infância? Seu comportamento malvado deixou muitas impressões em nossas tenras mentes. Ele engoliu a avó da Chapeuzinho Vermelho, soprou e destruiu as casas de dois porquinhos, comeu a pata de Pedro no musical "Pedro e o Lobo" e teve um comportamento cruel em todas as histórias. Ainda hoje nossos sonhos emprestam sua imagem para nos avisar que nós, ou alguém à nossa volta, estamos nos comportando de maneira pouco cordial. E tal como os felinos predadores tendem a apontar mais para o

SONHOS COM ANIMAIS

comportamento das mulheres, os canídeos selvagens e predatórios geralmente estão mais ligados a homens agressivos.

Eu estava fora de casa. Havia lobos perambulando pela avenida, virando as latas de lixo e fazendo um tremendo barulho. O maior deles veio na minha direção. Comecei a correr e ele vinha atrás de mim, mordendo meus calcanhares. Decidi virar e enfrentá-lo, esquivando-me de uma mordida nas costelas. Agarrei-o pelo pescoço, forcei-o a deitar de costas e o estrangulei. Ele ficou mole e achei que estivesse morto. Soltei seu pescoço e o lobo se ergueu de novo, me atacando! Sabia que o único modo de fazê-lo parar seria quebrar seu pescoço. Crack! Soltei sua cabeça e ele caiu imóvel no chão. — Nick, 18 anos

LAURI: Lobos em sonhos significam cobiça e desejos vorazes e são bastante comuns em rapazes. Exatamente como lutou contra o lobo, anda batalhando com seus hormônios? O resto dos lobos são os comportamentos desenfreados que você está tentando manter sob controle, as partes do seu ser que instintivamente desejam fazer uma farra selvagem e predatória (caçando garotas, talvez), dando vazão a seus modos animais etc. Essa ânsia não é algo que possa controlar, simplesmente está aí. O sonho mostra que foi bem-sucedido em vencer um impulso recente, mas há muitos mais esperando por você na rua, seu rapaz saudável! Não se preocupe, foi um bom sonho, mostrando que você tem controle sobre seus desejos e tentações.

NICK RESPONDE: *Como você pode imaginar, tem um monte de coisas em que posso me envolver sendo aluno do último ano do terceiro grau. Tem sido difícil lutar contra as tentações. Sua interpretação é muito estimulante e fiquei profundamente aliviado por saber que é um sonho bastante comum.*

Lobos em sonhos de homens geralmente refletem comportamentos ameaçadores, sensuais ou ferozes, do tipo Wolverine. Nos sonhos de uma mulher, em geral o lobo reflete um homem faminto e insaciável por perto. Naturalmente, essas afirmações não foram escritas com sangue. Em minhas pesquisas, enquanto o lobo tem sido ligado à cobiça e à sensualidade masculinas, de vez em quando também está conectado à cobiça feminina.

Acordei num bosque no meio da noite e me sentei. A uns dois metros de mim havia um lobo preto com olhos vermelhos. Ele correu para me atacar, mas um pouco antes de me morder, eu acordei. — Nicole, 21

LAURI: Há alguém perto de você que poderia ser descrito como sendo voraz, predatório e cheio de cobiça? Alguém que, na sua opinião, queira prejudicá-la? Ou existe uma parte de você que poderia ser descrita dessa forma, e que você teme ser capaz de subjugá-la? Os olhos do lobo são vermelhos. Quando o vermelho surge no sonho frequentemente é um sinal, uma bandeira de alerta avisando sobre um perigo. Creio que seu sonho lhe diz para estar ciente de que alguém tem a intenção de prejudicá-la. O fato de você "ter acordado" no sonho significa que teve uma recente percepção... Talvez sobre uma pessoa que é um verdadeiro lobo faminto em sua vida.

NICOLE RESPONDE: *Sim, é minha mãe. Recentemente meu noivo e eu mudamos para a casa dela, e ela vive tentando sugar cada tostão que temos. Não conseguimos economizar. Nós lhe damos dinheiro para as contas, para comprar comida, além de pagarmos um aluguel, que ela aumenta todos os meses. Ela está sempre pedindo mais dinheiro, mas sempre falta comida porque minha mãe torra tudo em cerveja, cigarros e uísque. Para ela, eu sou só um banco.*

SONHOS COM ANIMAIS

O sonho de Nicole está lhe mostrando que a mãe se tornou uma predadora, e ela é a presa. Embora a moça recentemente tenha acordado para sua infeliz realidade, percebendo o comportamento da mãe da forma apresentada pelo sonho, ela sentiu o abuso. Nicole me informou que ela e o noivo estão fazendo horas extras para saírem de lá o mais rápido possível.

Já lhe mostrei como os lobos nos sonhos geralmente ilustram um comportamento egoísta e voraz. Também é importante ter em mente que o lobo pode ter um elemento espiritual. Pessoas com forte conexão com a cultura dos indígenas americanos ou indivíduos que são alfas, ou líderes espirituais, sonham que estão liderando matilhas pelo caminho do bem.

A mensagem dos sonhos com lobos: Quem é o lobo mau no seu mundo agora mesmo? Você? Ou uma pessoa egocêntrica próxima a você. Talvez seu sonho o esteja alertando para alguém que é "um lobo em pele de carneiro". Lobos agressivos indicam que o comportamento está saindo de controle e começando a ameaçar seu bem-estar. Lobos amáveis sugerem que esse comportamento é bom para você, ou que chegou a hora de reconhecer seu instinto de líder e se tornar um chefe de matilha.

CAVALOS

Quando olhamos um cavalo de perto, é difícil não respeitá-lo como um animal nobre e poderoso. Quando cavalgamos, é praticamente impossível não sentir orgulho e satisfação por controlar essa massa de músculos com um simples puxar de rédeas ou uma leve batida nos flancos. Força, resistência, confiabilidade e nobreza. Essas características aparecerão em nossos sonhos sob a forma de um cavalo quando as circunstâncias pedirem para nos comportarmos dessa maneira na vida real.

116 POR QUE SONHEI COM ISSO?

Estava sentado em meu quintal, junto à mesa do pátio, quando vi o cavalo da minha infância, Blaze, vindo tranquilamente em minha direção. Tentei lhe dar uma cenoura da minha salada, mas ele fungou e bateu o focinho em meu ombro até que eu pegasse as rédeas e saíssemos para caminhar juntos. Fomos na direção do rio e ele me mostrou uma fogueira apagada. Havia uma caixinha de metal no meio das cinzas. Blaze voltou a me empurrar com o focinho. Peguei a caixa e a abri. Dentro dela havia uma chave brilhante. Voltamos pelo caminho, e quando estávamos perto de casa Blaze desapareceu. Procurei nos bolsos pela chave para ter certeza de que isso havia acontecido. Segurei a chave na mão, e logo eu estava voando. — Virgil, 56

LAURI: Como a fogueira, você também foi "apagado"? Alguma coisa em sua vida morreu ou foi extinta? O mais provável é que o cavalo seja sua capacidade de poder voltar a montar. Seu nome também pode desempenhar um papel. "Blaze" (fogaréu) é a fogueira apagada. Pode ser que tenha existido uma paixão ardente por alguém ou alguma coisa que precisa voltar a ser incendiada. Sua força interior (o cavalo) está empurrando-o e estimulando-o a agir. Penso que o sonho esteja lhe mostrando que a "chave" é tomar consciência de sua capacidade de "subir acima" da situação, de voltar à sela e fazer esse projeto, ideia ou paixão avançar.

VIRGIL RESPONDE: *Estou esgotado, "apagado", por causa de muito trabalho, de ter sofrido um grave acidente e também de preocupação com a economia e meu negócio etc. Por sorte, estou totalmente recuperado do acidente, mas ainda não voltei ao entusiasmo passado. Eu amava aquele cavalo com todo o meu coração, portanto, as "paixões" da minha vida e minha força interna devem estar me empurrando*

SONHOS COM ANIMAIS 117

para tomar novas direções, de modo que a "chave" mostra uma porta para o futuro. Ao compreender esse sonho pude pensar sobre novas possibilidades, como transformar minha agência de viagens nacional em internacional.

O sonho de Virgil não somente mostra como um cavalo representa um comportamento forte, nobre e determinado, mas também pode representar saúde. "Sou forte como um cavalo", costumam dizer. Sim, sem dúvida foi o que aconteceu aqui. O sonho de Virgil o avisou de que voltara a ficar forte como um cavalo depois do acidente e que deve parar de se preocupar, montar a sela e perseverar.

A mensagem dos sonhos com cavalos: A vida lhe deu uma rasteira? Mesmo que o cavalo no sonho esteja doente, ferido, faminto ou seja selvagem, ele é sua força interior. O sonho está lhe dizendo que é hora de voltar a montar, pegar as rédeas e se comportar como o forte e fiel corcel que você é para galopar na direção do seu futuro com cabeça altiva.

URSOS

Os ursos têm uma dualidade interessante em vários aspectos. Existe a ideia do ursinho de pelúcia fofinho e simpático, como o Ursinho Pooh, e a realidade da mãe ursa perigosa. Deus o proteja se você se intrometer entre ela e seus filhotes! Eles também têm uma aparente vida dupla; passam boa parte do tempo comendo frutas silvestres e colmeias e pescando salmões. Durante o inverno se escondem numa toca, hibernando até o fim da estação. Também existe uma dualidade no significado de um urso num sonho. Ele geralmente é baseado em suas características, como todos os animais em sonhos. Mas também muitas vezes o significado pode ser derivado de um

118 POR QUE SONHEI COM ISSO?

jogo de palavras. O sonho de Keely, logo adiante, mostra-nos a dualidade de significado em um sonho com urso.

Havia um urso em minha casa. Fugi para o meu quarto, mas ele tentava arrombar a porta. Eu gritava por socorro, mas ninguém da minha família veio em meu auxílio. O sonho terminou com a porta se abrindo vagarosamente. —
Keely, 24

LAURI: Você está lidando com algo que lhe parece impossível de suportar? Você ou alguém que você conhece é emocionalmente inconstante —agindo algumas vezes como um ursinho de pelúcia e em outras como uma mãe ursa furiosa? Seja o que for, seu sonho busca lhe mostrar que, como o urso arrombando sua porta, esse problema está se tornando uma intromissão em seu estado de espírito normalmente pacífico.

KEELY RESPONDE: *De fato, tenho muito o que suportar. Existem muitas inconsistências emocionais em minha família. Minha mãe e minha irmã sempre foram totalmente frias ou carinhosas e, na verdade, nunca se sabe como vão agir comigo. Minha irmã foi estuprada e isso afetou muito a minha família. Ela, justificadamente, está passando por mais mudanças de humor do que o normal. Em alguns dias ela está tranquila como de costume, mas em outros chora por qualquer coisa, fica implicante etc. Tenho sido a "psicóloga" da minha mãe e da minha irmã, mas não suporto ter de aguentar tudo sozinha.*

Algo malévolo enfiou suas garras na vida de Keely, fazendo os membros da família se comportarem com grande inconsistência emocional: sem dúvida, Keely também tem seus altos e baixos, mas simplesmente não suporta mais ter de bancar a psicóloga. A família toda precisa agir como a mãe ursa furiosa e atacar

SONHOS COM ANIMAIS 119

essa intrusão frente a frente, e não hibernar, nem se esconder, na esperança de que isso passe mais cedo ou mais tarde. Infelizmente, o estupro produz mais do que uma única vítima. É por isso que Keely pede socorro no sonho, ela também precisa de ajuda profissional. Essa é a resposta que o sonho lhe deu.

A mensagem dos sonhos com ursos: Você ou alguém próximo está se comportando de maneira incoerente. A comparação do contexto do sonho com a situação da sua vida real o ajudará a determinar quem é a pessoa que se comporta assim, e a qual tipo de urso o comportamento dela corresponde: ao ursinho de pelúcia fofo e quentinho, ou à mãe ursa furiosa. Além disso, pode existir uma situação que é terrível demais para suportar agora.

PÁSSAROS

Os pássaros distinguem-se em sua capacidade de voar, de subir muito alto no céu e por serem livres da gravidade. Com essas qualidades, eles são criaturas comuns em sonhos porque representam nosso livre arbítrio, a necessidade de fazermos nossas próprias escolhas, de vivermos do jeito que queremos e de nos libertarmos de certos pesos da vida. Quando temos necessidade de exercer nossa liberdade e nos comportar da maneira que desejamos — e não como outras pessoas desejam —, os pássaros surgem em nossos sonhos.

Eu andava pela rua quando um bando de pássaros carregando um ninho cruzou o meu caminho. Empurrei o ninho para passar por eles. Um dos pássaros voou para mim e bicou a minha mão. Segurei a ave como se costuma pegar um pombo. Estendi os braços para soltá-lo, mas ele voou de volta para minha mão. Soltei-o de novo e ele voltou outra vez. — Nicole, 31

120 POR QUE SONHEI COM ISSO?

LAURI: Os pássaros representam seu desejo de se libertar e se comportar livremente. Quanto maior o pássaro ou a quantidade de pássaros, maior a necessidade. O ninho representa sua casa. Você o empurrou para passar. Será que você está enfrentando questões domésticas ou familiares que gostaria de "afastar e deixar para trás"? O pássaro que vem e bica suas mãos é a parte de você que quer se libertar de coisas ou situações que a estão deprimindo. Ele também está bicando as mãos porque elas representam sua capacidade de "lidar" ou "manusear" os problemas. Você está se sentindo incapaz de lidar com eles? O pássaro fica voltando porque sua mente interior não quer que você desista.

NICOLE RESPONDE: *A interpretação era exatamente o que eu precisava! Tenho vivido miseravelmente na casa da minha infância para cuidar da minha avó, irmã e sobrinha desde 2001. Desde o ano passado estou planejando me mudar, mas preciso superar algumas questões familiares e financeiras. Já tinha praticamente perdido a esperança quando recebi a interpretação. Há quatro dias eu estava com uma dor de cabeça terrível, e ela foi passando enquanto eu lia. Nada como a clareza!*

É verdade! Nada fornece mais clareza na vida do que ser capaz de compreender os sonhos. Nicole agora entende que sua necessidade de se comportar com liberdade ainda precisa de atenção. Quando alguém ou alguma coisa se mostra insistente, como o pássaro do sonho, significa que você está se importunando a respeito de algo a que não dá suficiente atenção.

Embora o sentido mais amplo para pássaros em sonhos seja a necessidade de liberdade, o tipo de pássaro também tem uma mensagem específica que pode ser aplicada à sua vida. Um cisne pode estar lhe dizendo para ser gracioso, um corvo ou outro pássaro preto sugere que você tem má impressão a respeito

SONHOS COM ANIMAIS

de alguma coisa, e uma pomba pode estar avisando que, por exemplo, chegou a hora de fazer as pazes com alguém.

A mensagem dos sonhos com pássaros: Alguma coisa que lhe dará mais liberdade na vida está para decolar ou precisa decolar. Se a ave no seu sonho está doente ou ferida, é preciso dar mais atenção a esse problema. Se o pássaro ou pássaros o estão ameaçando, pergunte-se do que tem medo na vida real. Não importa qual seja a questão, um pássaro no sonho o instiga a abrir as asas e voar.

INSETOS E ARANHAS

Não existe nada mais desagradável do que uma barata correndo pelo chão da casa ou um exército de formigas invadindo a cozinha, ou ainda um enxame de mosquitos chupando o sangue de todos os convidados em um churrasco. É por isso que quando nos irritamos com situações ou pessoas que perturbam ou infestam nosso espaço mental, esses insetos sugadores se esgueiram para dentro dos nossos sonhos.

> *Ultimamente tenho sonhado muito com insetos. Na noite passada sonhei que um monte de besourinhos rastejava por todo o cômodo. Havia uma aranha em particular que eu ficava tentando matar, mas nunca morria! — Tim, 28*

LAURI: Esse sonho indica que alguém está agindo de uma maneira que realmente o importuna. Quanto mais insetos, mais irritantes são as questões. A aranha aponta especificamente para alguém que é falso e espalha uma teia de mentiras. Há alguém perto de você que tem essa conduta? Ou você mesmo não está sendo sincero ultimamente? Você é incapaz de matar a aranha porque na vida real não está tomando decisões corretas para fazer desaparecer esse problema perturbador.

TIM RESPONDE: *Estou numa batalha por custódia com minha esposa, e já faz algum tempo que não vejo meu filho. Ela me dá desculpas esfarrapadas para evitar que eu o veja, e eu sempre as aceito. Parece que preciso ser mais incisivo para romper a teia de mentiras dela. Obrigado.*

Tim obviamente sabe que sua mulher tem mentido para ele, mas parece que ainda não foi suficiente para estimulá-lo a agir. Agora, porém, que seu sonho apresentou o comportamento da esposa sob a forma de uma aranha que se recusa a morrer, Tim conseguiu entender a situação. Agora se conscientizou de que a conduta da sua mulher infestou sua paz de espírito. Ele tomou a decisão de fazer o necessário para rasgar a teia de modo a poder ver o filho de novo.

A mensagem dos sonhos com insetos e aranhas: Alguém ou alguma coisa o está incomodando muito. É hora de canalizar seu exterminador de pragas interior e pôr um fim na situação para sempre. Sem essa atitude, a infestação de insetos pode voltar!

Todos nós temos um verdadeiro zoológico de animais habitando nossos sonhos. Muitas culturas acreditam que os animais dos nossos sonhos são de fato guias espirituais. Penso que é um modo interessante de entendê-los porque eles surgem para dar orientação, e com toda a certeza, são uma parte de você e do seu próprio comportamento. Quando um animal ou criatura aparecer no sonho, pergunte-se quais são as características que distinguem esse animal. Depois se pergunte se ultimamente seus próprios instintos estão combinando com o animal do sonho. Pense na possibilidade de canalizar essas características ou comportamentos animais que poderiam ser úteis para você agora mesmo. Seria o jeito brincalhão do golfinho? A sabedoria da coruja? Preste bem atenção na conduta e na condição do

SONHOS COM ANIMAIS

animal, porque elas refletem seu comportamento atual ou o comportamento de alguém que está à sua volta. Ele precisa ser revivido ou salvo? Ou precisa ser domado e controlado? Quando você veste seu chapéu de zoólogo para estudar os animais dos seus sonhos, descobre que eles o estão ensinando como manter a intuição afiada e a ter o melhor dos comportamentos.

UM FASCINANTE FATO SOBRE OS SONHOS: Os elefantes dormem em pé, mas deitam-se quando entram no sonho REM.

Sonhos com o corpo

SUAS FACULDADES EMOCIONAIS E PSICOLÓGICAS

Dentes, Cabelo, Olhos, Peito, Mãos, Estômago, Nádegas, Pernas, Pés, Órgãos genitais, Gravidez e Nascimento

Seu corpo é seu templo. Uma máquina extraordinária e complexa composta de centenas de peças móveis e sistemas, cada uma com diferentes funções, mas todas operando juntas com perfeição e harmonia para que você possa viver, pensar, comunicar-se, experimentar, movimentar-se e fazer.

Quando seu corpo está saudável e em perfeito funcionamento, você tem um potencial ilimitado para fazer o que lhe der na cabeça: jogar futebol, sair para uma corrida, pintar o quarto,

SONHOS COM O CORPO

cortar a grama do jardim etc. Todavia, quando uma peça do seu corpo está com defeito — digamos que tenha quebrado uma perna ou tenha sido acometido de cegueira — você fica limitado e sua capacidade de agir torna-se menor.

Seu corpo no sonho também representa sua capacidade de executar, não no sentido físico, mas no que diz respeito às suas faculdades mentais e emocionais, como a habilidade de sentir compaixão, ser um bom ouvinte, ser teimoso, de mudar constantemente de ideia e assim por diante. Todas as diferentes partes do corpo representam suas diferentes partes mentais e emocionais. A mente sonhadora dará forma às suas faculdades mentais e emocionais para entender melhor se você as está usando de modo correto ou não. Assim, quando uma parte do seu corpo está perturbada à noite, é provável que esteja sofrendo de uma limitação ou defeito emocional ou psicológico durante o dia.

DENTES

O desgosto mais comum em nossos corpos oníricos é perder dentes ou vê-los quebradiços ou esfarelados. Se isso acontecesse em seu corpo físico da vida real, provavelmente você correria para o dentista sem perda de tempo! Porém, quando seus dentes são problemáticos nos seus sonhos, é melhor procurar um perito em comunicação. Para a mente sonhadora, seus dentes, bem como qualquer parte da sua boca, simbolizam suas palavras. Prestar atenção aos dentes o ajuda a monitorar e melhorar o modo como você se comunica.

Várias vezes por ano tenho um sonho no qual meus dentes estão soltos e caindo. Fico cuspindo-os, mas parece que nunca acabam. — Anna-Marie, 46

LAURI: Dentes soltos frequentemente indicam que a pessoa está falando sem cuidado na vida real. Seus sonhos com dentes são recorrentes, por isso aposto uma bela quantia que você tem um modelo de comportamento recorrente de falar impetuosamente, espalhar boatos ou falar demais. Coragem! Você está em boa companhia, porque Halle Berry tem o mesmo tipo de sonho. Os dentes que não param de cair são as palavras que deveriam ter ficado fixas em sua boca, como seus dentes da vida real. Os sonhos estão tentando lhe mostrar que você precisa ter cuidado com o que sai da sua boca, porque depois de faladas, as palavras, como um dente, não podem ser recolocadas no mesmo lugar.

ANNA-MARIE RESPONDE: *Por mais que eu deteste admitir, você está cem por cento certa. Tenho mesmo o costume de espalhar boatos e dar muita informação ao meu interlocutor. Por muito tempo eu fui a quietinha do meu grupo e jamais abri demais minha boca, até conhecer meu marido. Ele é muito expansivo, e tive de me acostumar a me encontrar com várias pessoas quando saímos para um programa. Comecei a falar demais, e creio que meus maus hábitos começaram porque eu achava que não podia ficar calada e tinha de falar sem parar.*

Agora que Anna-Marie entendeu seu sonho, ela poderá ser mais cautelosa com o que sairá da sua boca nas futuras reuniões sociais. Quanto mais estiver consciente desse comportamento, mais irá se esforçar para evitá-lo, e quando dominar a arte da conversa bem-educada, os sonhos com dentes pararão.

O oposto da conversa agradável é a conversa débil ou a falta de conversa. É aqui que os dentes quebrados, rachados ou esfarelados surgem em cena, porque quando algo quebra ou esfarela está sinalizando uma fraqueza.

SONHOS COM O CORPO   127

Tenho sonhos em que meus dentes quebram em pedaços.
Tenho de cobrir minha boca com a mão para eles não
caírem. — Pauline, 50

LAURI: Seus sonhos recorrentes com dentes quebrados significam falha em falar sobre algum assunto ou em se fazer entender. Trata-se menos de incapacidade de falar e mais de falta de
confiança em sua capacidade de se expressar. Você retém o que
gostaria ou precisaria dizer, tal como cobre a boca com a mão
nos sonhos. Será que percebe que quando existe um drama
pessoal em sua vida você tende a se calar? Você também evita
confrontos?

PAULINE RESPONDE: *Fiquei toda arrepiada quando li sua análise.*
Por grande parte da minha vida desejei ter a capacidade de falar o que
pensava e fazer minha voz ser ouvida. Sem a menor sombra de dúvida
não tenho confiança em mim mesma e acho extremamente difícil ex-
pressar meus sentimentos. Durante toda vida adulta evitei confrontos,
sobretudo com meu ex-marido, provavelmente porque queria paz na
vida. Durante minha infância e adolescência meus pais discutiam o
tempo todo e eu não queria repetir seus erros.

O sonho de Pauline está ajudando-a ao permitir que veja suas palavras sob a forma de dentes quebradiços. Ninguém quer possuir
algo fraco e a ponto de desmoronar, porque isso o tornará inútil.
Manter essa imagem na cabeça deveria auxiliá-la a trabalhar no
fortalecimento de sua confiança e palavras, porque palavras são
ferramentas muito úteis e eficazes quando são fortes.
   Tentar puxar uma interminável pelota de chiclete, fio ou
cabelo da boca é outro sonho comum para pessoas que não
têm confiança para falar o que pensam. Lembre-se que lábios,
língua, dentes e garganta em conjunto lhe dão a capacidade de

128   POR QUE SONHEI COM ISSO?

usar sua voz e, quando estão afetados em um sonho, é um bom indicativo de que sua capacidade de se comunicar é defeituosa ou limitada na vida real.

A mensagem dos sonhos com dentes: A mente sonhadora o está alertando para um problema em sua capacidade de se comunicar. Recentemente você teve a experiência desagradável de errar no uso das palavras, falou mais do que devia ou simplesmente manteve-se calado quando sabia que deveria se manifestar. A perda de dentes na vida real causaria preocupação sobre sua aparência, da mesma maneira que uma comunicação deficiente o faria se preocupar com a impressão que causa aos outros. Se decidir polir seus dentes para ficarem bonitos como pérolas, por simples estética, polir sua capacidade de comunicação também o fará brilhar.

CABELO

Crespo, liso, ondulado, brilhante, sedoso. Ele pode ser cortado, alisado, desembaraçado, enrolado, tingido e até perdido. O cabelo é uma parte do corpo que você pode facilmente modificar. O mesmo pode ser dito sobre seus pensamentos, motivo pelo qual para a mente sonhadora o cabelo reflete a habilidade de modificar e melhorar os pensamentos, ideias, planos e crenças.

O estado do seu cabelo nos sonhos reflete o atual estado dos seus pensamentos. Cabelo longo e brilhante aponta para uma abundância de idéias ou um tempo ampliado de pensamento que você está dedicando a alguém ou a outra coisa. O cabelo embaraçado significa confusão. Coisas enfiadas no cabelo representam a incapacidade de tirar alguma situação de sua mente. Um novo corte ou penteado está ligado à mudança de ideias. Perder cabelo sugere que você está sem ideias sobre o que de-

SONHOS COM O CORPO 129

verá fazer a respeito de algo ou de alguém, e sugere também falta de crença. No entanto, os sonhos com cabelo mais comuns relacionam-se ao seu corte.

Na vida real tenho cabelos longos e castanhos, mas ultimamente venho sonhando que os oxigenei e cortei- -os bem curtos. Isso é algo que eu jamais faria. Por que continuo tendo esse sonho? — Kellie, 28

LAURI: O cabelo representa seus pensamentos e ideias porque brota em sua cabeça. Cortar o cabelo em um sonho é uma boa indicação de que determinada ideia ou pretensão está durando mais do que o normal e você precisa cortar esse prazo. Você esteve deprimida ou com raiva? Pergunto isso porque o cabelo loiro sugere que você precisa realmente "clarear"!

KELLIE RESPONDE: *Impressionante como meu sonho está completamente sintonizado com o que acontece na minha vida. Há três meses dei à luz uma linda menininha, e estive sofrendo de depressão pós-parto. Eu dei um basta nos pensamentos negativos e vou começar uma terapia.*

Cortar o cabelo em sonho é tão comum porque nossa mente mais profunda não gosta de ficar empacada numa ideia fixa, apesar de nós fazermos isso com frequência. Guardamos mágoas, permanecemos no passado, fechamos nossa mente. Os pensamentos devem fluir e mudar. Quando um pensamento negativo ou insano continua por muito tempo, como no caso de Kellie, a mente sonhadora vai cortar suas madeixas para avisar: chega!

A mensagem dos sonhos com cabelo: Hora de examinar atentamente os pensamentos que brotam em sua mente. O estilo e condição do cabelo em um sonho estão conectados com atuais pensa-

130 POR QUE SONHEI COM ISSO?

mentos, ideias e crenças. Seus pensamentos atualmente estão sendo úteis ou prejudiciais? Eles têm melhorado sua autoestima, assim como faria um novo penteado? Ou são ruins e, como um corte de cabelo errado, diminuem sua satisfação? Como Willie Nelson — famoso cantor country, e conhecido pelos cabelos compridos — disse em certa ocasião: "Quando substituímos pensamentos negativos por pensamentos positivos, começamos a ter resultados positivos."

OLHOS

Os olhos do seu corpo físico lhe dão a faculdade de ver, e os olhos do seu corpo sonhador representam a capacidade de saber, de entender. "Agora *vejo* que ele estava certo." Os olhos do corpo físico permitem que você focalize a atenção em um objeto, e os olhos do corpo sonhador representam sua habilidade de "focalizar" uma meta ou tarefa. Os olhos físicos também lhe dão a capacidade de ver o que o cerca, e os olhos do corpo sonhador representam seu ponto de vista, sua opinião e a possibilidade de mudá-la.

Seus olhos podem sofrer uma série de males nos sonhos, porque na vida real todos nós temos inúmeros problemas e comportamentos que prejudicam nosso foco, modificam nossa opinião ou nos impedem de abrir nossos olhos psicológicos para ver exatamente o que está acontecendo. A doença mais comum nos olhos de sonho é a vista embaçada.

Tenho um sonho recorrente em que tento dirigir pela estrada, mas tudo está muito embaçado. Não consigo focalizar minha vista em nada. O que isso significa? — Lauren, 25

SONHOS COM O CORPO 131

LAURI: Esse tipo de sonho acontece sempre que nós não nos "focalizamos" o suficiente em alguma questão da nossa vida. Como você está sempre dirigindo nos sonhos, acredito que se trate de sua vida profissional. Alguma coisa está prejudicando sua "orientação" e motivação. Esses sonhos são um lembrete constante de sua mente sonhadora avisando que você precisa dar a atenção apropriada à sua carreira e dar-lhe o foco que merece para chegar ao destino dessa estrada.

LAUREN RESPONDE: *Essa interpretação faz todo o sentido! Estou enfrentando um processo de divórcio. Meu futuro ex-marido finalmente admitiu que é alcoólatra. Como tive de lidar diariamente com seu problema, não consegui me concentrar na carreira que amo tanto. Também, depois de muito tempo, me dei conta de que não o quero mais impedindo meu caminho ou tentando prejudicar o que tanto trabalhei para conseguir.*

Note o que Lauren diz ao contar seu sonho: "Não consigo focalizar minha vista em nada". Essa era a mensagem que a mente sonhadora queria transmitir. Sua vida profissional, ou mesmo toda a sua vida, foi embaçada pelo alcoolismo do marido. Estava tão concentrada nele que não conseguia ver as metas, profissionais ou não, que havia escolhido para si mesma.

Às vezes o sonhador não consegue abrir os olhos durante o sonho. Trata-se de um sonho comum envolvendo olhos, que as pessoas me relatam com frequência.

Eu costumava ter esses sonhos recorrentes no qual não conseguia abrir os olhos. Na maioria deles estou deitada na cama, começando a acordar, mas não consigo abrir os olhos para salvar minha vida! Em outros, estou dirigindo e não consigo abrir os olhos, ou me encontro em um parquinho

132   POR QUE SONHEI COM ISSO?

para cães com meu marido e nosso cachorro, Lucky, e o ouço rosnar para um outro cão e não consigo abrir os olhos para ver o que está acontecendo a fim de impedir uma possível briga. — Becka, 36

LAURI: Quando esse sonho aconteceu, por acaso você pode pensar em alguma coisa que "fingia não ver"? Alguma coisa que você sabia ou desconfiava que estava acontecendo, mas ignorou por não querer abrir os olhos para a realidade? Ou você estaria numa situação difícil, para a qual não conseguia "ver" uma saída? Em vários sonhos você está acordada e isso acontece porque sua sábia mente sonhadora esperava que você "acordasse" para a realidade. Detesto dizer, mas o parquinho para cães ou seu cachorro mostrando raiva me leva a acreditar que houve uma questão de fidelidade para a qual você decidiu fechar os olhos. Os sonhos pararam e por isso penso que o problema foi superado.

BECKA RESPONDE: *Você odiou dizer e eu odeio admitir, mas houve mesmo um problema de fidelidade. Nessa época meu marido estava me traindo com uma colega de trabalho. Eu tinha suspeita porque ele sempre falava nela, e muitas vezes ele chegava à nossa casa uma ou duas horas depois do habitual. Eu estava com tanto medo de enfrentar a realidade que não comentei o caso com ninguém. A situação durou algum tempo, até meu marido finalmente confessar que queria pôr um fim ao nosso casamento para poder ficar com ela. Eu gostaria de ter sido capaz de entender o sonho mais cedo. Eu não teria prolongado meu sofrimento por tanto tempo como fiz.*

A mensagem do sonho com olhos: É sempre bom ter metas claras, foco nítido, um claro ponto de vista e uma boa percepção do que está acontecendo à sua volta. Se seus olhos não estão funcionando bem nos sonhos, você está perdendo o foco ou fechando

SONHOS COM O CORPO

os olhos para a realidade na vida real. Tome cuidado para não perder a visão sobre você mesmo. Seus sonhos não querem que você caminhe pela vida com antolhos.

PEITO

No corpo físico, o peito contém e protege o órgão mais vital e precioso, o coração. Um baú de tesouro também contém e protege o que é valioso e precioso; portanto, o peito no corpo sonhador representa a habilidade de proteger os sentimentos. Quando o peito é ferido ou aparece em destaque nos sonhos, isso indica que você talvez esteja sofrendo emocionalmente na vida real.

> *Sonhei que eu passava por uma cirurgia para extrair uma nota fiscal (de uma mercearia) que estava no meu peito. Acordei com a dor, e na hora pensei que estivesse sendo apunhalado. — Bobby, 35*

LAURI: O peito, onde fica o coração, é frequentemente conectado com suas emoções na vida real. A nota provavelmente representa um preço emocional que você pagou, ou representa a passagem pelo caixa antes de sair. Ela está sendo removida cirurgicamente porque sua mente sonhadora sente que há uma ideia ou comportamento que precisa ser retirado para consertar um relacionamento ou uma situação. Talvez seja um jogo de palavras do tipo "me livrar de um peso no peito". Sente necessidade de se abrir a respeito de algo? A dor que sentiu ao acordar está conectada ao sofrimento emocional que você mantém em seu interior, ou ao temor de que será sofrido dizer o que precisa ser dito.

BOBBY RESPONDE: *Minha mulher e eu estamos reatando nosso relacionamento. Quase nos divorciamos há alguns meses atrás. Eu a amo muito, mas não importa o que eu diga, ou como diga, ela parece* *não ligar nem querer compreender. Basicamente eu estava fazendo as minhas malas e lhe disse que ela podia ficar com tudo, inclusive com minhas contas bancárias. Fosse o que fosse, eu não me importava mais. Queria ir embora porque não conseguia mais alcançá-la. Foi então que ela enfim percebeu o que estava acontecendo, e vem mudando para melhor desde esse momento.*

O mais interessante no sonho de Bobby é a dor física que sentiu ao acordar. Quando não damos vazão ao sofrimento emocional por muito tempo, ele começa a se manifestar em dor física durante os sonhos. Nem sempre nos damos conta de que o sofrimento emocional precisa ser tratado com a mesma seriedade com que se trata a dor física. Bobby entendeu a mensagem. Ele se abriu e tirou o "peso do peito", deixando claro que estava pronto para se separar. E, por causa dessa sinceridade, a cura começou e um casamento foi salvo!

A mensagem dos sonhos com o peito: O peito é sua capacidade de proteger os sentimentos, bem como a força de ser honesto. Quando o coração recebe destaque nos sonhos, pergunte-se se sua armadura emocional está danificada. Seus sentimentos estão em perigo? Ou chegou a hora de ser honesto? Lembre-se, a sinceridade é a semente da saúde emocional.

MÃOS

As mãos nos permitem pegar, agarrar e manusear um objeto. Elas são a parte mais ativa do nosso corpo, e sem elas não há muito a fazer. É exatamente o que são no corpo sonhador: sua capacidade de fazer, de lidar com muitas questões que a vida lhe apresenta. Quando há algo errado com suas mãos em um sonho, isso provavelmente indica dificuldade em assumir uma atitude decidida.

SONHOS COM O CORPO

Em meus sonhos, estou sempre perdido em uma casa desconhecida e não tenho mãos. Não consigo abrir a porta para sair, e não tenho como interagir com as coisas que estão dentro da casa. — Tyler, 25

LAURI: A casa lhe é desconhecida porque você está numa situação desconhecida em sua vida, desconfortável, da qual quer sair. Você também é incapaz de interagir com nada nem com ninguém porque talvez não esteja comunicando sua preocupação na vida real. Você não tem mãos porque não consegue mais lidar com o problema. Sua mente sonhadora provavelmente está lhe dizendo para largar a situação.

TYLER RESPONDE: *Estou no meio de um divórcio. Éramos jovens e não entendíamos bem as coisas há dois anos, quando nos casamos. Me sinto só porque tenho pouca gente com quem falar. Faz muito sentido.*

O sonho de Tyler é um retrato brutalmente sincero de como ele se sentia sobre o casamento. Ele não conseguia mais lidar com a situação; portanto, não havia mãos em seu corpo sonhador. Sua casa não era mais um lar, e no sonho ela foi retratada com uma casa desconhecida. Os sonhos de Tyler estavam lhe mostrando que precisava sair dessa situação.

A mensagem dos sonhos com mãos: Tudo indica que você está passando por uma situação difícil de lidar, ou deu um passo maior com as pernas. O estado de suas mãos no sonho é um reflexo direto da sua confiança de ser capaz de lidar com a questão na vida real. Mãos inchadas ou muito grandes sugerem excesso de ansiedade ou de confiança. Mãos sangrentas significam que você tem ajudado demais os outros e não é recompensado por isso. Um furo na mão mostra que você tem capacidade de resolver uma situação, mas falta confiança em si próprio. Mãos deformadas podem ser um aviso de que você está lidando de forma completamente errada com as coisas e está prejudicando o andamento da situação. Falta de mãos é uma boa indicação de que chegou a hora de deixar ir, de soltar. Quando você prestar atenção no que suas mãos de sonho lhe dizem, será capaz de dar uma "mãozinha" na solução dos seus problemas da vida real.

ESTÔMAGO

O estômago liquefaz e digere os alimentos para que nutram nosso organismo com maior facilidade. Quando o estômago recebe algo que não tolera, imediatamente se purga da matéria ofensora. O mesmo acontece com a área do estômago no corpo sonhador; ela simboliza a capacidade de digerir informações, de constatar se estas são saudáveis ou não e se você pode tolerá-las ou não.

Sonhei que estava deitada na cama e olhava para minha barriga. Ela foi se desfazendo, transformando-se numa geleia escura que se espalhou por todo o meu corpo. Meu marido ria e pegava pedaços dessa geleia, imaginando se poderia usar essa massa horrível como "Geleca", atirando as pelotas nas paredes para vê-las deslizar até o chão. Fiquei um pouco curiosa e quis experimentar também. Coloquei pedaços de mim sobre o livro que fica na minha mesa de cabeceira e deu certo. Eu conseguia pegar as palavras e esticá-las para brincar... Me ajude! — Suzanne, 38

LAURI: Quando uma mulher sonha com sua barriga, precisa primeiro ver se há uma conexão com questões relacionadas com peso excessivo ou imagem corporal. Se não for esse o caso, a barriga representa a capacidade de engolir ou tolerar um problema da vida real. Como a geleia do sonho, você foi e voltou de um problema

SONHOS COM O CORPO

bastante pegajoso? Consegue relacionar o tema do livro ao seu lado a algo que está acontecendo em sua vida ou em seu interior?

SUZANNE RESPONDE: *Na verdade perdi muito peso recentemente. Meu marido teve um caso há alguns anos que me magoou bastante, e estou demorando para voltar ao normal. O romance que está em minha cabeceira tem como tema uma mulher que fez um casamento errado e foge com alguém no final. Quero que as coisas fiquem bem e tranquilas para meus filhos. Estamos todos felizes atualmente e digo a mim mesma para não dar importância ao que aconteceu, mas talvez... Segundo meu sonho, eu dou. Obrigada pela explicação.*

Como a "Geleca" no sonho de Suzanne, ela está moldando seu corpo e seus pensamentos para conseguir engolir o passado. Apesar de o sonho ser desagradável e o caso do marido difícil de engolir, ele é uma demonstração de que Suzanne está voltando do passado.

A mensagem dos sonhos com estômago: Você recebeu alguma informação diferente das normais recentemente? O que acontece com seu estômago no sonho está lhe mostrando se ela é boa ou prejudicial, bem como a sua capacidade de tolerá-la. Quanto mais grave for o problema no sonho, mais prejudicial será na vida real. Como seu estômago físico, sua tolerância com alguma coisa ou alguém só pode ocorrer antes de uma severa purgação.

NÁDEGAS

Por sorte, como acontece com as outras partes do corpo, não é a função das nádegas que desempenha um papel no seu significado, mas a sua localização. No corpo sonhador, elas demonstram sua capacidade de colocar uma mágoa, uma raiva, um problema ou uma fase da vida "para trás".

138 POR QUE SONHEI COM ISSO?

Sonhei que estava diante de um armário organizando meus sapatos. Pensava que era hora de deixar de ocupar dois armários com sapatos e diminuir a quantidade para ocupar um só. Enquanto eu abaixava, vi alguns homens olhando para minha bunda, com aparente apreciação! Na verdade, acordei excitada por descobrir que esses homens estavam encantados com ela! — Kristen, 44

LAURI: A organização dos sapatos sugere que você está decidindo que passos deve tomar em sua vida ou em determinada situação. Seu traseiro bem tonificado representa todo o trabalho árduo que ficou "para trás" e do qual deveria ter orgulho. Os dois armários são duas identidades que você esteve usando: "Kristen" e "Mamãe", talvez? De que maneira está reduzindo sua identidade? Ficar excitada pela atenção dos outros indica orgulho de você própria na vida real; por isso, vá em frente, garota!

KRISTEN RESPONDE: *Sim, tudo faz sentido. Nos últimos 18 anos só me concentrei na educação dos meus filhos. Atualmente estou tentando decidir com dificuldade quem vou ser, agora que não preciso mais ser dona de casa. Existem muitas opções. Também tenho tomado consciência da dedicação aos filhos e do quanto precisei trabalhar para sua formação. Na verdade, estou convencida de que fui muito bem-sucedida!*

Esse sonho não somente marca o fim de uma fase da vida como também reflete sua atitude positiva e saudável que vemos sob a forma de um traseiro bem tonificado! Em vez de continuar no ninho vazio, Kristen está admirando todo o empenho que resultou em jovens adultos firmes e responsáveis.

A mensagem dos sonhos com nádegas: Tempo de avançar e olhar para frente, não para trás. Como suas nádegas, o passado deve ficar para trás.

SONHOS COM O CORPO

PERNAS

Quer suas pernas sejam longas e bem torneadas, quer sejam curtas e gordinhas, elas lhe dão a capacidade de ficar em pé e andar. O mesmo vale para suas pernas nos sonhos, as quais representam a habilidade de ser seu próprio dono, de avançar na vida ou progredir numa situação em particular, e afastar-se do passado. Todavia, nos sonhos, quando as pernas não funcionam ou você as sente pesadas ou feridas, elas representam uma grave falta de movimento em algumas áreas da sua vida real.

Tive um sonho em que estava com um buraco na minha coxa direita no qual cabia a minha mão. Não havia sangue nem músculos, mas eu podia tocar meu osso. — JoAnne, 56

LAURI: O buraco sugere que você sente que há algo faltando em sua vida ou em seu self, seu comportamento e personalidade. Está tendo grande dificuldade em progredir em alguma coisa? Sua capacidade de se defender não é a que deveria ser? A perna direita indica que você quer fazer as coisas "direito", mas está perdendo uma quantidade substancial de "músculo" ou força interior.

JOANNE RESPONDE: *Faz todo o sentido! Durante minha vida inteira lutei com problemas de obesidade, e recentemente senti as consequências físicas de não cuidar de mim mesma. Quero começar a comer melhor e fazer exercícios, mas tenho enorme dificuldade até para dar início a isso, e sinto de fato que dentro de mim falta a força para avançar nessa direção. Foi ótimo você despertar minha atenção dessa maneira. Penso que quanto mais me concentrar no que está à minha frente, melhor.*

140 POR QUE SONHEI COM ISSO?

O sonho de Joanne lhe mostra que sua falta de força de vontade pode ser comparada à falta de um pedaço do corpo. Vê-la apresentada dessa maneira a ajudará a se esforçar mais para progredir na direção da meta de ter um corpo mais saudável.

A mensagem do sonho com pernas: Você não foi colocado nesta terra para ficar parado em um único lugar. Deus lhe deu pernas para avançar fisicamente e pernas psicológicas para caminhar na direção de suas metas. A única criatura que pode movimentá-las é você. Para citar o escritor e abolicionista Frederick Douglass: "Eu rezei por vinte anos, mas só obtive resposta depois de começar a rezar com minhas pernas."

PÉS

Para que suas pernas o levem aonde você quiser, cabem aos pés os primeiros movimentos. Para atingir suas metas, *você* tem de dar os passos apropriados, um de cada vez, para alcançá-las. É o que os pés nos sonhos representam: a capacidade de andar na direção certa ou fazer alguma coisa dando um passo de cada vez. Também significam a capacidade de se manter firme em suas decisões e opiniões.

> *Sonhei que estava num jogo de futebol americano,*
> *sentado na primeira fila do estádio. Pessoas caminhavam*
> *pelo corredor à minha frente inspecionando meus pés.*
> *— Michael, 47*

LAURI: As pessoas que estão inspecionando seus pés são as muitas partes do seu ser que tentam decifrar alguma coisa em sua vida real. Você tem imaginado se está dando os "passos" certos para destrinchar uma questão particular? O jogo provavelmente representa o estado de espírito de estar pronto para "derrubar" essa questão de uma vez por todas.

SONHOS COM O CORPO   141

MICHAEL RESPONDE: *Interessante. Ando sofrendo de dores de cabeça terríveis, dor nas costas etc. Meu neurologista está tentando descobrir a causa, e diz que estou qualificado para receber a aposentadoria por invalidez e que vai me ajudar na obtenção desse benefício. Trata-se de uma decisão que vai modificar minha vida, e enquanto isso fico sonhando com um monte de estranhos inspecionando meus pés?*

O sonho de Michael mostra como muitas camadas de significado podem ficar embutidas num só símbolo. Seus pés no sonho sugerem que ele está tentando decidir se a invalidez é o "passo" certo a dar, e também descobrir sua posição nesse problema. Aposentadoria por invalidez significa que Michael nunca vai conseguir caminhar por conta própria do ponto de vista financeiro. Sair de uma vida autossuficiente para ser assistido pelo governo é um passo muito grande, mas seria um passo na direção certa? Michael terá de continuar sonhando até se decidir.

A mensagem dos sonhos com pés: A mente sonhadora quer que você se mantenha em pé sozinho ou avance para uma meta ou decisão. O estado dos pés no sonho está ligado ao modo como você se mantém firme ou não, e avançando bem ou mal para seu progresso. Contudo, enquanto você progride na direção de suas aspirações, lembre-se de prestar atenção em seus passos, porque cada um deles é uma lição aprendida.

ÓRGÃOS GENITAIS

Sigmund Freud tinha muito a dizer sobre sonhos com nossas partes pudendas. De fato, ele se preocupava tanto com a genitália que acreditava que tudo, de uma mala de viagem a um bonito panorama vistos em sonhos, estava associado com a vagina. A verdade é — perdoe-me o Freud — que mesmo quando sonhamos com nossos órgãos genitais, não são eles o objeto do sonho.

142 POR QUE SONHEI COM ISSO?

No mundo real, o pênis distingue fisicamente um homem, e a vagina distingue uma mulher. Todavia, no mundo dos sonhos seu corpo frequentemente pode ostentar o equipamento errado, o que pode ser bem chocante! Como você já viu, sonhar com partes específicas do corpo diz respeito raras vezes a um órgão em particular, mas sim relaciona-se à habilidade mental ou emocional representada por essa parte. Não importa qual seja o seu sexo na vida real, um pênis é sua capacidade de enfrentar, de ser assertivo, de fazer frente às adversidades firmemente em pé (por assim dizer). Ele representa todas as qualidades associadas à energia masculina. No sonho, a vagina é sua capacidade de ser sensível, bom ouvinte, nutridor e criativo, representando todas as qualidades associadas à energia feminina.

Sonhei que uma cliente minha se despia para uma aula de ioga, e vi que tinha um pênis ereto. Eu lhe disse que pensava que ela fosse mulher. Ela respondeu que, na verdade, era as duas coisas e tentava decidir o que desejava ser. Em seguida pulou numa piscina. Eu raramente tenho sonhos envolvendo sexo, e este foi realmente esquisito!
— Connie, 45

LAURI: Não deixe seu sonho lhe causar embaraço na frente da sua cliente. Ele apenas está simbolizando algo que acontece com ela ou — mais provavelmente — com você. O pênis estava ereto, que é a habilidade de exibir energia masculina e "ficar firme" na própria defesa. Ioga comunica flexibilidade, mas o pênis ereto comunica firmeza e rigidez. Você está enfrentando uma "dureza" para tomar uma decisão, como sua cliente, que tinha dificuldade de decidir que gênero escolher? Pular na piscina sugere que apesar da indecisão você está pronta para "entrar de cabeça" para cuidar dos seus interesses.

SONHOS COM O CORPO

CONNIE RESPONDE: *Penso que o sonho diz respeito a mim. Estou mesmo enfrentando alguns desafios em meu trabalho nestes últimos tempos, e tentando mudar um paradigma — não é uma tarefa simples. Posso cuidar disso escolhendo uma abordagem calma e gentil em vez de ousar e entrar em confronto. Isso explica a escolha entre dois gêneros. Não vou desistir da minha luta, por isso entrar de cabeça seria apropriado. Obrigada por me ajudar a enxergar mais do que um sonho sexual esquisito.*

Apesar de pertencer a outra pessoa no sonho de Connie, o pênis ainda é o representante de sua energia masculina. Mais uma vez, lembre-se de que tudo que está presente no sonho simboliza uma parte de você. O sonho de Connie é um excelente exemplo de como todos nós temos aspectos masculinos e femininos em nossa personalidade. No caso de Connie, ela está usando um equilíbrio dessas energias *delicadamente* (a parte feminina) para influenciar os que podem ajudá-la a fazer as mudanças de que ela necessita, enquanto permanece *firme* (a parte masculina). Vemos esse equilíbrio funcionando muito bem sob a forma de uma hermafrodita!

Sonhos com órgãos genitais nem sempre envolvem gênero. Há casos em que eles são destacáveis, o que representa sua capacidade de escolher facilmente a energia que pretende utilizar numa determinada situação. Às vezes são grandes demais, o que sugeriria uma abundância da energia, ou seja, ser exageradamente sensível ou agressivo. Em outros sonhos os genitais simplesmente não existem, o que indicaria, por exemplo, falta de sensibilidade ou de assertividade.

A mensagem dos sonhos com órgãos genitais: Você tem habilidade para desempenhar o papel tanto da mãe nutridora como do pai assertivo que força decisões. Nos sonhos, a condição dos

144 POR QUE SONHEI COM ISSO?

órgãos ou de quem os está mostrando o fará saber qual energia de gênero você exibe atualmente. Se não estiver ajudando em suas circunstâncias presentes, talvez seja hora de mudar psicologicamente de gênero.

GRAVIDEZ E NASCIMENTO

Quando o corpo está grávido, se esforça para construir uma vida nova, preciosa e cheia de possibilidades. Quando o corpo sonhador está grávido, reflete sua capacidade de trabalhar arduamente e de criar uma vida nova para você. Naturalmente, isso se aplica quando de fato você não está grávida ou tentando engravidar.

> *Meu marido faleceu em junho deste ano. Ontem à noite sonhei que estava grávida e dei à luz um menino. Não senti nenhuma dor. Vi o bebê sair com pernas e braços cruzados. Fiquei maravilhada diante da sua perfeição! Ele parecia brilhar! O engraçado é que depois de se desdobrar, ele levantou e foi andando para a cozinha. — Lynn, 55*

LAURI: Seu sonho é bastante interessante e diz muito sobre seu processo de recuperação. Apesar de estar de luto, você conseguiu "trazer à luz" algo novo e precioso em sua vida. Poderia ser um novo projeto, ideia ou relacionamento, mas aposto que é uma nova você! Às vezes temos de sofrer muito para nos encontrar. O bebê representa seu *novo eu*, que agora pode receber todo o seu tempo e atenção para crescer e evoluir para algo maravilhoso. O bebê está brilhando porque sua mente sonhadora está "se iluminando", mostrando que você tem uma vida inteira se abrindo diante dos olhos. Esse novo eu não apenas está se "desdobrando" diante de você como também tem fome de sua atenção e nutrição emocional, motivo pelo qual ele vai direto para a cozinha!

SONHOS COM O CORPO 145

LYNN RESPONDE: *Estive pensando em participar de um seminário chamado "Comemore sua vida", no Arizona. Finalmente recebi parte do seguro pela morte do meu marido e tenho pensado em ir. Você está certa sobre o nascimento de uma nova eu. Estou planejando dar mais atenção às minhas novas necessidades e também "nutrir" meu espírito.*

O sonho de Lynn mostra a ela que há uma nova vida, já que nesse sonho deu à luz. Agora, precisa lhe dar atenção e cuidados — como se daria a um recém-nascido — para poder continuar a crescer e alcançar seu pleno potencial. Quando alguma coisa está em gestação na vida real, o sonho envolve apenas a gravidez, não o parto. Em minhas pesquisas, descobri que o motivo mais comum para uma mulher (e às vezes até mesmo um homem) sonhar que está grávida tem a ver com estar numa escola, esforçando-se para obter um diploma. Neste caso, é o conhecimento que cresce e se desenvolve em seu interior que mais cedo ou mais tarde dará à luz uma nova vida como um profissional respeitado.

A mensagem dos sonhos com gravidez e nascimento. Uma maravilhosa ideia foi concebida, e agora você está no processo de dar-lhe vida. O tempo de gravidez no sonho está ligado ao ponto do crescimento e desenvolvimento da ideia. Seu trabalho árduo valeu a pena, mas isso não significa que a questão está resolvida. Trata-se somente do final de um capítulo para um novo capítulo poder começar.

Existem tantas partes do corpo físico e do corpo dos sonhos que seria impossível falar de todos eles num único capítulo, mas espero que você tenha entendido a linguagem do corpo sonhador. Mais uma vez repito: sempre que uma parte do seu corpo receber atenção em um sonho, raramente se trata da parte real, e sim

146   POR QUE SONHEI COM ISSO?

da parte emocional ou psicológica que ela representa. Avalie bem o que a parte física com a qual sonhou é capaz de fazer, e tente associar essa capacidade a uma habilidade mental. Um joelho, por exemplo, lhe dá a capacidade física de se inclinar e ser flexível. Portanto, o joelho no corpo sonhado provavelmente representa sua habilidade mental de ser flexível em sua agenda, de se inclinar à necessidade dos outros, não ser tão rígido ou recusar fazer mudanças.

Você tem outro corpo inteiro no qual reside durante o sonho, e ele pode passar por situações realmente difíceis. Nem sempre damos crédito a algo que nos aflige emocionalmente. Porém, quando sofremos um dano físico, como um desvio na coluna ou fratura de ossos, prestamos toda a atenção a ele! Fazemos todo o possível para corrigi-lo e curá-lo bem rápido. É por isso que frequentemente sonhamos que algo de ruim está acontecendo em nosso corpo físico. A mente sonhadora sabe que se virmos nosso corpo emocional como algo físico, entenderemos melhor o grau de gravidade das feridas e males emocionais, esperando que façamos o necessário para também corrigi-lo e curá-lo. Olhe para seu corpo no sonho como um raio X que lhe permite afundar profundamente no seu eu interior a fim de obter um quadro mais claro e descritivo sobre o funcionamento de todas as suas partes emocionais e psicológicas.

UM FASCINANTE FATO SOBRE OS SONHOS: Martelo, bigorna e estribo, os ossículos que fazem parte do ouvido interno, vibram durante o sonho REM. Acredita-se que isso contribua para o zumbido ou os sons de campainha, sussurros ou de batida que às vezes se ouvem ao acordar.

Sonhos com casas e com lar

SUA AUTOIMAGEM E SEU ESTADO DE ESPÍRITO

Casa malconservada, Mansão ou Castelo, Trailer, Casa mal-assombrada, Mudança, Sótão, Porão, Cozinha, Quarto, Banheiro

"Lar, doce lar." "Lar é onde está o coração." "Não há lugar como nosso lar." "O lar do homem é o seu castelo." Acho que você já entendeu. Nossos lares são nossos mundos pessoais. São o único lugar onde podemos ser completamente desinibidos, completamente confortáveis e completamente nós mesmos. Nossos lares também são uma extensão do nosso eu. Eles também falam muito sobre nós, desde a posição dos móveis em cada cômodo até os quadros nas paredes. Caminhe pela casa de um estranho e você terá uma boa ideia de quem mora nela e como eles vivem.

148 POR QUE SONHEI COM ISSO?

Nossos lares de sonho também dizem muito sobre nós, talvez mais do que qualquer outro símbolo. O lar em um sonho, seja sua casa atual ou um lugar desconhecido, também reflete quem você é e como vive. O estilo da casa, o estado da casa, o que acontece na casa, até o número de cômodos na casa estão conectados com você, como se sente sobre si mesmo e também sobre a psique que seu corpo abriga. A mente sonhadora usa o lar para lhe mostrar como você é e qual é seu estado de espírito sob a forma de uma estrutura física para melhor entender a estrutura da sua personalidade, a estrutura do pensamento e até a estrutura do seu corpo. Veja os sonhos com casas como um xerox da sua atual autoimagem.

CASA MALCONSERVADA

Uma casa imaculada, confortável e convidativa em um sonho é sempre um bom sinal de que o sonhador está satisfeito consigo mesmo e que sua mente interior está livre de qualquer negatividade e frustração, pelo menos no momento do sonho. Todavia, quando a casa está malconservada, suja ou em ruínas, o sonhador deve analisar com cuidado qualquer problema físico ou emocional que precise de conserto e melhorias.

> *Sonho constantemente que tenho de reformar uma casa para a qual terei que me mudar. Ela é velha, há mofo nas paredes, a mobília é velha e poeirenta, está coberta com lençóis, às vezes quebrada. Geralmente estou caminhando pela casa, com certo medo, dizendo a quem está comigo o que pretendo fazer e o que será preciso consertar. Frequentemente a casa tem salas secretas e/ou escadarias bizarras que circundam todo o lugar mas não levam a lugar nenhum. — Crissy, 35*

SONHOS COM CASAS E COM LAR

LAURI: Você provavelmente está tentando se afastar de algo, mas não consegue sucesso nessa empreitada. A casa é velha porque se trata de uma questão antiga em sua vida. O mofo e a poeira apontam para alguma coisa que foi negligenciada. Você se sentiu negligenciada alguma vez? Em sua infância? Os móveis cobertos com lençóis representam lembranças que você encobriu porque não quer lidar com elas. Os quartos secretos podem significar coisas em sua vida que você não quer que outras pessoas saibam. As escadarias que não levam a lugar nenhum mostram que você não foi capaz de superar essas questões do passado e, até certo ponto, elas são como uma prisão emocional. A constante repetição do sonho é sinal de que sua mente deseja deixar tudo isso para trás e avançar. Você guarda alguma mágoa ou raiva do passado? Os sonhos continuarão no passado enquanto você não progredir.

CRISSY RESPONDE: *Sua resposta foi muito útil. Sei que tenho vários problemas com os quais precisarei lidar mais cedo ou mais tarde. De fato, fui bastante negligenciada quando era criança e sinto raiva da minha mãe. Não consigo lidar com o problema porque ela é mentalmente insana e não pode ser responsabilizada pelo que aconteceu em minha infância. Já fiz terapia, mas abandonei o tratamento porque essas questões às vezes são doloridas demais para se confrontar. Acho que foi preguiça da minha parte. É hora de fazer uma visita ao meu terapeuta.*

A mente interior de Crissy às vezes se vê como uma casa velha e apodrecida, porque deixou os problemas da infância morarem intocados, sujos e sem conserto dentro da sua psique por tempo demais. Os sonhos ilustram claramente que questões de um passado distante nunca desaparecem. Eles ficarão morando dentro da mente, juntando poeira, teias de aranha e mofo infindável

150 POR QUE SONHEI COM ISSO?

enquanto não forem adequadamente tratados. Quando Crissy voltar para a terapia e começar a trabalhar na descoberta dessas lembranças, e melhorar seu interior psicológico, suas casas de sonho irão se modificar e ficar mais adequadas para morar.

A mensagem dos sonhos com casas malconservadas: Quer se trate do seu estado físico, emocional ou psicológico, a mente interior está lhe mostrando que você não tem tido o cuidado adequado consigo mesmo. É hora de canalizar um arquiteto interior, porque sua casa precisa de muitas reformas!

MANSÃO OU CASTELO

Salões de mármore, tetos altos decorados como catedrais, alojamentos para empregados (como seria bom!). Várias vezes fui a orgulhosa proprietária dessas moradias luxuosas... Depois eu acordo. A maioria de nós jamais residirá em tal opulência, pelo menos no mundo real. Porém, se você tiver a sorte de viver abraçado com o luxo nos seus sonhos, provavelmente será bem mais rico do que os que são de fato proprietários de tanta riqueza. Rico em espírito, claro.

> *Sonhei que estava numa enorme mansão com salas espaçosas e uma magnífica vista para o mar. As leves cortinas de renda flutuavam para dentro das salas ao sabor da brisa. Então me vi sentada numa mesa enorme junto de um homem com um colete de pele. Grandes tigelas de frutas, pilhas de costeletas e pernas de peru ficavam sobre a mesa. Nós comemos e o homem me fez um brinde com vinho. Olhei para baixo e vi que estava descalça, mas meu vestido era confortável e eu estava linda. — Valerie, 50*

SONHOS COM CASAS E COM LAR

LAURI: Ora, ora, que sonho lindo! A mansão é um reflexo de você, que deve ter autoestima elevada. Também tem grandes ideias com muito espaço para crescer intelectual e espiritualmente, ou na vida profissional, daí as grandes salas. A brisa é um importante elemento nesse sonho. Nos sonhos, o vento está ligado a mudanças que estão passando em sua vida; pode-se dizer que são os ventos da mudança. A brisa, contudo, sugere que as mudanças serão boas e agradáveis, e fáceis de alcançar.

Falemos agora do homem com o colete. Provavelmente é seu lado masculino, a sua parte que é assertiva e vai agir nas novas situações. A abundância de comida indica que seus desejos, suas fomes estão sendo satisfeitas. Você está gozando os frutos do seu labor, que devem ser muitos, daí as travessas cheias. E faz um brinde a você mesma pelo bom trabalho! Interessante os pés descalços. Você desnudou sua alma para alguém recentemente? Pelo sonho, tudo parece ir muito bem em sua vida.

VALERIE RESPONDE: *Você está certíssima. Estive mesmo desnudando minha alma de todas as formas possíveis, com amigas, por escrito etc. Atravesso uma fase excelente na minha vida profissional, com várias opções. Sou escritora e grande parte do trabalho que fiz anteriormente está dando frutos, e há inúmeras oportunidades se abrindo a mim, uma "abundância". Além disso, meu filho mais novo entrou na faculdade e os mais velhos estão brilhando em suas carreiras. Os ventos da mudança estão soprando na minha vida.*

Valerie atingiu um local em sua mente no qual é rica em espírito devido à vida e à carreira que construiu, o que se reflete lindamente na estrutura psicológica que seu sonho elaborou.

Mansões e castelos são símbolos maravilhosos e favoráveis em sonhos e refletem uma autoimagem muito positiva. Todavia, se a mansão ou castelo está escuro, vazio, frio ou agourento, você

152 POR QUE SONHEI COM ISSO?

está com uma enorme depressão ou negatividade. Lembre-se, quanto maior for uma coisa no sonho, maior é o problema que ela reflete na vida real.

A mensagem dos sonhos com mansões ou castelos: Seu eu interior é um palácio rico em caráter, talento e ideias. Apesar de você não estar exatamente na lista dos ricos e famosos, sua vida interior é de fazer inveja a Bill Gates!

TRAILER

Um trailer é uma casa bem pequena, nada robusta, sem alicerces e vulnerável às intempéries. É o oposto do luxo e da opulência. A não ser que você more num trailer ou num barraco, sonhar que seu lar é um trailer é sinal de que você está sentindo a necessidade de simplificar ou uma sensação de instabilidade, dependendo do contexto do sonho e do estado de conservação do trailer, naturalmente.

> *Sonhei que havíamos mudado para um trailer. Quando chegamos lá, vi a tinta das paredes descascando e todas as portas quebradas. O que isso significa? — Kyla, 44*

LAURI: Seu estado de espírito mudou para pior? Não se sente bem consigo mesma como antes? Como o trailer, você está em ruínas? O que em você mesma, ou o que em sua vida, parece similar ao estado de conservação do trailer? Seu sonho lhe traz essas imagens desagradáveis para você entender melhor seu estado de espírito atual. Pense seriamente em melhorar seu astral. Somos moldados por nossos pensamentos. Nós nos tornamos o que pensamos. Foi Buda quem disse isso, e eu acredito.

SONHOS COM CASAS E COM LAR

KYLA RESPONDE: *Faz sentido. Há muita coisa acontecendo. Acabo de perder o meu emprego depois de trabalhar nele por mais de 25 anos, por isso me sinto bastante deprimida. Minha mãe virá morar comigo porque não pode mais cuidar de si mesma, e terei de assumir toda a responsabilidade. Creio que isso causaria depressão em qualquer um. Obrigada por me explicar o significado do sonho. Você fez com que eu me sentisse bem melhor.*

Um trailer em ruínas não é um modo de se ver, mesmo que você experimente essa sensação. O sonho de Kyla nos mostra uma representação brutalmente honesta da sua autoimagem. A boa notícia, porém, é que um trailer é muitas vezes uma casa para começar a vida, e daí em diante ela só pode subir!

Se a casa no sonho for menor e menos atraente do que o seu lar na vida real, pergunte-se por que se sente diminuído e menos importante em sua mente e corpo do que antes.

A mensagem dos sonhos com trailers ou barracos: A opinião que você tem sobre si próprio não é muito positiva neste momento. O que você sente por dentro mais cedo ou mais tarde termina se refletindo na vida real. Não importa quais sejam as limitações que o fazem se sentir "por baixo", você não está por baixo. Apesar de se sentir como o mais horrível trailer de um estacionamento dilapidado, você, na verdade, é uma mansão em Monte Carlo. Bastam algumas melhorias!

CASA MAL-ASSOMBRADA

Casas mal-assombradas são divertidas num parque de diversões, mas em seus sonhos... Quer acredite ou não em fantasmas, quando você sonha que sua casa está mal-assombrada é preciso se perguntar quais são seus fantasmas pessoais. O que houve no seu passado que o assombra até hoje?

POR QUE SONHEI COM ISSO?

Na noite passada, sonhei que minha casa estava assombrada pelo espírito de um homem que saltou da escada para se suicidar. Estava muito bravo e era possível ouvi-lo dizer palavrões. Mas só quando eu estava conversando ao telefone com meu marido é que eu tinha consciência da presença do fantasma. Por fim, mandei o fantasma parar de xingar e ir embora. Ele obedeceu.

— Brooke, 32

LAURI: A raiva do sonho é a *sua*! Deve haver alguma coisa em seu passado, recente ou distante, que permanece em sua mente e a assombra a ponto de se aproximar da fúria. Tem alguma coisa a ver com seu marido? Suas conversas com ele são dominadas por essa "coisa"? Se for esse o caso, seria o motivo para o fantasma só aparecer para você quando está falando com seu marido. Você ordenou ao espírito que saísse porque precisa desesperadamente tirar essa assombração de sua vida.

BROOKE RESPONDE: *Sim, é um problema com meu marido. Recentemente descobri uma infidelidade, e estamos nos esforçando para deixar esse problema para trás e pôr um fim na minha raiva. A questão é que ele domina mesmo nossas conversas. Há muito sentido em sua análise.*

A mente sonhadora de Brooke quer mostrar que ela e seu lar estão assombrados pela transgressão do marido. É por isso que o homem morreu saltando de uma escada, tornando-se um fantasma. O marido, pelo qual tinha grande consideração, caiu no conceito dela e efetivamente matou o que Brooke sentia por ele. Agora ele se tornou um homem desconhecido para ela, como o fantasma. Entretanto, no sonho ela conseguiu expulsar o espírito da casa, o que significa um provável sucesso em superar a situação. Contudo, se o sonho da casa mal-assombrada voltar, ela terá de procurar outros meios para resolver a questão.

SONHOS COM CASAS E COM LAR

A mensagem dos sonhos com casas mal-assombradas: Problemas do passado que acreditávamos estar mortos e enterrados permanecem ativos em nossa psique. É difícil conviver com fantasmas, por isso chegou a hora de nos conscientizarmos da sua presença e dar-lhes atenção. O lar como o self deveria ser carinhoso, não assombrado.

MUDANÇA

Na vida real, nós pegamos nossas coisas e mudamos de casa quando outro lugar nos oferece um emprego melhor, se precisamos de um lar maior, ou melhor, ou quando precisamos economizar ou acomodar nossas vidas em transformação. Porém, quando pegamos nossas coisas e nos mudamos, não se trata de locação, mas de uma modificação em nosso modo de pensar.

> *Meu irmão e eu tivemos uma briga feia e nos separamos. Na noite passada, tive um sonho em que coloquei minha casa à venda e comprei a casa velha do meu irmão. Enquanto embalávamos as coisas para mudar, perguntei ao meu marido: "Por que estamos fazendo isso? Eu adoro nossa casa, e a casa que compramos é velha e sei que não vou gostar dela. Então, por que nos mudar? — Tina, 48*

LAURI: Esse sonho não tem nada a ver com as duas casas, mas é relacionado à mente dos dois! O sonho lhe diz para tentar entrar na ideia fixa do seu irmão e entender de onde ela veio. Talvez você deseje ter o seu "velho" irmão de volta (como na época em que ele morava nessa casa). Talvez caiba a *você* ser a heroína da história e "fazer a mudança" para as coisas voltarem a ser como eram antes, embora você tenha dito no sonho: "Sei que não vou gostar dela".

156   POR QUE SONHEI COM ISSO?

TINA RESPONDE: *Geralmente sou eu que procuro apaziguar tudo quando brigo com meu irmão. Quero sinceramente fazer a coisa certa e seguir a orientação que o sonho me deu.*

A casa velha do irmão representa a imagem dele da qual Tina quer se lembrar, e a ideia fixa que deseja entender. Na verdade, o fato de o sonho colocá-la na casa velha do irmão e não na de Tina mostra sua incapacidade ou falta de vontade de entender a parte dela na "ideia fixa" do irmão. Todavia, é da sua natureza estender a mão, por isso felizmente esse sonho deu a partida para ativar essa boa natureza para que ela e o irmão possam voltar para o modo como conviviam antes. Nossos sonhos têm um modo delicado de nos empurrar na direção certa.

Mudar para uma casa em que você um dia morou quando era criança, por exemplo, também é um tema comum em sonhos. Eles não têm nada a ver com a casa, mas sim com você — como você era ou qual era sua autoimagem na época em que morava nela. Seu sonho pode estar lhe dizendo para voltar a esse estado de espírito (se era mais feliz e gostava mais de si próprio quando vivia nela), ou que deve se livrar desse estado de espírito (se foi infeliz ou se sentia mal).

A mensagem dos sonhos com mudança: Mudar é a palavra operativa. O sonho quer lhe dizer que sua mente está em mudança, ou que é sua percepção que está mudando. A pergunta é: você está avançando ou voltando para uma antiga crença ou autoimagem? Lembre-se que a casa do seu sonho é você, é sobre o que está acontecendo em sua mente e como você se vê. Agora que você já entendeu como os tipos diferentes de casas e as condições em que elas se encontram estão ligadas a você e à sua percepção de si mesmo, vamos fazer uma visita às nossas casas de sonho e investigar como suas diferentes partes refletem as diferentes partes do eu interior.

SONHOS COM CASAS E COM LAR

SÓTÃO

A mente sonhadora olha para o eu interior (self) como se fosse uma casa. No último andar a maioria das casas possui um sótão. O ponto mais alto do eu é o eu superior. Sei que esse termo da Nova Era está meio fora de moda, mas é a verdade. Ele é a parte de você que se esforça para alcançar um novo nível de percepção, espiritualidade, prosperidade, inteligência etc. É a parte de você que tem ambições e, para a mente sonhadora, é o sótão. Assim como o sótão é o lugar onde se guardam objetos que não precisamos mais ou não podemos usar no momento, o sótão no sonho é o lugar da sua psique onde você guardou ideias, talentos e esperanças que teve de negligenciar ou adiar... Ideias, talentos e esperanças que o ajudarão a aspirar a ser uma pessoa melhor e viver uma vida melhor, quando você resolver tirar a poeira dessas coisas e concentrar nelas a sua atenção.

Estou em uma casa que não conheço, subindo para o sótão numa escada, e ela vai se estreitando à medida que subo. Chego ao sótão, mas é pequeno e só há espaço para me sentar. Nele há uma caixa que vozes me mandavam abrir, mas não quis fazer isso.— Jennifer, 34

LAURI: Casas desconhecidas nos sonhos sugerem que na vida não estamos confortáveis como se estivéssemos em nosso lar. Muitas vezes o sótão representa os altos ideais que temos para o nosso self, às vezes até nossos ideais espirituais. Você está subindo numa escada para chegar ao sótão porque deseja subir acima do nível em que se encontra hoje. O que está tentando fazer para melhorar? O fato de a escada ficar cada vez mais estreita sugere que você provavelmente se sente sufocada em sua vida doméstica, o que torna mais difícil a possibilidade de passar para um nível mais alto. É quase certo que a caixa representa

158   POR QUE SONHEI COM ISSO?

um dom, uma habilidade ou talento que você possui mas tem medo de usar. Talvez represente algo sobre o qual não "quer se abrir". Tudo indica que se você se abrir na vida real, seu sótão interior — tudo o que você aspira alcançar — se abrirá para você.

JENNIFER RESPONDE: *Estive casada por 12 anos com um homem que se recusou a trabalhar nos últimos oito anos. Tenho muitas decisões a tomar. Tenho medo de terminar meu casamento, mas ele está me matando espiritualmente. Sei que não posso continuar vivendo dessa maneira. No sonho, eu não quis abrir a caixa porque acho que não confio em mim mesma. Esse sonho é encorajador porque me dá a força de falar o que sinto.*

Jennifer queria desesperadamente se elevar acima da sua vida infeliz. Foram sua voz e a capacidade de falar com sinceridade que ela encaixotou e guardou no sótão psicológico. O sótão está acima de nós na casa, então ela teve de subir acima do medo para acessar sua voz.

Desde esse sonho Jennifer "se abriu" sobre todos os sentimentos que havia encaixotado. Sua vida mudou drasticamente. Ela se divorciou do marido, perdeu o medo e comemorou a nova vida fazendo um voo com parapente!

A mensagem dos sonhos com sótãos: Existem esperanças, talentos e ideias que ficaram guardados tempo demais no seu sótão psicológico. Tome uma atitude e se conecte com seu eu superior para poder ascender de onde se encontra agora.

PORÃO

Como o sótão, o porão é outro lugar em nosso lar onde guardamos coisas que não precisamos mais ou não podemos usar no momento. Mas ele fica na parte baixa da casa e em alguns casos é subterrâneo,

SONHOS COM CASAS E COM LAR 159

por isso você tem de descer para chegar até ele. Esse é um detalhe muito importante. Para a mente sonhadora, o porão é o lugar da sua psique onde você armazenou lembranças ou problemas com os quais não deseja lidar. Enquanto o sonho com o sótão contém esperanças e ideias sobre seu futuro, o sonho com porão só contém lembranças e questões do passado.

Sonhei que havia cinzas no porão que estavam sempre pegando fogo. Um homem estava lá e o apagou, mas não percebi que havia mais fogo por baixo das cinzas. Elas se incendiaram novamente e fui incapaz de avisar o homem de que havia mais fogo para extinguir, por isso peguei um cachorro, alguns papéis e saí da casa. — Nicole, 30

LAURI: As cinzas são uma boa indicação de que você foi emocionalmente "queimada" no passado. O homem, seu eu assertivo e racional, que não quer sentir emoções, recentemente "extinguiu" a dor — ou era o que você pensava. Parece que ela quer voltar, daí o fogo encoberto pelas cinzas. As coisas que você tentou salvar são significativas. O cão significa alguém que você consideraria "um companheiro fiel". Qual é o relacionamento que você tentou salvar? Os papéis simbolizam alguma coisa em que está trabalhando atualmente, seja na vida profissional, em você mesmo ou em um projeto. Sua incapacidade de alertar o homem no sonho nos diz que seu lado racional/masculino não quer sentir nem lidar com o sofrimento. Todavia, com quase certeza creio que existe um problema candente aqui que não pode mais ser ignorado.

NICOLE RESPONDE: *Estou saindo de um rompimento recente que foi extremamente doloroso. Faço tratamento com uma terapeuta para descobrir por que tenho tido esses problemas emocionais. Ela está*

160   POR QUE SONHEI COM ISSO?

extraindo coisas do meu passado e não me sinto pronta para "voltar lá". Nossa, eu não tinha ideia de que sua análise seria tão profunda.

Como se pode ver, o sonho de Nicole com o porão contém questões do passado e sua terapeuta teve de cavar "fundo" em sua psique para acessá-las. O sonho de Jennifer com o sótão contém uma faculdade (a voz) que precisou ser alcançada por meio de uma escada porque ela teve de subir acima do medo. Tanto o sonho de Jennifer como o de Nicole falam de algo pessoal que ficou escondido em diferentes partes do self.

Em nossos sonhos, o porão geralmente é um lugar escuro e ameaçador que contém criaturas sombrias, muita bagunça e até mesmo atividades que vemos nos filmes de terror, porque muitos de nós temos lembranças tristes e questões do passado que preferiríamos esconder. Contudo, a mente sonhadora não esquece e por isso, de vez em quando, traz à tona esses problemas ocultos na esperança de que você veja a bagunça que permitiu que seu porão psicológico se tornasse.

A mensagem dos sonhos com porão: Chegou a hora de cavar fundo em sua psique. Alguma coisa do seu passado está afetando a vida atual e precisa ser trazida à superfície a fim de que você lhe dê a atenção que ela nunca teve. Organizar a bagunça e o negativismo do passado abre o caminho para uma vida mais feliz e um futuro mais promissor.

COZINHA

Na vida real, a cozinha é o lugar onde você guarda, prepara e come os alimentos. Todavia, para a mente sonhadora, ela é a parte de você que planeja, prepara e cozinha ideias. Com menor frequência, ela pode representar a parte que tem fome de mudança ou de algo novo. A cozinha às vezes se relaciona às habilidades maternais, nu-

SONHOS COM CASAS E COM LAR

tridoras. Portanto, quando seu sonho acontece na cozinha, é uma boa indicação de que você tem algo em preparação. O estado da cozinha e o que acontece nela é o modo como você se vê cuidando do processo de planejamento ou — se você é mãe — como você vê a si mesma tratando dos seus filhos.

Eu estava na cozinha fritando ovos ou algo parecido, mas o rolo de toalhas de papel que fica perto do fogão pegou fogo; o fogo se espalhou pela parede e até alcançou o alto do meu armário de temperos e especiarias. Sempre que eu tentava apagá-lo, ele começava de novo. — Rob, 44

LAURI: O que você anda cozinhando na vida real, amigo? Para o que está se planejando ou se preparando? O fogo sugere que é uma situação quente! Você está sob grande pressão para realizar alguma coisa. Também me parece que sempre que você acha que adquiriu o controle da situação e começa a relaxar, a pressão volta. Os ovos me dão a impressão de que há crianças envolvidas. Se não for esse o caso, uma ideia foi chocada recentemente e você não tem conseguido desenvolvê-la com a rapidez necessária. O fogo é um aviso de que a pressão está um pouco demais para você.

ROB RESPONDE: *Estou sob pressão intensa por causa da minha mulher! Ela está para completar 40 anos e quer tentar engravidar por inseminação artificial. Houve ocasiões em que pensamos que estava grávida, mas não era verdade e por isso a pressão sempre aumenta.*

O sonho de Rob abrange tudo o que uma cozinha reflete sobre o eu interior: estar na etapa de planejamento, desejo e fome por alguma coisa e maternidade. Infelizmente, como mostra o sonho, a pressão para colocar um bolinho no forno da sua mu-

162 POR QUE SONHEI COM ISSO?

lher está ficando grande demais para ele aguentar. O fogo em sonhos costuma ser um sinal de alerta de que uma pressão está exagerada a ponto de consumi-lo, da mesma forma que o fogo consome tudo o que toca. O estresse pode afetar a fertilidade feminina e masculina. Se Rob e sua mulher puderem combinar que não enlouquecerão todos os meses por não estarem grávidos, talvez venham a descobrir o que aconteceu para eles.

A mensagem dos sonhos com cozinha: Sua mente sonhadora quer que você se veja como um chef agora mesmo porque deve haver alguma coisa que está planejando ou cozinhando. A condição da cozinha e o que acontece nela lhe dirá se você está cuidando bem ou mal do processo. Chegou a hora de canalizar seu chef interior para fazer um banquete magnífico que irá alimentá-lo em termos emocionais, intelectuais e/ou financeiros por um bom tempo.

QUARTO

Nosso quarto é o lugar onde deitamos para descansar. Também é o local onde ocorre a intimidade e, se você é casado, é o lugar do leito marital. Para a mente sonhadora, o quarto — e o que acontece dentro dele — reflete o modo como você vê sua vida íntima ou seu casamento.

> *Sonhei que estava rearranjando os móveis do meu quarto, e por mais que tentasse não ficava do meu gosto. A mobília não cabia sem ficar toda atulhada. — Joye, 40*

LAURI: Você está tentando rearranjar sua programação ou prioridades na vida real? No casamento, talvez? O sonho parece lhe dizer que seu casamento está atulhado e talvez seja necessário se desfazer de algumas coisas.

SONHOS COM CASAS E COM LAR 163

JOYE RESPONDE: *Tenho um "relacionamento" com outro homem, do qual não consigo me afastar. Meu casamento não é nada bom. Meu marido é controlador e grosseiro, e por várias vezes temi que ele me agredisse fisicamente, mas ainda não aconteceu. Eu queria fazer faculdade. Ele concordou de início, eu me matriculei mas ele acabou me obrigando a desistir. Quero sair do casamento e crescer como pessoa, mas ele me envolve numa verdadeira mortalha com suas ações. Tenho pensado em divórcio, mas sem emprego, sem dinheiro e sem qualificação não posso me arriscar.*

Joye tentou rearranjar sua vida, mas, como foi mostrado no seu sonho, ela não conseguiu fazer nada funcionar. O problema obviamente está na área do casamento. A mente sonhadora quer avisá-la de que sua vida ficou abarrotada pelo comportamento opressivo do marido e seu relacionamento extramarital. O sonho tenta lhe mostrar que algo deve ser removido, algo precisa sair para que ela tenha o "espaço no quarto" que precisa para crescer.

Quando o sonho acontece em um quarto, sobretudo em seu dormitório, compare o estado do quarto e o que se passa dentro dele com o seu casamento ou atual relacionamento íntimo. Provavelmente você descobrirá que o sonho está indicando, com seu próprio modo de inventar histórias, quais são os problemas que precisam ser solucionados.

A mensagem dos sonhos com quarto de dormir: É hora de olhar atentamente para o seu casamento ou sua vida amorosa. Qualquer frustração, raiva ou medo sentido no sonho está conectado com essas mesmas emoções na vida real. Lembre-se do que disse o Dr. William H. Masters: "Quando as coisas não funcionam bem no quarto, elas também não funcionam bem na sala de visitas."

BANHEIRO

Ah, o banheiro! É o local dos grandes alívios. É nele que podemos nos refrescar lavando a sujeira e fuligem do dia, e nos aliviar deixando sair do nosso organismo o que ele processou e não precisa mais. Sim, o banheiro é o lugar onde tendemos a exclamar: "Ah!" No sonho, o banheiro também é um lugar de alívio, mas este é emocional e não físico.

Sonhei que voltava para casa à noite, depois de jantar com amigos, e logo percebi que alguém tinha estado ali. Tive a impressão de que acontecera uma invasão e uma festa. Fui até o banheiro e encontrei a banheira cheia de água límpida e fresca. Duas grandes jarras de plástico vazias boiavam na superfície. Essa cena confirmou, em minha mente, que houvera mesmo uma festa. Mas quando abri a cortina do box vi uma mancha vermelha de sangue que escapara da limpeza. Olhei para cima e havia uma abertura no teto, com intestinos alaranjados passando por ela e pingando sangue. — Dani, 24

LAURI: A invasão da nossa casa em um sonho sugere que algo se intrometeu recentemente em nossa mente em geral tranquila. Alguma coisa me diz que a intrusão foi causada por uma pessoa que não está em bons termos com você. Alguém, como indica a banheira limpa, deixou as coisas claras? Ou foi você que saiu limpa da história? Você ou alguém vomitou "umas verdades"? Ele ou você deram vazão à raiva ou frustração? A mensagem é que embora a imagem dos intestinos sangrentos seja desagradável ou nojenta, a intenção por trás dela é de alívio e limpeza.

SONHOS COM CASAS E COM LAR

DANI RESPONDE: *Namoro um rapaz há alguns meses. Sempre que saímos temos que ir a um local que ele escolhe. Tenho medo de que ele não queira um relacionamento mais sério e de perdê-lo se eu lhe "falar umas verdades", mas também sei que devo esclarecer minha posição porque creio que mereço um compromisso mais sério.*

O sonho de Dani acontece num banheiro porque ela precisa se limpar de alguma coisa desagradável, que aparece sob a forma de uma massa sangrenta. O que parece um sonho perturbador será, na verdade, aliviador e incentivador assim que Dani entender seus símbolos. O sonho está lhe mostrando que a diversão (a festa) com o namorado terminou e chegou a hora de ela pôr para fora suas preocupações. Graças a esse sonho ela esclareceu o que a aborrecia e deixou o namorado. Ela me contou que sente como se uma tonelada de estresse tivesse sido levantada dos seus ombros, e está muito incentivada para progredir na vida.

A mensagem dos sonhos com banheiro: Quem ou o que o tem aborrecido recentemente? O sonho lhe diz que a situação está chegando a um nível insuportável e que você precisa seriamente de alívio. Hora de se libertar e se livrar dos problemas com uma boa lavada.

Há muitos outros lugares no lar que têm importante significado nos sonhos. O quintal, por exemplo, representa a privacidade, questões ou pensamentos que você não pretende divulgar. Por sua vez, o jardim indica que o sonho está falando sobre algo que todos já sabem, ou sobre a "fachada" que você apresenta ao mundo. Um corredor pode sugerir que atualmente você está numa fase de transição em seus pensamentos e opiniões, pois é por ele que você passa de um quarto para outro. Encontrar cômodos desconhecidos em sua casa é o modo do sonho lhe mostrar que existe muito mais em você do que está utilizando ou mostrando. O tipo de cômodo e sua condição lhe darão pistas para saber qual é a parte do seu ser que você precisa começar a usar.

Para descobrir partes de sua casa que não foram cobertas por esse capítulo, pergunte-se para que serve o cômodo. O que acontece nele? Há alguma conexão com você? Como reflete seus atuais problemas e o modo como lida — ou não — com eles?

Nossas mentes sonhadoras podem ser arquitetas de primeira linha ou más empreiteiras, dependendo do estado atual de nossos negócios ou das reações emocionais a eles. Como a casa que é uma estrutura projetada, construída ou comprada segundo seu estilo e necessidades, a mente sonhadora projeta e constrói de acordo com seus estados de espírito e necessidades. Da mesma forma que é importante manter o lar real limpo, conservado e desobstruído, é essencial você se limpar do negativismo, manter seu corpo em boa saúde e livre de entulho indeciso. Afinal, você é o lar da sua alma. Você é o único eu com quem precisa conviver.

UM FASCINANTE FATO SOBRE OS SONHOS: Dizem que a atriz Gwyneth Paltrow tem sonhos recorrentes de estar presa numa casa em estilo vitoriano que está sendo levada por um rio.

Sonhos com clima

SUA PREVISÃO METEOROLÓGICA PESSOAL

Tornados, Furacões, Chuva, Inundações, Raios,
Gelo e Neve, Sol, Arco-íris

Um furacão rugindo. Calor escaldante. Chuva torrencial, com raios e trovões... O clima que com tanta frequência é o pano de fundo em seus sonhos não surge só para criar um efeito dramático: tem propósito muito maior. Os sonhos com clima refletem o estado de espírito, as emoções que você sentiu no dia anterior. É inato em nós associar várias condições meteorológicas com nossos humores. A falta de certeza muitas vezes é descrita como estar em um "nevoeiro". Quando perdemos interesse em alguém ou alguma coisa,

168 POR QUE SONHEI COM ISSO?

ficamos "frios". Não é por coincidência que os termos temperatura e temperamento derivam da mesma palavra latina *tempus*, que significa estação do ano.

As mudanças de tempo ocorrem de um dia para o outro, até do momento presente para o próximo, e nossas emoções também seguem esse modelo. Para nossa mente sonhadora, as emoções são as condições meteorológicas que se formam e fluem em nossa psique. Tal como um meteorologista que acompanha o tempo para nos manter informados e preparados para o que virá nos próximos dias. Se você prestar atenção, sua mente sonhadora lhe dará a previsão meteorológica mais confiável e exata possível para suas emoções.

TORNADOS

Quando eu me preparava para escrever este capítulo, pesquisei todas as fichas dos meus clientes, colunas que publiquei em jornais, selecionei as cartas que recebi mencionando diferentes tipos de clima e descobri que quase sempre os sonhos se relacionavam com tornados! Então, solicitei que os membros da minha *newsletter* me mandassem sonhos com o clima na esperança de receber variações, mas quase todos os que recebi envolveram tornados. Nem preciso dizer que o tornado é uma imagem profundamente firme e embutida em nosso inconsciente coletivo.

A natureza do tornado que se aproxima talvez seja a causa de um símbolo onírico tão popular. Se você já viveu um tornado ou apenas assistiu pela televisão, é a espera e incapacidade de prever a direção que o fenômeno irá tomar que mais cria impacto. "Que direção ele está tomando? Será que vai atingir a minha casa? Será muito grande? Quanto tempo vai passar até chegar nesta cidade?" O elemento de se preparar para um possível desastre é o que desempenha o maior papel no significado que está por trás desses sonhos.

SONHOS COM CLIMA

Tenho um sonho recorrente sobre tornados que vem acontecendo há vários anos. Geralmente o sonho tem início quando vejo o tornado se aproximar, e em seguida tento avisar todo mundo. Entretanto, ninguém me dá atenção, e então sei que estou no porão dos meus avós, vendo-o circundar a casa. — Cole, 38

LAURI: Tornados são um símbolo clássico de preocupação e ansiedade diante de algo ruim que se aproxima. O movimento giratório também é importante porque se conecta com a ideia de que você sente que algo em sua vida está para escapar do controle. O que aconteceu nestes últimos anos que lhe deu a certeza de que você está avançando para o desastre?

Note que no sonho ninguém prestou atenção em você. Creio que isso se deva ao fato de que na vida real você está se preocupando com alguma questão e os outros não o levam a sério. Isso também significa que se trata de uma questão em que ninguém pode ajudá-lo senão você mesmo.

COLE RESPONDE: *Tivemos problemas com dinheiro que começaram há uns quatro anos e pioraram no ano passado. Foi uma fase muito difícil, que atingiu toda a família. Foi duro passar por ela, mas estamos conseguindo nos levantar.*

Os sonhos com tornados de Cole estão ligados a uma preocupação específica para a qual ele se preparou por um tempo específico. Seus sonhos continuarão até que ele deixe de se abater pela preocupação de um desastre iminente. Assim que começar a focalizar um resultado positivo em vez de se concentrar no pior cenário possível em sua mente, os sonhos com tornados acabarão.

Todavia, a maioria dos que sonham com tornados é perseguida constantemente; os tornados entram com violência em seus sonhos durante a vida inteira!

170   POR QUE SONHEI COM ISSO?

Tenho tido sonhos recorrentes com tornados desde que consigo me lembrar. Na noite passada, sonhei que estava sozinha em um trailer. Havia uma terrível tempestade, e então apareceu um tornado vindo do nada! As janelas começaram a quebrar por causa da chuva de gelo. Então o trailer foi levantado pelo funil de vento e aterrissou em segurança em outro estado do país! — Nancy, 36

LAURI: Sonhar uma vida inteira com tornados é uma boa indicação de que você é membro de carteirinha do clube dos superpreocupados. Se prestar atenção, descobrirá que esses sonhos coincidem com crises de pânico ou de preocupação. Também verá que suas crises de ansiedade frequentemente se relacionam a coisas que você não pode controlar, como ninguém consegue controlar um furacão porque ele é um fenômeno da natureza. Nesse sonho que me contou, você está num trailer ou barraco, a estrutura menos adequada para servir de proteção durante um tornado. Isso indica que você não se sente muito forte no momento. O trailer termina caindo em outro estado! O sonho está lhe dizendo que você precisa se afastar do seu "estado" mental de constante preocupação. Às vezes precisamos largar a preocupação e deixar as coisas acontecerem naturalmente. Quando você passar para um estado mental mais relaxado, seus sonhos com tornados não terão motivo para voltar.

NANCY RESPONDE: *Sim, sou maníaca por preocupação. Eu me preocupo com tudo! Preciso começar a prestar atenção nas ocasiões em que sonho e no que está me preocupando na ocasião. Sempre tive a sensação de que esse era o significado dos meus sonhos.*

Por mais assustadores que os sonhos com tornados possam ser, eles são bons para você, porque o alertam para o fato de que está deixando suas preocupações e ansiedade levarem a melhor

SONHOS COM CLIMA

em sua vida... e frequentemente elas estão ligadas a coisas e acontecimentos que talvez nunca cruzem o seu caminho. O sonho mostra seu excesso de preocupação sob a forma de um tornado para que você entenda a força destrutiva que ele exerce sobre sua psique.

Sempre que tiver um sonho com tornado, pergunte-se qual é o desastre ou devastação para o qual está se preparando. Se for a respeito de algo sobre o que não tem nenhum controle, como problemas mundiais, ou a respeito de uma pessoa que você nem conhece pessoalmente, conscientize-se de que tudo o que você pode modificar é sua reação ao fato. Em vez de ficar temendo o pior, espere pelo melhor ou afaste o fato desagradável de sua mente.

Se seu sonho for resultado de uma preocupação com situações diretamente ligadas a você e que podem ser mudadas, pare de concentrar sua atenção no resultado final que você *teme* e comece a se concentrar no resultado final que *você deseja*.

A mensagem dos sonhos com tornados: Tempo de canalizar seu caçador de tornados interior e enfrentar as preocupações sem medo. Pense também em Dorothy, a garota de *O Mágico de Oz*. No outro lado do tornado do filme havia um lugar mágico chamado Oz; e quem sai da sua atual tempestade de preocupações também encontra um lugar mágico... chamado "paz de espírito."

FURACÕES

Sonhos com tornados e furacões refletem a tempestade de preocupação que enche a mente de vez em quando. Mas existe uma clara distinção entre o significado do sonho com tornados e do sonho com furacões, e a diferença está na natureza das tempestades. O tornado é imprevisível e é possível vê-lo chegando, em-

172 POR QUE SONHEI COM ISSO?

bora nunca se saiba onde vai tocar o solo. O furacão cobre uma imensa área, e a sua principal característica é o vento poderoso. E é o vento a chave para o significado do sonho. Para a mente sonhadora, o vento representa as mudanças violentas que acontecem em nossa vida. Quando ele é ameaçador, como os ventos de um furacão, as mudanças que estão acontecendo na vida real estão perturbando você.

Sonhei que meu marido e eu estávamos fechados dentro de uma mercearia durante um furacão e não conseguíamos encontrar nosso filho. Fiquei muito impressionada. — Chrissy, 30

LAURI: Sua mente interior deve estar sentindo que você não tem passado tempo suficiente com seu filho, por um motivo qualquer, o que explica o desaparecimento no sonho. Você sente falta dele. O furacão nos diz que houve uma grande mudança em sua vida, que envolve seu filho e lhe causa aflição. Tudo acontece numa mercearia porque você está faminta pelo relacionamento emocional que ele lhe oferece.

CHRISSY RESPONDE: *Meu filho acabou de entrar no jardim de infância. Você acertou. Não sobra mais tempo para ficarmos juntos como estávamos acostumados, e estou tendo dificuldade de me ajustar.*

Apesar de adorarmos ver nossos filhos crescerem e evoluírem, uma parte de nós resiste às mudanças porque elas significam que antes de nos darmos conta nosso bebê é adulto e não precisa mais de nossos cuidados e carinhos. O sonho de Chrissy reflete sua percepção interior da rapidez das mudanças em seu filho, que, para ela, são como vento do furacão.

SONHOS COM CLIMA 173

A mensagem dos sonhos com furacões: Os ventos da mudança estão soprando em você e causam enorme aflição. Quanto mais você tentar resistir, mais difícil será a mudança, porque é mais difícil caminhar contra o vento do que fugir dele. Em vez de tentar fugir desses ventos da mudança, prepare-se para eles e enfrente--os. E lembre-se, o olho ou centro do furacão é seu ponto mais calmo. Se você também for capaz de se centrar, encontrará a paz apesar das mudanças girando ao seu redor.

CHUVA

A chuva causa um dia cinzento e sombrio. Céu escuro, ar frio... isso afeta seu humor. Quando eu era uma menininha, me contaram que a chuva indica que Deus está chorando. Apesar dos pingos de chuva não serem as lágrimas de Deus, eles representam as lágrimas do sonhador quando chove nos sonhos.

> *Recentemente tive um sonho em que estava na chuva, no lado de fora da minha casa, não a verdadeira, esperando por minha família, que viria me visitar. Notei que os pingos de chuva eram muito maiores do que o normal. Então minha mãe e minha avó, já falecidas, chegaram de automóvel, entraram no caminho da garagem e se aproximaram de mim. Elas pareciam estar se divertindo e se mostraram felizes em me ver. — Lisa, 49*

LAURI: Sua casa no sonho não é a da vida real porque você deve estar em um local da sua vida que não lhe é familiar, que não parece ser "o seu lar". A chuva representa seu sofrimento, lágrimas que derramou por fora ou por dentro. Quanto mais forte a chuva ou maiores os pingos, maior a tristeza. Você está esperando na chuva porque espera que o sofrimento termine.

No final, sua mãe e avó estão felizes quando entram no corredor da garagem. Ele representa seu acesso aos outros e o acesso dos outros a você. Seu sonho mostra que a felicidade é acessível e provavelmente tomará forma no seu papel de mãe. Você é mãe? Se for esse o caso, você sempre poderá alcançar algum nível de felicidade quando concentrar sua atenção nos filhos.

LISA RESPONDE: *Minha tristeza é causada pela morte do meu marido há dois meses. Jack sofreu um infarto fulminante enquanto dormia. Estou arrasada por não tê-lo ao meu lado, porque era a luz da minha vida. Sim, sou mãe de dois jovens adultos e sem sombra de dúvida sou capaz de encontrar felicidade neles. Obrigada.*

A mensagem dos sonhos com chuva: Como a chuva que cai sem parar, algo tem feito seu ânimo cair sem parar também. Chore, chore à vontade e deixe as lágrimas fluírem, porque elas limparão sua psique como faz a boa chuva que limpa o ar.

INUNDAÇÕES

A natureza da inundação são as águas que sobem sem serem contidas, causando uma situação cada vez mais perigosa. À medida que a água vai subindo a necessidade de ajuda fica cada vez mais urgente. Se uma inundação está presente no panorama do seu sonho, pode apostar que há uma conexão com um problema da vida real piorando cada vez mais, fazendo-o se sentir assoberbado e aumentando a necessidade de ajuda.

Eu estava em casa e podia ver a chuva e o vento pela janela. Comecei a subir as escadas e a água me seguiu, aumentando centímetro por centímetro. Meu coração batia acelerado quando alcancei o alto das escadas e a água chegava à minha cintura. Entrei no quarto e subi numa camiseira. A água estava tomando todo o quarto. As gavetas da camiseira saíram flutuando. Coloquei meus gatos nelas para salvá-los. — Mary, 56

SONHOS COM CLIMA

LAURI: Você deve estar lidando com algo que piora cada vez mais, aumentando suas preocupações. Ver chuva no sonho indica que essa situação já lhe causou muitas lágrimas. Os gatos também são um importante elemento do sonho, porque provavelmente estão ligados à sua energia sexual/reprodutiva *ou* ao seu talento para ser independente e orgulhosa. Existe uma situação ou pessoa da qual você precisa se libertar antes que seja tarde demais?

MARY RESPONDE: *Tenho uma filha adulta e dois netos que estão em má situação. O marido não é um bom provedor. Ela trabalha muito, inclusive tem dois empregos, mas é incapaz de se sustentar e sustentar seus meninos. É uma situação muito perturbadora e diariamente ela me telefona para falar dos seus problemas. Não sou rica e esperava me aposentar nos próximos anos, mas não posso me afastar do emprego. Envio dinheiro para minha filha constantemente. Apesar do estresse emocional e da carga financeira cada vez maior, agora me convenci de que preciso encontrar um modo de me afastar dela.*

A mensagem dos sonhos com inundação: Quer esteja acontecendo uma piora financeira ou um aumento cada vez maior de responsabilidades que ameaçam afogá-la, o sonho avisa que a situação é ameaçadora e poderá arrastá-la até que se afogue em sua miséria ou em obrigações. Descubra um meio de aliviar sua carga ou encontre alguém ou alguma coisa que possa servir de colete salva-vidas para mantê-la boiando. Mas não tema; tal como uma verdadeira inundação, as águas acabarão descendo e com elas irão as sensações de estar submergindo nos problemas.

RAIOS

Muitas vezes, quando sonhamos com tempestades, os raios e trovões são uma parte esperada no quadro. Todavia, quando o raio se destaca e é o foco mais importante, ele passa a ter um significado.

176   POR QUE SONHEI COM ISSO?

O raio é súbito, brilhante, inesperado e elétrico. Dizem que ele nunca cai duas vezes no mesmo lugar, mas quando se repete nos sonhos frequentemente está conectado com algo súbito e inesperado que você espera com ansiedade. Pode ser qualquer coisa, desde uma ideia súbita e brilhante a uma súbita e inesperada reviravolta nos eventos. Em suma, o gostoso formigamento que percorre suas veias aparecerá nos sonhos com a imagem de um raio.

> *Na primeira parte do meu sonho, eu estava num banheiro espremendo uma espinha diante do espelho. Ela espirrou no espelho, no teto e no chão! Limpei o banheiro, e de repente eu estava dirigindo um carro por uma rodovia do interior, ao lado de uma plantação de milho. Havia muitos raios caindo. Um raio cai no milharal com uma grande explosão, fazendo o milho estourar como pipoca!*
> *— Nicole, 24*

LAURI: A espinha representa um problema pequeno e desagradável que lhe causa preocupação devido à impressão que causará nos outros, motivo pelo qual ela espirrou em todo o espelho. Você espremeu a espinha, significando que o problema foi resolvido. O sonho repentinamente mudou para o automóvel na rodovia. Quando sonhos mudam de cena rapidamente, como no seu caso, eles mostram que uma coisa leva à outra. De repente você está num milharal, que representa seu "campo" profissional ou "estar pipocando" na vida amorosa. O raio sugere que houve uma súbita e inesperada reviravolta ou uma ideia brilhante e inesperada, que a eletrizou! O fato de o raio ter criado as pipocas me leva a acreditar que o tema está mais ligado com namoro do que com a carreira. Afinal, a pipoca é a comidinha típica de uma popular atividade do namoro... ir ao cinema.

SONHOS COM CLIMA

NICOLE RESPONDE: *Recentemente um colega de trabalho me convidou para sair. De início eu hesitei um pouco porque me preocupei com o que os outros colegas iriam pensar. A companhia para a qual trabalho convidou os empregados a assistirem a um seminário sobre a conduta dos funcionários, e o namoro entre colegas foi um dos tópicos abordados. Para minha surpresa, ninguém foi contra, o que realmente tirou um peso das minhas costas e me animou muito!*

A mensagem dos sonhos com raios: Um toque de gênio, um estalo de inspiração, um choque de energia e motivação... Algo brilhante subitamente caiu em sua vida, causando um arrepio de excitação antes desconhecido. Chegou a hora de canalizar seu Benjamin Franklin para dominar a eletricidade enquanto ela está quente!

GELO E NEVE

Quando o panorama do seu sonho se apresenta sob a forma de um campo congelado, não significa que você esteja sonhando com um feliz natal. Neve, geada, gelo, qualquer coisa abaixo de 0 grau em um sonho geralmente está ligada ao esfriamento de suas emoções em relação a coisas ou pessoas, ou algo em sua vida congelou, empacou e não está mais progredindo.

> *Em meu sonho, estou com meu marido. Neva muito, e até onde minha vista alcança, a neve cobre tudo. Subo num pequeno morro dentro do qual sei que há um urso polar enterrado. Chorando, viro para meu marido e digo: "Por que eles têm que morrer?" — Roxanne, 43*

LAURI: Seu sonho aponta para uma de duas coisas: Você se tornou emocionalmente fria para com alguém ou com alguma coisa ultimamente, ou alguma área de sua vida está congelada e travada. A relação com seu marido tem esfriado? O urso polar

178   POR QUE SONHEI COM ISSO?

é sua tendência de se isolar do frio que caiu sobre o casamento. O urso polar está morto, indicando que *você* anda sentindo a frieza da situação difícil entre os dois, e não é mais indiferente a isso. O comentário que fez a seu marido sugere que você não tem certeza do motivo desse estranhamento. Apesar de ter se dirigido a ele no sonho, a pergunta, na verdade, dirige-se a você mesma. Também é hora de se perguntar qual é o papel que precisa representar para trazer o calor de volta a esse casamento.

ROXANNE RESPONDE: *Você está completamente certa. O relacionamento com meu marido está esfriando demais. Sua interpretação definitivamente esclareceu a situação e me forçou a reexaminar o papel que estou desempenhando. Obrigada pela ajuda.*

Como no sonho de Roxane, os nossos com frequência nos impelem a agir. O sonho de Roxane ilustra o quanto ela está arrasada com o esfriamento do casamento. Como o sonho trouxe isso à luz, ela agora pode — e espero que possa — trabalhar no derretimento do gelo que se formou entre os dois.

A mensagem dos sonhos com gelo e neve: Uma frente fria está passando por sua vida. É você ou outra pessoa que está enviando vibrações geladas? Que área da sua vida está parada, congelada? É hora de calcular se vale a pena o esforço para quebrar o gelo ou se é melhor procurar algo ou alguém em um clima mais agradável.

SOL

Nada eleva mais nosso espírito do que um dia quente e ensolarado. É por natureza que igualamos dias de sol à felicidade, e desde pequenos temos a tendência de desenhar um sorriso nas

SONHOS COM CLIMA

figuras do sol. Quando o sol brilha nos sonhos é muito provável que você esteja sorrindo de felicidade na vida real.

Eu estava na piscina da casa dos meus pais, onde me criei. Uma festa acontecia e o dia era claro e ensolarado. O sol estava tão gostoso que tirei o sutiã do biquíni e me deitei na frente de todo mundo! O estranho é que eu jamais faria topless em público, e não tomo sol há anos porque me preocupo muito com câncer de pele. — Carol, 26.

LAURI: A festa, o sol quente, e até o banho de sol com topless sugerem que um acontecimento de sua vida merece comemoração. Tenho a impressão de que você se abriu e tirou um peso do seu peito. Um desabafo sincero na vida real frequentemente se traduz em feliz nudez no sonho. Você se abriu para seus pais sobre alguma coisa? Deu a notícia que vai ser mãe? Seja o que for, você está se deliciando no brilho dessa alegria, como se estivesse tomando um banho de sol. Não se preocupe. O sol dos sonhos não tem UVA nem UVB, por isso você pode aproveitar.

CAROL RESPONDE: *Fiquei chocada com o entrelaçamento desse sonho com minha vida real. Não, não estou grávida, mas finalmente revelei aos meus pais muito católicos que o homem que namoro há seis meses é judeu. Eles não viram nada de errado nisso e até estão ansiosos para conhecê-lo. Estou dançando nas nuvens desde esse dia, porque antes eu morria de preocupação.*

Geralmente, quando o clima aparece em nossos sonhos está sempre trovejando, chuva torrencial ou um tornado se aproximando, destruindo tudo no caminho. Por isso é extremamente agradável quando nosso panorama no sonho é claro, ensolarado e quente como no de Carol. E mais, ele nos mostra

180   POR QUE SONHEI COM ISSO?

que o sol não só reflete felicidade como pode também sugerir honestidade. O sol nos dá luz e calor. Quando queremos encontrar alguma coisa ou aprender algo, nós "lançamos luz" sobre a questão. Carol manteve a religião do namorado no escuro. Quando finalmente lançou luz sobre ela, aconteceu a felicidade e o banho de sol.

> *Estou em um barco em um dia quente e ensolarado. Logo depois me encontro numa tempestade extremamente assustadora, com muito vento e chuva torrencial. Estou sozinha e confusa. Não vejo nenhum sinal de terra firme, e fico imaginando para onde foi o sol. — Tammy, 46*

LAURI: O dia quente e ensolarado representa sua felicidade e sensações de carinho e conforto em sua vida. Infelizmente, parece que os bons tempos de conforto duraram pouco, e tudo mudou e ficou tempestuoso! O vento poderoso sugere que houve mudanças súbitas e fortes em sua vida. O barco é sua habilidade de navegar e se manter à tona durante essa fase de tempestade emocional. A chuva pesada é a tristeza que se seguiu e as lágrimas que foram derramadas. O fato de você ser incapaz de ver terra firme está ligado a seu pessimismo de que um dia verá o sol voltar, sua falta de esperança. Você está completamente só no sonho. Alguém a deixou na vida real? Sente que ninguém a compreende, ou que ninguém se importa com você?

Seja como for, estar sozinha num sonho é o modo que sua mente encontrou de lhe mostrar que você, apenas você, será capaz de tirá-la dessa fase tenebrosa. Seja trabalhando para voltar a focar seus pensamentos ou cercando-se de pessoas alegres, *você* é a única que conseguirá se colocar na direção certa.

SONHOS COM CLIMA

TAMMY RESPONDE: *Tudo isso faz bastante sentido. Minha irmã mais nova, que também era minha melhor amiga, morreu de câncer há alguns anos. Passávamos muito tempo juntas, sempre alegres, criando nossos filhos, e conversávamos diariamente por telefone, saíamos de férias juntas todos os anos etc. Logo depois da sua morte, meu filho mais velho ficou viciado em oxycontin, e mais tarde se voltou para a heroína. Passei muitos dias e noites tentando compreender para onde foi o sol da minha vida. Ser incapaz de ver terra é como me sinto de verdade.*

Se o sol do seu sonho desaparece, como aconteceu com Tammy, saiba que sua alegria interior continua no mesmo lugar, mas está sendo escondida pelas nuvens do sofrimento e da tristeza. As nuvens sempre saem do céu para revelar o sol, e sua melancolia acabará dando lugar à felicidade. O sol está sempre lá, as nuvens não.

A mensagem dos sonhos com sol: Da mesma maneira que a Terra está conectada ao sol e depende dele para a vida, seu mundo pessoal deve ficar ligado à alegria e precisa muito dela para sustentar a vida. Quando o sol de um sonho está brilhando, tudo vai bem. Suas perspectivas são boas. Lembre-se de que o sol é para todos, e amplia a alegria.

ARCO-ÍRIS

Na história da Arca de Noé, Deus usa um arco-íris para representar sua promessa à humanidade de que nunca mais destruiria o mundo com uma inundação. Essa história ressoa no nosso inconsciente coletivo como a esperança de um futuro melhor. Todavia, mesmo para quem não teve uma criação judaico-cristã, ver um arco-íris no céu nos dá a impressão de que algo de bom irá acontecer. Afinal, os

182   POR QUE SONHEI COM ISSO?

arco-íris costumam aparecer depois de nuvens negras e de chuva abundante. Portanto, quando um arco-íris aparece em seus sonhos, é um bom sinal de que você está cheio de esperança.

Estou dirigindo por uma estrada pretendendo ir a um parque de diversões. Diretamente à minha frente, vejo um enorme e lindo arco-íris se erguer e passar por cima de mim. Havia algumas nuvens cinzentas no céu, mas já começava a clarear. A chuva deixou a pista muito molhada. Eu estava encantada com o arco-íris, mas me dei conta de que precisava olhar para a estrada a fim de evitar uma colisão. — Pam, 44

LAURI: As nuvens cinzentas e o chão molhado devido a uma chuva recente sugerem que a depressão ou a tristeza está saindo da sua vida. O arco-íris é sua esperança de encontrar dias mais claros e alegres, de ver a cor voltar à sua vida. Isso se evidencia pela ida ao parque de diversões... Você está se dirigindo para tempos mais alegres e despreocupados! No sonho você se conscientizou de que precisava manter os olhos na estrada. Qualquer conscientização em sonhos é uma revelação que deve ser levada para a vida real. Para você, ela é: mantenha-se concentrada nesse novo caminho, nessa direção, para evitar entrar em outra situação confusa.

PAM RESPONDE: *Acabamos de perder um membro da família, minha cunhada, para o câncer e complicações com pneumonia. Meu marido ficou desempregado por algum tempo, mas há firmas convidando-o para fazer entrevistas. As coisas estão muito mais brilhantes para nós porque sei que minha cunhada não está mais sofrendo e meu marido fez uma entrevista sensacional. Parece que o emprego é dele!*

SONHOS COM CLIMA

Nossas emoções são uma força em constante mutação, assim como o clima é uma força de mutação na atmosfera. Quando você for capaz de reconhecer as várias mudanças de atmosfera em seus sonhos como as várias emoções que vivencia na vida real, será capaz de se conter. Os sonhos com o clima servem como um barômetro e termômetro naturais, ajudando-o a medir sua pressão emocional (seu nível de estresse) e sua temperatura emocional (seus altos e baixos emocionais). Os sonhos podem alertá-lo quando estiver deixando a preocupação levar a melhor, como o sonho com tornados, ou avisá-lo de que você se encontra em um estado de espírito claro e positivo, o sonho com o sol brilhante. Dessa forma, você será capaz de ficar acima das preocupações e assumir o controle de suas emoções em vez de ser controlado por elas.

UM FASCINANTE FATO SOBRE OS SONHOS: A mente sonhadora tem a capacidade de incorporar, sem nenhuma costura aparente, o latido de um cão, uma buzina de automóvel, uma tempestade ou quaisquer ruídos do mundo real no enredo de um sonho. Esses sonhos são chamados de "sonhos com interferência externa".

Sonhos com sexo

A ÂNSIA DE SE UNIR

Amante misterioso, Traição, Ex, Colega de trabalho, Chefe, Amigo, Mesmo gênero, Sexo oral, Seus pais, Masturbação

De todos os temas de sonho que experimentamos, não há nenhum que cause tanta polêmica como os sonhos com sexo. Ou eles o deixam "nas nuvens" ou o deixam sem coragem de encarar as pessoas no dia seguinte.

Na Idade Média, os sonhos com sexo eram tão vergonhosos que eram atribuídos a íncubos ou súcubos, demônios masculinos ou femininos, que molestavam os incautos durante o sonho! Essa ideia absurda provavelmente se devia à necessidade de absolvição do sentimento de perversão que se tinha ao acordar...

SONHOS COM SEXO

"Que horror! Isso não pode ter saído da minha mente! Deve ter sido criado por um diabinho chifrudo tentando prejudicar meus pensamentos puros e piedosos! Sim, deve ter sido isso."

Atualmente os sonhos com sexo não são mais um tabu; segundo um estudo recente da Universidade de Montreal, eles constituem 8% do total de sonhos de homens e mulheres. A abertura da sociedade no que diz respeito ao sexo e nossa crescente compreensão sobre a natureza dos sonhos nos mostraram que, surpreendentemente, os sonhos com sexo raras vezes têm ligação com sexo — não importa o quanto sejam picantes.

Quer você esteja sonhando com um encontro apaixonado com Brad Pitt nas praias de Puerto Vallarta com o ritmo das ondas combinando com o ritmo dos seus corpos, ou transando com um homem — ou mulher — sem o menor charme em um cubículo no fundo da loja, é importante lembrar que, para sua mente sonhadora, não se trata de uma união física que você deseja, mas de uma união psicológica que você precisa!

Neste capítulo, enquanto exploramos os sonhos com sexo mais habituais e o que eles significam, você não apenas começará a se sentir mais à vontade com eles como também descobrirá como a mente sonhadora usa espertamente sexo para lhe mostrar — não *quem*, mas *o quê* — você deseja e precisa para se fundir com sua própria personalidade.

AMANTE MISTERIOSO

O amante misterioso é o mais comum de todos os sonhos com sexo. Muitos se perguntam se ele é na verdade um vislumbre de nossa alma gêmea que estaria à nossa espera em algum lugar. Infelizmente, não é verdade. A verdade é que o homem ou mulher sem rosto que frequentemente surgem em nossos sonhos de fato têm um significado. Como eu afirmei no Capítulo 2, nossos sonhos têm uma forma esperta de nos mostrar as diferentes partes de nossa *personalidade* sob a forma de uma *pessoa* para podermos adquirir uma compreensão mais profunda de nós mesmos e do que nos faz funcionar. Dito isso, o amante misterioso dos seus sonhos é a encarnação, a *personificação* das qualidades que tendemos a associar com esse gênero. Se você é mulher, o homem misterioso representa suas características de *personalidade* masculina, a parte de você que pode ser assertiva, disposta a defender suas posições, ser o provedor da família, cuidar dos negócios ou até matar a barata na cozinha.

> *Várias vezes sonhei que fazia sexo bem explícito com um homem desconhecido. Ele é tudo o que sempre quis, e muito bondoso. Eu chego ao orgasmo todas as vezes e sempre acordo muito satisfeita, mas nunca consigo ver o rosto dele. — Tammy, 40*

LAURI: Você é atraída pelo homem do seu sonho porque sua mente sonhadora quer que seja atraída para suas próprias qualidades masculinas — assertivas, capazes de fazer dinheiro e assumir responsabilidades — para usá-las na melhoria de sua vida. Seu sonho lhe mostra que essa parte de você está bem integrada e que você gosta dela. É um *ótimo sinal* você ter esses sonhos, porque eles significam que foi bem-sucedida em fundir seu eu masculino em sua vida e atingiu um equilíbrio quase perfeito entre a energia masculina assertiva e a energia feminina alimentadora. O orgasmo é um prêmio extra para uma tarefa bem feita na vida real. Seu corpo não sabe a diferença entre um evento no sonho ou um da vida real, por isso reage da mesma maneira. Durante o sonho, seu corpo envia mensagens aos terminais nervosos do clitóris avisando que está acontecendo um ato sexual, e ele responde do mesmo modo explosivo, como se fosse real.

SONHOS COM SEXO

TAMMY RESPONDE: *Sou mãe solteira e tenho que fazer tudo! Ponho a comida em casa, conserto torneira pingando, pinto, misturo cimento etc. Estou divorciada há 13 anos, e realmente sinto que afinal encontrei a mim mesma. Tenho orgulho de mim e fico empolgada por ser capaz de fazer coisas que muitos homens não se atreveriam a fazer na manutenção da casa. Esse meu talento me economiza muito dinheiro.*

O sonho de Tammy é um grande exemplo de uma mulher que abraçou seu lado masculino e se fundiu a ele. Note como está plenamente satisfeita devido a esses sonhos. Essa satisfação não é só física, mas também psicológica e emocional.

Sempre que uma mulher precisa se afirmar ou assumir responsabilidades, visando, por exemplo, uma promoção, quando ela é mãe solteira e tem de desempenhar o papel dos dois genitores, ou quando precisa falar em sua própria defesa durante o dia, o amante misterioso irá visitar seu leito à noite.

Se você é homem, a mulher misteriosa representa suas qualidades femininas. Sim, mesmo o mais peludo e grosseiro dos homens tem no mínimo um toque de astúcia feminina em seu interior. Qualidades femininas são traços de personalidade que geralmente associamos com mulheres, como sensibilidade, criatividade, capacidade de ouvir e capacidade de nutrir a si mesma e os que a cercam. De tempos em tempos, na vida de um homem, será bom para ele reconhecer e utilizar essas qualidades mais delicadas.

Por cerca de um ano venho sonhando que eu encolho cada vez que penetro minha amante. Eu vou ficando cada vez menor, e a mulher (sempre a mesma mas alguém que não conheço) fica cada vez mais excitada. Encolho de 1,80 metro e diminuo vagarosamente até terminar com o tamanho de um brinquedo ou boneca. Enquanto estou

188   POR QUE SONHEI COM ISSO?

encolhendo, faço o melhor possível para dar prazer à minha amante, e às vezes tenho de mudar de posição, à medida que diminuo de tamanho. — Jared, 33

LAURI: Você vem tendo esse sonho há cerca de um ano, de modo que ele está comentando sobre algo com que você lidou por cerca de um ano. Houve uma mudança ou fusão em sua personalidade. Uma grande parte de você diminui enquanto a outra, simbolizada por sua amante misteriosa, torna-se cada vez mais poderosa e exigente. Essa mulher é a encarnação dos traços de caráter associados ao gênero feminino, como sensibilidade, ser um bom ouvinte, ser nutridor etc.

No sonho você tem de mudar de posição frequentemente, o que é um bom sinal, que indica maior flexibilidade e disposição de mudar de ideia para se acomodar aos outros, ou mesmo para você mesmo se acomodar na vida real (dizem por aí que só a mulher pode mudar de ideia. Bobagem!). Talvez essa flexibilidade e disposição de mudar de opinião seja o atributo feminino com que esteja se fundindo ultimamente. Notou como ela se sente muito satisfeita no sonho? É a confirmação de uma tarefa bem-feita na vida real, meu caro.

JARED RESPONDE: *Comecei a trabalhar em um novo emprego na época em que esse sonho começou. No emprego anterior eu chefiava muita gente, mas houve uma reestruturação e fui despedido. Portanto, fiquei com a sensação de que eu havia diminuído e teria que começar tudo de novo. Nunca me senti tão pequeno! Todavia, no meu novo emprego devo ser um tipo de coringa; tenho frequentemente que modificar meu modo de pensar diante dos diferentes obstáculos que se apresentam a mim. Você está certa.*

O sonho com um amante misterioso é tão comum porque se trata de uma subclasse de uma categoria maior de sonhos: "O homem desconhecido e a mulher desconhecida", que foi exami-

SONHOS COM SEXO

você começar a agir diante do delicado incentivo dos sonhos e começar a mudá-la e mantê-la interessante, o ex não precisará fazer outra visita — a não ser que ele ainda tenha um papel em sua vida, como um ex-cônjuge. Se você costuma ter contato com ele, provavelmente a pessoa não é um símbolo, mas sim sua mente interior alertando-o sobre uma questão com essa pessoa específica; e, como sempre, é preciso analisar o dia anterior ao sonho para detectar o problema.

> *Eu sonho com sexo, e já tive uns quatro sonhos assim. Geralmente acontece em minha antiga casa, e eu estou transando com minha ex-esposa e nunca com a atual. Eu não me dou bem com minha ex. Por que estou sonhando com ela?* — Nick, 35

LAURI: Há crianças envolvidas nesse antigo relacionamento? Se for esse o caso, elas são o motivo. Garanto que esses sonhos não significam que você tem um desejo secreto de transar com a ex. Significam que você tem um desejo secreto de se "unir a ela" em algum outro nível para o bem dos filhos. Bem no fundo você sabe que é pouco saudável mamãe e papai se odiarem. Como dois corpos durante o ato sexual se unem e trabalham em ritmo, você e sua ex precisam se movimentar juntos, como uma máquina bem lubrificada, para serem bons pais. Quando você for capaz de tomar essa atitude, os sonhos vão parar.

NICK RESPONDE: *Faz sentido. Entendi perfeitamente. Penso que conseguirei dar um jeito na situação. Obrigado!*

Como eu já disse, tendemos a ter sonhos picantes sobretudo com os que foram nossos primeiros amores, os ex com quem ainda temos laços devido à presença de filhos, ou o ex que recente-

194 POR QUE SONHEI COM ISSO?

mente nos causou profundo desgosto. Neste caso, sonhar com a pessoa que o fez sofrer, que o abandonou, pode ser sinal de que você está emocionalmente atolado e ainda não se permitiu deixar tudo para trás. Esse tipo de sonho continuará acontecendo até você deixar o passado ser passado. É impossível avançarmos se ainda estivermos carregando as antigas mágoas.

A mensagem dos sonhos com o ex: Dependendo do ex com quem você foi para a cama no sonho, é hora de unir a paixão do passado ao relacionamento atual, ou de juntarem seus esforços pelo bem de uma meta comum, como os filhos. Todavia, se o ex é alguém que você continua desejando, é melhor se desunir e tomar consciência de que a pessoa é um ex por algum motivo.

COLEGA

O sonho com o colega pode tornar o ambiente de trabalho um lugar muito desconfortável. A não ser que você tenha uma quedinha pela pessoa, fazendo com que sua mente divague pelo campo da paixão, os sonhos com colegas não devem ser motivo para preocupação. Todavia, é importante entender o sonho porque ele provavelmente está tentando ajudá-lo a melhorar no trabalho.

> *Tenho tido vários sonhos em que estou fazendo sexo com um colega... que detesto! No último, quando estávamos em plena atividade, o telefone tocou e uma voz disse que meu pai tinha morrido. — Leslie, 31*

LAURI: Sua mente sonhadora avisa-o sem parar que você precisa "se unir" com essa pessoa em um nível qualquer, pelo bem do trabalho. Nesse último sonho você ainda se deu um alerta severo sob a forma de um telefonema. Quando o telefone toca em um sonho, é sua mente sonhadora pedindo-lhe atenção. Há

SONHOS COM SEXO

uma mensagem para você na morte do seu pai. Ele é a parte da sua personalidade que sabe o que é melhor (papai sabe tudo, é o que dizem) e como está sua capacidade de prover a casa. Esse sonho busca lhe dizer que seu emprego está em perigo. Se você não colar aquele sorriso de plástico em sua cara e se acomodar o melhor possível à situação, sua capacidade de trazer a comida para casa vai definhar e morrer!

LESLIE RESPONDE: *O que você disse faz bastante sentido. São muitos os projetos em que teremos de trabalhar juntos, por isso, sem dúvida, preciso mudar para o meu próprio bem.*

O sonho de Leslie nos mostra como os sonhos com sexo podem indicar que precisamos ter um encontro de mentes para tornar a coexistência e o trabalho mais eficientes. Digamos, porém, que você não tenha muito interesse em determinada colega durante o expediente, mas à noite transam loucamente. Você precisa se perguntar no que essa colega se destaca. É realmente boa com computação? O chefe parece protegê-la? Talvez essa pessoa seja alegre e descontraída e aparente não ter preocupações. Provavelmente existe uma qualidade que ela possui que sua mente gostaria de ver em você.

O sonho com colega também pode se relacionar mais com seu trabalho do que com essa pessoa.

Sinto uma grande atração por uma mulher da equipe de funcionários da qual também faço parte. Sonhei que estávamos trabalhando e ela me disse que queria fazer sexo comigo, mas antes eu precisaria tirar a camisa. Em seguida, continuou pedindo cada peça de roupa até que eu ficasse completamente nu na firma, mas trabalhando como se nada tivesse acontecido. Depois de me despir, ela passou

196 POR QUE SONHEI COM ISSO?

a acrescentar outras exigências antes de transarmos. Começou a me dizer que, ainda nu, eu precisava calcular algumas cifras e terminar um projeto para ela. Acabamos não fazendo sexo, mas eu trabalhei muito. — Sean, 37

LAURI: Como dizia Freud, "às vezes um charuto é só um charuto". É possível que esse sonho tenha sido apenas um sonho de compensação lhe permitindo viver uma fantasia oculta nos confins da sua mente. Porém, como ele está focado no trabalho, penso que na realidade esteja fazendo um comentário sobre seu emprego. Note que a mulher pediu que você primeiro tirasse a camisa. Há alguma coisa relacionada com seu trabalho que você gostaria de "tirar do seu peito"? No sonho você termina completamente nu e nada acontece. É assim que vem se sentindo no trabalho? Dedica-se ao máximo e não é recompensado?

SEAN RESPONDE: *Sua interpretação é mesmo profunda... De fato eu sinto que estou trabalhando demais e não sou recompensado. Tentarei tirar as roupas dela no próximo sonho para ver se ajuda.*

Apesar do sonho de Sean não ter chegado ao ato sexual em si, ele se concentra no sexo — ou na falta dele — para entregar-lhe a mensagem de que não está obtendo a satisfação que merece, embora se esforce muito. Sua mente sonhadora usa uma colega que ele deseja, mas não pode lhe dar a satisfação que deseja em vão. Ver a situação a partir desse ponto de vista ajudará Sean a tirar essa mágoa "do seu peito" e provavelmente lhe trará a merecida apreciação da chefia.

O local de trabalho é um ambiente social; portanto, nele existe muita política. Ele também é essencial para a nossa vida, motivo pelo qual você vai ter muitos sonhos com seus colegas de trabalho. A mente sonhadora está calculando suas questões laborais para

SONHOS COM SEXO

você se sentir mais à vontade no trabalho e poder galgar cargos cada vez melhores. Os sonhos com colegas de trabalho são os mais importantes de todos nesse ambiente porque lhe mostram em quem é necessário focar mais atenção e o que pode acrescentar à sua personalidade ou comportamento, com o propósito de melhorar e atingir suas metas de carreira com maior facilidade.

A mensagem dos sonhos com colegas: Quer se trate de um encontro de mentes ou de uma qualidade dos colegas que você deveria imitar, existe muito a ser obtido fundindo-se com eles.

CHEFE

Sem dúvida, transar com o chefe à noite dificulta a volta ao trabalho no dia seguinte. Se isso aconteceu com você, lembre-se que os sonhos sexuais não dizem respeito obrigatoriamente à pessoa, porém mais ao que ela representa. No caso do seu chefe, provavelmente ele está simbolizando poder, autoridade, capacidade de administração, tomada de decisões etc., que você precisa unir à sua vida.

> *Eu sonhei que estava em um cassino com meu chefe. Ele disse que precisava da minha ajuda para resolver uma situação urgente, e me levou para um quarto nos fundos, onde começamos a fazer sexo, que foi muito prazeroso. Fiquei um pouco enojada e constrangida quando acordei.*
> *— Pam, 38*

LAURI: O cenário do seu sonho é sempre um bom lugar para começar, quando aprofundo a análise. Você esteve pensando em "arriscar"? O que lhe parece um "jogo"? Uma "boa chance que deve ser aproveitada"? Sexo com seu chefe pode significar unir suas qualidades decisivas e autoritárias em seu self *ou* se juntar a ele para elaborarem estratégias para o progresso do trabalho.

198   POR QUE SONHEI COM ISSO?

PAM RESPONDE: *Estive pensando em trabalhar como autônoma e começar meu próprio negócio. Para isso, eu gostaria de ter as qualidades do meu chefe, que é muito organizado e decisivo em suas escolhas. Portanto, faz todo sentido. Seria mesmo um risco, um jogo, mas penso que serei bem-sucedida!*

Você precisa assumir o papel do chefe em sua casa para lidar melhor com crianças rebeldes? Está enfrentando uma decisão difícil? Precisa despedir ou se livrar de certo elemento, pessoa ou comportamento de sua vida? Mas talvez você apenas sinta necessidade de se fundir psicologicamente com seu chefe para lidar com um cliente ou projeto.

A mensagem dos sonhos com o chefe: Hora de assumir a dianteira! Ser autoritário e incisivo neste momento lhe trará grandes vantagens.

O AMIGO

Esse sonho sempre levanta a questão: "Estou secretamente querendo ir para além da *zona da amizade?*" Talvez! Foi esse o caso há bastante tempo, quando eu tinha sonhos que começavam com um bom amigo meu comprando pizza com ração de cachorro por cima e terminava em beijos picantes, cabeça girando, respiração entrecortada... bem, acho que você captou a ideia. De qualquer maneira, 18 anos depois, eu chamo esse amigo de "maridinho"! Por isso, é bom pensar melhor e examinar seus sentimentos em relação ao amigo. Frequentemente sua mente sonhadora sabe melhor que você.

Todavia, se a ideia de serem mais do que amigos está mais distante do que Marte, não tema. Como sempre, existe uma explicação perfeitamente razoável e útil sobre o motivo dessa transa com seu amigo.

SONHOS COM SEXO

Na noite passada, sonhei que estava deitada de bruços em um gramado do parque. Então, meu amigo, com o qual não tenho o menor envolvimento romântico, deitou em cima de mim e me abraçou por trás. Senti seu pênis endurecer! Eu estava um pouco desconfortável, mas senti que foi bom ter intimidade com alguém. Mas então ele ejaculou. Não quis deixá-lo constrangido porque havia outras pessoas por perto, e agi como se nada tivesse acontecido. Então, quando ele se levantou, meu jeans estava molhado, mas não dava para chamar atenção.
— *Michelle, 21*

LAURI: O que poderia preocupá-la por ser sinal de uma atração oculta é na verdade a confirmação de uma boa amizade. Recentemente vocês devem ter tido um momento íntimo em uma conversa a dois, onde ele pôde "descarregar" em você e, assim fazendo, colocou algumas questões entre os dois "para trás". Foi por isso também que o sonho aconteceu "ao ar livre". Notou como não desejou constrangê-lo? Essa atitude está diretamente ligada ao fato de você tê-lo deixado à vontade a ponto de se abrir na vida real. Isso foi mostrado sob a forma de ejaculação porque sua mente sonhadora está igualando essa conversa sincera com a libertação satisfatória de um orgasmo. Foi algo que de início foi "duro" para ele, mas o fez sentir-se bem porque precisava soltar algo que estava preso no peito. Não restaram muitos vestígios em sua calça porque na vida real a situação não foi muito complicada.

MICHELLE RESPONDE: *Exatamente certo! Meu amigo se abriu sobre a atração que sente por uma pessoa com quem ambos temos amizade. Tivemos uma conversa longa e íntima sobre a situação, sobre sua preocupação com a possibilidade de isso afetar nossa amizade etc. Sim, ele definitivamente "descarregou" um fardo que carregava no peito!*

Sempre que vocês forem "mais do que amigos" em um sonho, em primeiro lugar pergunte-se se vocês dois se uniram em um nível psicológico. Vocês realmente criaram uma conexão? Se nada aconteceu nesse sentido, é provável que exista algo nesse amigo que você precise fundir à sua própria vida ou comportamento. Talvez ele seja um verdadeiro "arroz de festa" e você deseje ser mais sociável. Uma das suas qualidades talvez seja a de falar sem rodeios e, neste caso, você estaria recebendo um aviso para não ser tão "enrolado". Apenas preste atenção nas primeiras três palavras que vêm à sua mente quando você pensa nessa pessoa, e aplique-as a você mesmo. Você irá descobrir que pelo menos uma dessas qualidades cairia muito bem em você.

A mensagem do sonho com amigos: Algo que existe nesse amigo, quando se fundir com seu eu interior, fará com que no final você se torne uma pessoa melhor!

O MESMO GÊNERO

O ato sexual entre duas mulheres pode ser excitante para um homem, mas quando somos nós que sonhamos com isso, ficamos perturbadas ao acordar. Uma relação homem com homem é especialmente chocante para um sujeito com fama e comportamento de mulherengo. Se você não é gay e tem um sonho gay ou lésbico, não significa que você tenha um desejo oculto de jogar no outro time. Na verdade, esse sonho indica que você é uma pessoa orgulhosa de se manter em seu time.

O sonho que contém sexo com pessoas do mesmo gênero relaciona-se ao do amante desconhecido em que o significado costuma estar mais ligado às qualidades masculinas e femininas. Por exemplo, quando uma mulher faz alguma coisa que a torna particularmente feminina, como cuidar de uma amiga doente ou receber assobios de apreciação ao passar por uma equipe de

SONHOS COM SEXO

construção, talvez ela seja a orgulhosa recipiente de um sonho lésbico naquela noite! Quando um homem executa uma tarefa viril, como o conserto do motor do seu carro, ou consegue um grande aumento de salário, ele também provavelmente encontrará um amoroso parceiro naquela noite!

Durante o último trimestre da minha gravidez, tive sonhos de sexo com outras mulheres. Foram numerosos. Não sou lésbica. Não tenho ideia do motivo de transar com mulheres desconhecidas e ter orgasmos tão reais.
— Jaymie, 29

LAURI: Talvez pareça incrível, mas sonhos lésbicos são muito comuns durante a gravidez! Quando uma mulher tem intimidade com outra durante um sonho, é porque está se sentindo muito orgulhosa do seu gênero... E não há nada mais feminino do que criar e carregar a vida no seu interior. Nosso organismo foi projetado para isso e na gravidez o útero é colocado em funcionamento. Esses sonhos não passam de uma celebração do seu poder feminino.

JAYMIE RESPONDE: *Agora tudo faz sentido. Tive muitos abortos espontâneos, e desta vez finalmente consegui chegar ao último trimestre. É impressionante e confere muito poder a nós, mulheres, que conseguimos criar um outro ser dentro de nós.*

Em minhas pesquisas e com a experiência da prática, descobri que é muito mais fácil as mulheres admitirem que têm sonhos lésbicos do que os homens confessarem sonhos gays. Todavia, quando um homem me procura para analisar um sonho, ele sempre acaba muito feliz porque descobre que seu sonho gay é, de fato, um reflexo da sua própria virilidade.

202 POR QUE SONHEI COM ISSO?

É difícil para mim admitir, mas na noite passada sonhei com um rapaz da escola secundária que era um valentão. Estávamos no vestiário e não havia ninguém ali. Ele veio em minha direção como se fosse implicar comigo ou me empurrar com toda a força contra os armários de metal. Mas para minha surpresa, de repente ele colocou a mão no meu ombro, inclinou-se e me deu um beijo apaixonado. Argh! Acho que você vai adivinhar o que aconteceu depois. Mal consigo digitar esta carta! — Barry, 41

LAURI: Em primeiro lugar, quero cumprimentá-lo pela coragem de me contar seu sonho. Tenha em mente que os sonhos não podem ser levados ao pé da letra. Eu sempre digo que não se pode *olhar para* o sonho, é preciso olhar *dentro* do sonho. Comecemos com o garoto truculento. Como você não o vê desde os tempos de escola, ele não está representando a si próprio e agora é uma parte de você. Poderia ser a parte que o perturba por causa de coisas de menor importância, mas devido à intimidade do sonho, tenho a impressão de que ele é o lado positivo do que aconteceu, significando que provavelmente representa a parte de você que endureceu e fez alguma coisa acontecer e aprendeu a enfrentar as adversidades. O sexo que aconteceu no sonho simboliza a união dessa qualidade forte e masculina em seu interior. Isso aconteceu no vestiário por um motivo específico: o vestiário é onde nós nos trocamos, indicando a modificação que houve em você! O que ocorreu que o fez ficar mais firme e fazer mudanças importantes?

BARRY RESPONDE: *OK. Me sinto bem melhor agora, obrigado! Eu fiquei mesmo mais resistente, depois de passar meses me agredindo em silêncio. Eu faço parte da equipe de beisebol da firma onde trabalho e durante a temporada fui basicamente um jogador inútil, não acrescen-*

SONHOS COM SEXO

tava nada ao jogo. Finalmente desisti de me irritar comigo mesmo e comecei a treinar, treinar e treinar. No dia antes do sonho eu marquei o ponto que deu a vitória ao meu time.

Existem muitos motivos para virar gay nos sonhos porque existem muitos motivos para se ter orgulho de ser homem ou mulher. Cada gênero tem atributos que adora exibir e utilizar. Mulheres têm orgulho de suas curvas, os homens do seu vigor. A qualidade de alimentar, de nutrir, tende a vir mais naturalmente para as mulheres, enquanto o papel de guerreiro e protetor é mais fácil para os homens. Realizar ou exibir um atributo específico dos gêneros pode levar a um sonho gay, não por haver desejo pelo próprio gênero, mas porque nós abrangemos e fundimos suas qualidades específicas em nosso comportamento na vida real. Nossa mente sonhadora fica muito feliz com isso.

A mensagem dos sonhos com o mesmo gênero: Seu gênero lhe oferece ferramentas poderosas para serem usadas na vida. Quando elas se fundem positivamente em sua personalidade, suas qualidades femininas ou masculinas o levam longe.

SEXO ORAL

Em um sonho, qualquer coisa que tenha a ver com boca diz respeito à comunicação. O sexo oral no sonho é geralmente ligado a uma comunicação que você teve com alguém e que resultou em uma intimidade em termos psicológicos ou emocionais. Se é você que está praticando o sexo oral, preste atenção no que tem comunicado recentemente. Se você é o receptor, pense no que foi comunicado a você. Se o sexo oral foi prazeroso, é um bom sinal de que a comunicação na vida real também foi gratificante.

204 POR QUE SONHEI COM ISSO?

Recentemente tive um sonho em que fazia sexo oral com meu atual namorado, com quem me comunico via internet mas que ainda não conheci pessoalmente. Durante o ato foi de ereto para flácido de uma hora para a outra, levantou-se e saiu do quarto. Eu nunca tive sonhos com sexo, por isso estou muito confusa. — Sandra, 37

LAURI: O sexo oral representa o fato de que você teve apenas comunicação oral com esse homem. Creio que o fato de ele ter perdido a ereção e saído rapidamente represente seu medo de que um dos dois, ou ambos, fiquem decepcionados quando se conhecerem pessoalmente.

SANDRA RESPONDE: *Você está completamente certa. Em pelo menos duas ocasiões eu disse a ele que espero que não fique desapontado quando nos conhecermos pessoalmente.*

O aspecto sexual do sonho de Sandra reflete seu desejo de se unir ao namorado virtual. O sexo oral diz respeito a tudo que *ela* lhe disse: "Espero que não se decepcione." Devido à mensagem que Sandra está comunicando, o sonho lhe mostra que ela já está preparada para a decepção *do homem*.

Ontem à noite, sonhei que eu e minha esposa estávamos fazendo sexo oral. Fazíamos de tudo, desde sexo oral extremamente quente e apaixonado, até cobrirmos um ao outro de socos e tapas. Na realidade, nossa vida sexual é muito diferente disso. Minha mulher nem pensa em me dar prazer dessa maneira e, por mais esquisito que pareça, em uma parte do meu sonho ela agiu com tal paixão que tive uma ejaculação enquanto dormia! — Bryce, 30

SONHOS COM SEXO

LAURI: Houve muita atividade oral nesse sonho! Isso talvez se refira à comunicação na vida real. Você por acaso se lembra de ter tido uma conversa muito aberta, sincera, íntima e gratificante com sua esposa nessa época? O fato de você ter ejaculado de verdade está de alguma forma ligado ao alívio emocional que vivenciou na vida real. O sonho parece sugerir que vocês dois "acabaram juntos" sobre um problema enquanto conversavam e terminaram com um encontro de mentes, que resultou em alívio e satisfação. Pense nesse sonho como uma doce recompensa por uma conversa produtiva.

BRYCE RESPONDE: *Nós dois enfrentamos alguns problemas financeiros, por isso nos sentamos e selecionamos as coisas que ambos precisariam mudar, e atualmente estamos obtendo algum alívio. Penso que você acertou em sua análise.*

Bryce teve um sonho em que fazia sexo oral com a esposa porque obviamente a questão na vida real também a envolvia. Nesses sonhos é importante prestar atenção no parceiro. Se for alguém com quem você está em contato regularmente, a probabilidade é que o sonho diga respeito à comunicação entre vocês. Se não for esse o caso, o mais provável é que esteja ligado ao modo como *você* se comunica. Se for excessivo, use a regra dos dedos que venho empregando ao longo do livro. Selecione três coisas que vieram primeiro à sua mente quando tentou descrever a pessoa. Aplique essas palavras a você mesmo e veja se pode conectar alguma delas ou todas à maneira com que tem se comunicado ultimamente. Se você fundisse uma dessas qualidades em seu eu profundo, sua comunicação seria mais eficaz?

A mensagem dos sonhos com sexo oral: Como o sexo oral, se feito da maneira correta, a comunicação aberta e honesta pode ser muito prazerosa.

206 POR QUE SONHEI COM ISSO?

SEUS PAIS

Tenha em mente que o reino dos sonhos é um lugar onde a ética não se aplica obrigatoriamente. Na verdade, você tem que lançar seus padrões éticos pela janela para compreender a linguagem dos sonhos porque, como eu já disse tantas vezes, eles raramente são sobre sexo e seus pais dificilmente estão fazendo o papel deles mesmos.

> *Meu pai morreu há dez anos. Tínhamos um ótimo relacionamento e ainda tenho muitas saudades dele. Ontem à noite tive um sonho que me deixou confusa e perturbada. Ele estava muito triste. Falou que estava morrendo e o único modo de salvá-lo era eu fazer sexo com ele! Foi o que eu fiz. Fiquei muito nervosa com esse sonho. — Mary, 29*

LAURI: Não se preocupe. Esse sonho não significa que um dia houve algo inapropriado entre vocês. De fato, seu pai nem está representando ele mesmo no sonho. Sua presença significa a capacidade que é só sua, Mary, de tomar decisões, administrar sua casa e cuidar das finanças. Basicamente, seu sonho está dando forma a tudo que você associa com o papel de um pai. Ele se mostrou triste porque você deve estar enfrentando muitos problemas na administração da sua vida atual. Apesar de ele ter falecido na vida real, está morrendo no sonho porque sua mente interior quer avisá-la de que suas finanças estão à beira da cova. Sim, a parte do sexo foi chocante, mas essa é a solução que lhe foi transmitida. Lembre-se de que o sexo em um sonho não significa uma união física desejada, mas uma união psicológica da qual necessita. Funda a mentalidade do provedor da casa a você mesma e tenha certeza de que sua renda lhe trará prosperidade.

SONHOS COM SEXO

MARY RESPONDE: *Me sinto muito melhor! Sua análise está de pleno acordo com minha vida atual. Tenho muitas dívidas no cartão de crédito porque gastei feito uma maluca desde que terminei a faculdade. Não sei como resolver esse problema. Infelizmente não tenho papai ao meu lado para me ajudar nessa bagunça, e estou procurando consultores financeiros que possam me sugerir ações para que eu retome o controle e planeje para o futuro.*

Se os sonhos com seu pai o estão assustando, primeiro pergunte-se se vocês precisam ter ou tiveram um contato em qualquer nível, no qual estabeleceram um encontro de mentes ou uma opinião singular. Se não for esse o caso, faça o sonho penetrar em você e em sua vida. Quais são as qualidades do velho e querido papai que você precisa integrar a seu comportamento ou modo de pensar para ser melhor?

Infelizmente, alguns pais não foram criaturas exatamente maravilhosas; nesse caso, o sonho pode ser um aviso de que você absorveu os comportamentos negativos dele como se fossem seus.

Sonhos de sexo com mamãe também são comuns, e muito raramente indicam complexo de Édipo. De fato, em minhas pesquisas, tenho notado que as mulheres costumam sonhar mais com esse tipo de sexo do que os homens. Como o pai no sonho, a mãe nem sempre está se representando. Para ambos os gêneros, a presença da figura materna em um sonho tende a representar a parte de sua personalidade que nutre e toma conta dos outros e de você também. Se você é mulher e mãe, ela frequentemente está relacionada com seu papel de mãe na vida real, e o modo como se comporta no sonho é um reflexo do modo como você cria seus filhos na vida real.

Comecei a ter esses sonhos perturbadores de fazer sexo com minha mãe! Por favor, me ajude. — Roberta, 38

208 POR QUE SONHEI COM ISSO?

LAURI: Não se aflija. Sua mãe provavelmente não está representando a si própria, mas sim algo que você deseja atrair para sua vida. Você é mãe? Se for, seu sonho sugere que você quer ser mais parecida com sua própria mãe no modo como cria os filhos. Em segundo lugar, se você não é mãe, deseja muito ser? Talvez seja o que deseja fundir à sua vida. Seu sonho também pode indicar que você, há pouco tempo, assumiu o papel de mãe. Os sonhos não sugerem que há algo de errado em você, mas que de alguma forma a maternidade está em sua mente.

ROBERTA RESPONDE: *Que coisa! Há anos tento ser mãe. Agora estou numa idade em que eu e meu marido cremos que nunca engravidarei se não tomarmos medidas drásticas, como a fertilização assistida. Puxa! Que alívio!*

Um fato pequeno e interessante é que à época do sonho Roberta estava grávida e não sabia. É bem provável que o sonho estivesse lhe revelando que sua união com a maternidade havia realmente acontecido.

Sonhos com sexo podem ser muito perturbadores sem que os membros da família estejam envolvidos. Porém, sabendo que esses sonhos não são literais, mas símbolos para partes de sua personalidade, poderá haver grande alívio e previsões.

A mensagem dos sonhos de sexo com os pais: Embora esse sonho possa ser difícil de engolir, tenha em mente que sua mãe e pai interiores sempre sabem o que é melhor para você.

MASTURBAÇÃO

Seja qual for a metáfora usada para denominar o ato da masturbação, ela não somente é uma atividade muito popular dentro de casa como também popular nos sonhos. E como a mastur-

SONHOS COM SEXO

bação na vida real tem como propósito dar prazer a si próprio em termos físicos, em um sonho ela representa *ter prazer* com o próprio comportamento.

Meu namorado e eu estávamos dormindo na cama. Eu acordei com a casa estremecendo e chamei meu namorado. Ele disse que não sentia nada e me disse para dormir de novo. Aconteceu de novo, e dessa vez ouvi a voz de uma mulher chamando por ele. Olhei pela janela e vi uma perna balançando do telhado. Meu namorado saiu de casa e viu a namorada de um amigo montada no topo do telhado, se masturbando e atingindo o clímax. Ela estava nua e chamava o nome do meu namorado entre gemidos. Ele só fechou a porta e disse que não era nada. Fui para fora, mas não consegui dizer nada porque agora a mulher estava com quatro pernas! — Kristi, 27

LAURI: Foi um sonho e tanto! Você começou acordando, o que significa que o sonho é um "chamado de alerta". Sua sábia mente sonhadora deseja que você se conscientize de alguma coisa. A casa estremecendo sugere que o relacionamento com seu namorado está um pouco instável. Você tentou fazê-lo se conscientizar no sonho. Na vida real, ele está numa fase de negação?

A moça no telhado talvez não esteja se representando. Como ela é na vida real? O que você pode aprender com sua verdadeira personalidade? Ela está se masturbando e chamando seu namorado pelo nome, o que significa que o sonho está chamando sua atenção para alguma coisa sobre ele. No sonho, a masturbação geralmente indica que o sonhador é muito egocêntrico ou precisa dar prazer a si próprio em vez de se preocupar com a felicidade dos outros. Será que você está procurando sua própria felicidade no relacionamento? Você precisa se dar mais prazer?

Você não consegue falar, o que indica um problema de comunicação. Seu sonho lhe diz que você não está sendo bem-sucedida em se fazer entender. O que diz está caindo em ouvidos moucos. O mais interessante no sonho é o fato de a moça do telhado ganhar mais duas pernas. Elas falam da sua capacidade de avançar ou progredir... uma boa indicação de que é hora de se afastar desse relacionamento.

KRISTI RESPONDE: *Você me deu uma cacetada! Meu relacionamento está estremecido e tive muita dificuldade de conversar com meu namorado, porque sempre que tento falar sobre o assunto, tudo acaba em discussão e eu recuo. Quanto à moça do sonho, ela é muito egocêntrica, e achei engraçado ela surgir assim do nada. Por isso acredito que preciso ser mais parecida com ela e cuidar primeiro de mim. O surgimento de mais pernas explica bem como ando me sentindo, quero sair e correr para longe, sem olhar para trás. Acho que quanto mais pernas, mais rápido.*

Como se pode ver, não importa quem realiza a masturbação no sonho, ela sempre indica egocentrismo ou um desejo de dar prazer ao verdadeiro eu.

A mensagem dos sonhos sobre masturbação: É tudo sobre você no momento presente. Chegou a hora de olhar para suas circunstâncias atuais e determinar se as coisas estão sendo um pouco demais para você, ou talvez não sobre você o suficiente. Os sonhos recorrentes com masturbação significam que você pode estar muito envolvido em si próprio, enquanto os que acontecem muito de vez em quando indiquem a necessidade de se concentrar no que precisa, ou até mesmo sejam um tapinha nas costas congratulando-o por um trabalho bem-feito.

SONHOS COM SEXO

Picantes ou constrangedores, seus sonhos sobre sexo desempenham um papel importante em sua jornada de vida. Em suma, eles lhe mostram o que lhe falta. Na vida real, o sexo começa com o desejo, avança para uma união e termina com satisfação. A mente sonhadora usa esse mesmo processo para ajudá-lo a conquistar o que falta em sua vida. Se deseja ser capaz de falar o que pensa, seu sonho usará alguém que você conhece e que possua essa qualidade, criará o desejo por essa pessoa, unirá seus corpos para simbolizar essa qualidade se mesclando com seu eu interior e, na maioria dos casos, dará a você satisfação, o orgasmo, que não somente representa o contentamento de agora ter a qualidade numa nova parte de você, como também é o glacê do bolo!

UM FASCINANTE FATO SOBRE OS SONHOS: **Durante o sono REM, o sangue flui para os genitais de homens e mulheres mesmo que o sonho não seja de natureza sexual. Para os homens, essa é a causa das ereções noturnas. Quando os homens acordam com o pênis ereto é porque saíram de um sono REM.**

Pesadelos

QUESTÕES IGNORADAS, MALCUIDADAS E DIFÍCEIS

Ser perseguido, Queda, Sua morte, Morte de um ente querido,
Assassinato, Preso em armadilha, Fim do mundo,
Zumbis, Sangue, Paralisia, Pondo fim nos pesadelos

De repente você acorda num susto, ofegando, suor banhando o rosto e o coração batendo tão forte que chega a doer... Você acabou de ter um pesadelo! Um pesadelo é capaz de abalar até o âmago do seu ser. As imagens às vezes são tão perturbadoras que você se pergunta se algo muito grave está acontecendo em sua mente. "Por que eu sonharia com essas coisas?"

De todos os diferentes tipos de sonhos que temos, o pesadelo é o mais misterioso. Por que tão violento? Por que tão repulsivo?

PESADELOS 213

Por que tão assustador? Por que *eu*? No mais das vezes nós nos consideramos pessoas decentes, por isso é difícil entender por que nossas mentes criariam histórias tão horríveis. Por que fazemos isso a nós mesmos?

A resposta é simples. Temos pesadelos quando por tempo demais ignoramos ou tratamos mal uma determinada questão. O pesadelo é o modo de nossa mente interior, mais sábia, dar-nos um tapa na cara para enfrentar a realidade e dizer: "Chega!" Entenda, os pesadelos não surgem de repente, vindos do nada. Eles vão se construindo aos poucos. Se você enfrentou um problema complicado durante o dia, sonhará com ele à noite para encontrar uma solução. Se você não captar a mensagem ou não agir de acordo com ela, o sonho voltará. Às vezes ele vem da mesma forma, outras vezes de forma diferente, mas a mensagem é a mesma, a origem dos sonhos recorrentes.

Quanto mais tempo você ignorar a mensagem ou tratar do problema de forma errada, mais hostis serão os sonhos... Até atingirem o status de pesadelos! A mente sonhadora não gosta de complacência e detesta ser ignorada.

SER PERSEGUIDO

O pesadelo mais comum, ou talvez o elemento mais comum em um pesadelo, é ser perseguido. Também é o mais recorrente, especialmente no caso das mulheres! Em geral, os sonhos com perseguição são causados por situações de "luta ou fuga" nas quais se escolhe "fuga" ou escape em vez de "luta" ou confronto.

> *Faz quatro meses que tenho esse sonho recorrente em que sou perseguida por um sujeito que não conheço. Eu sempre encontro um lugar para me esconder, mas ele sempre me acha. No sonho estou gritando pelo meu marido, mas ele nunca consegue me encontrar. Tudo acontece num tipo*

214   POR QUE SONHEI COM ISSO?

de labirinto, cheio de salas secretas, armários e porões.
O pesadelo vai crescendo até o ponto em que acordo
gritando e chorando. É muito assustador! — Julie, 28

LAURI: Alguma coisa vem acontecendo há quatro meses com a qual está evitando lidar? Há alguma coisa que você está escondendo ou tentando não divulgar? O labirinto sugere que existe confusão envolvendo esse problema. As salas secretas, porões e armários apontam para um segredo na vida real. O que você está "guardando no armário"? Seu marido nunca consegue encontrá-la nem ajudá-la no sonho porque se trata de uma questão particular, só sua, e não algo que ele possa fazer.

JULIE RESPONDE: *Tenho alguns empréstimos estudantis que estão em atraso e eles descontaram do meu imposto de renda. Meu marido e eu acabamos de nos casar e por isso ele não sabia de nada até começarmos a fazer a declaração do imposto de renda deste ano. Me sinto culpada por não ter sido franca sobre isso. Quanto mais nos aproximávamos da hora de fazer o imposto, mais eu sabia que não conseguiria esconder essa situação desagradável. É impressionante o quanto isso afetou os meus sonhos! Muito obrigada. Espero nunca ter o pesadelo de novo!*

O sonho recorrente de Julie ilustra seu *medo de ser apanhada*, de ser descoberta. Julie evitou contar ao marido seus problemas financeiros por tempo demais, e seu eu interior não estava muito contente com isso. Por meio dos sonhos tentava mostrar-lhe que quanto mais evitasse a questão, mais complicada ela ficaria. O modo errado como Julie lidou com a verdade criou o sonho. Permitindo que o problema ficasse oculto por tanto tempo, criou a recorrência e sua culpa crescente transformou-o num pesadelo. Julie escolheu a fuga... E foi o que aconteceu!

PESADELOS

A mensagem dos sonhos de ser perseguido: Existe uma questão atual da qual você foge em vez de enfrentá-la? É um confronto necessário? Uma obrigação da qual quer se livrar? Algo com que você não sabe lidar? Ou é um acontecimento do passado que você teme que ressurja agora? Não se pode fugir para sempre. Evitar uma questão nunca é o modo certo de lidar com ela. Esses sonhos vão parar quando você enfrentar e administrar seu medo, seja ele qual for, durante as horas de vigília.

QUEDA

Conta a lenda que quem sonha que está em queda livre e bate no chão, morre. Quando eu era criança essa crença era comum, e até hoje frequentemente me perguntam se é verdade. Deixe-me esclarecer desde já: Nunca conversei com um falecido que me disse estar sonhando no momento da sua morte. Ninguém morre por causa de um sonho. Mas eu tenho uma teoria para explicar essa crença tão comum e falsa. Cair em um sonho é terrível! Você voa pelo ar para a morte certa e, como o corpo não sabe a diferença entre um evento de um sonho e um acordado, ele reage de maneira igual. Sua adrenalina sobe, seu coração acelera e todo o seu organismo começa a funcionar no modo apavorado! Essa reação extrema tanto física como psicológica pode acordá-lo antes de se esborrachar no chão. Em outras palavras, a maioria das pessoas ao longo da história do mundo que tiveram um sonho de queda jamais conseguiu atingir o chão porque acordaram. Juntando isso com praticamente nenhuma notícia sobre pessoas que se estatelaram no chão, bem, nada mais natural do que supor que bater no chão nunca acontece... e, se já ocorreu, o susto poderá matá-lo.

De fato, ouvi muitas conversas de pessoas que sonharam que estavam caindo e bateram no chão, e elas na verdade acordaram no mesmo segundo. Algumas delas chegaram a saltar na

216 POR QUE SONHEI COM ISSO?

cama. Ainda assim, esse tipo de sonho é aterrador e não deve ser ignorado porque é um dos sinais mais comuns que a mente sonhadora nos envia quando algo em nossa vida está avançando rápido demais na direção errada.

Estou dirigindo e não consigo ver nada à minha frente. Está escuro como breu, é assustador, e meu coração bate acelerado. De repente me encontro caindo de um rochedo, e no meio da queda eu acordo. Já tive esse sonho várias vezes nas últimas semanas. — Edwin, 45

LAURI: Com frequência, dirigir o carro diz respeito ao modo como você está percorrendo o caminho da sua vida, ou se o rumo escolhido está avançando normalmente. No sonho você não consegue enxergar, o que significa que está muito incerto quanto ao seu futuro, ao que tem pela frente. Cair do penhasco é uma experiência horrível, concorda? Isso reflete seu medo de que alguma coisa na sua vida talvez esteja indo com rapidez na direção errada. Queremos nos descobrir subindo em um sonho porque isso significa que as coisas estão progredindo. A queda aponta para a regressão. Cair também pode ser medo do fracasso, ou mesmo estar ligado a sofrer um sério revés. Você teve o sonho mais de uma vez porque a questão não foi resolvida, e sua mente sonhadora interna insiste para que você procure um meio de redirecionar a situação — ou pelo menos sua reação emocional a ela — imediatamente.

EDWIN RESPONDE: *Nos últimos tempos, tive que fazer várias entrevistas em meu emprego e fui mal em todas. Estou começando a sentir que não continuarei muito tempo nessa companhia. Acho que sou um fracassado, mas me recuso a desistir. Obrigado pelo esclarecimento.*

PESADELOS 217

A situação da vida real de Edwin abrange praticamente todos os elementos que desencadeiam sonhos de queda: medo do fracasso, revezes financeiros ou alguma área da vida tomando um mau rumo, no caso dele, o lado profissional. Entenda, cair é um movimento para baixo; por isso, quando você está deprimido, sem esperança, ou quando não sente que há alguém próximo de você para apoiá-lo, para levantá-lo, ou sempre que acontece alguma coisa que prejudica seu estado emocional, é bem provável que você se encontre caindo em um sonho.

A mensagem dos pesadelos com quedas: Alguma coisa em sua vida está tomando a direção errada, e muito depressa! Aguente firme, você ainda não bateu no fundo. Mas é hora de redirecionar essa situação... Ou, no mínimo, redirecionar sua reação emocional a ela. Coragem! Sim, você pode!

SUA MORTE

Embora você não possa morrer *por causa* dos seus sonhos, certamente pode morrer *nos* seus sonhos. Na verdade, é uma experiência fascinante, porque nenhum de nós morreu antes, mas quando morremos em um sonho podemos sentir perfeitamente se estamos saindo do nosso corpo. Naturalmente, não sabemos como é morrer, mas a mente sonhadora tem meios impressionantes de criar essa sensação! É a nitidez do sonho de morrer que o torna tão horrível, a ponto de ficarmos imaginando se ele estava predizendo o futuro.

Não é nada disso! Se fosse verdade, poucos de nós viveríamos nossa vida natural por inteiro. Todavia, é verdade que o sonho de morte está de fato conectado com o fim da vida, não o da sua vida como um todo, mas com o fim da sua vida como a conhece agora.

POR QUE SONHEI COM ISSO?

Eu me encontrava em um prédio que estava sendo inundado pela água. Presa ali, eu não tinha como sair, apesar de não haver cobertura no prédio. Ele era aberto na parte de cima, mas não conseguia sair e morri afogada.
— Annie, 32

LAURI: Você é uma boa prova de que se alguém morre em um sonho, não morre de verdade na vida real. Imagino que continue respirando. Dito isso, a água que sobe em um sonho geralmente está conectada a uma situação da vida real que fica cada vez pior, a ponto de dominá-la completamente. Você não conseguiu escapar porque acha que não pode sentir que é capaz de sair dessa situação. O pesadelo está lhe mostrando que isso é possível. "Olhe para o alto", é a mensagem (o prédio sem cobertura). Em outras palavras, mantenha-se no lado positivo. Morrer nos mostra que a questão a fez mudar. Talvez tenha resolvido colocar um basta, e decidiu fazer algumas mudanças em sua própria atitude e comportamento e deixou "a coitadinha de mim" morrer para poder ter uma nova vida.

ANNIE RESPONDE: *Fiquei toda arrepiada quando li sua mensagem. É incrível como esse pesadelo se ajusta ao que está acontecendo na minha vida! Meu noivo é um alcoólatra contumaz. Depois que ficamos noivos ele pareceu melhorar. Porém, nas últimas semanas foi ficando cada vez pior, a ponto de desaparecer uma noite inteira. Tentei fazê-lo procurar uma clínica de reabilitação, mas é inútil. Pedi, supliquei. Procurei sua família para que me apoiassem numa intervenção, mas eles se recusaram. No dia anterior ao sonho, eu tinha decidido que ia fazer minhas malas e sair dali. Não posso continuar me responsabilizando por ele. E vou ficar positiva para minha nova vida.*

PESADELOS

A mensagem dos pesadelos com a própria morte: Alguma coisa dentro de você está mudando. Como a morte, a mudança pode causar medo porque, também como a morte, nós não sabemos o que há no "outro lado" da mudança, motivo pelo qual a mente sonhadora associa mudança com morte. Sua vida, como a conhece, está terminando. Mas não tema, você está simplesmente largando o velho para que o novo possa emergir.

MORTE DE UM ENTE QUERIDO

Sonhar com a morte de um ser amado talvez seja o mais terrível pesadelo que se possa ter, porque as emoções e pensamentos que fluem através do sonhador são quase iguais às que ele experimentaria se fosse um evento real. Parece cruel termos de passar desnecessariamente por um trauma tão intenso. Portanto, se sonhos e pesadelos são criações nossas, por que impor esse sofrimento a nós mesmos? O fato é que o sistema límbico (a parte do cérebro que associa emoções com informações sensoriais) é extremamente ativo no estado de sono, por isso reações emocionais sobre o que acontece no sonho serão muito fortes e *às vezes* são um subproduto da mensagem. Mas qual é a mensagem quando alguém que amamos morre em um sonho? De novo, isso tem a ver com mudanças, com algo sobre essa pessoa — ou a parte de você que é parecida com ela — que está se modificando ou chegando a um final.

> *Sonhei que minha filha de 16 anos cometeu suicídio. Vi um riacho de sangue escorrendo pela calha do meu jardim. Não conseguia encontrá-la, mas minha irmã apareceu e a localizou. Quando as encontrei, minha filha tinha "partido" e pensei: "Minha irmã a fez limpar a sujeira." Finalmente vi o seu espírito e, ainda em lágrimas, falei: "Eu só quero abraçá-la." Ela veio em minha direção e disse: "Agora é tarde demais. Você fez isto." E eu acordei chorando. — Tami, 45*

LAURI: Por mais aflitivo que seja para um pai ou mãe sonhar com a morte do seu filho, na realidade isso é bastante comum. Esses sonhos tendem a ocorrer principalmente quando a criança atinge um marco, como aprender a andar, passar para um novo grau na escola, aprender a dirigir, ou quando subitamente ela parece mais velha ou age de forma diferente, e nesse ponto a mente interna fica imaginando onde foi parar a criancinha da casa. Isso pode ser um tipo de pequena morte e, por isso, lamentamos a rápida passagem do tempo em nossos sonhos.

No seu caso, sua filha comete suicídio mas põe a culpa em você! Suicídio é a morte pelas próprias mãos. O que ela está fazendo para você imaginar aonde foi parar a filha mais jovem, mais dependente e carinhosa de antes? A confusão entre o fato de ela ter se suicidado e você ser a causa provavelmente está ligada à sua percepção interna de que sua filha está forçando a mudança... mas você não tem lidado bem com a situação. Por isso, você a sente como uma situação negativa.

Você diz que quer apenas abraçá-la. Esse pedido pode estar ligado às suas emoções de querer pegar no colo a filha que ela era antes de mudar. Sua aparição como espírito sugere que talvez estejam acontecendo algumas coisas agora mesmo, comportamentos talvez, que você teme que a persigam no futuro. O sangue é um aviso de que essa mudança está esgotando vocês duas. Seria importante você perguntar a si mesma se a mudança é algo natural que deveria ser permitida ou se precisa lidar com ela de maneira diferente? Porque, como foi denunciado pelo sonho, você está resistindo a ela.

TAMI RESPONDE: *Estamos pesquisando faculdades e ela definitivamente está se tornando mais e mais independente, o que me deixa feliz — mas, claro, já sinto a perda que se aproxima. Nós discutimos muito e sei que preciso recuar, porque ela é uma boa menina, mas agora quer fazer as*

PESADELOS 221

coisas do seu jeito em vez de agir da maneira certa (que, confesso, é a minha maneira)! Penso que ela me culpa no sonho porque estou afastando-a de mim por não lhe dar muito espaço e ser crítica demais, por isso estou realmente tentando me conter. Sem dúvida, a situação tem causado muito desgaste, e acho que nós duas temos saudade do relacionamento mais tranquilo que tínhamos na época em que ela não tinha tanta independência e responsabilidades. Você falou que não estou lidando bem com a mudança, de modo que será uma experiência negativa. Faz todo o sentido e é a pura verdade. Quando eu desisto de brigar, ela geralmente se aproxima de mim e se abraça com mamãe como antigamente.

Como Tami, nem sempre lidamos bem com as mudanças, sobretudo quando são nossos filhos que estão crescendo e mudando. É difícil soltar o precioso bebê para abrir caminho para o menino ou menina. É com a mesma relutância que mais cedo ou mais tarde teremos de nos despedir do nosso menino fofinho para dar espaço para o garoto que vai começar a pré-escola. Isso vai se repetindo e rasgando nosso coração a cada passo do caminho. Não percebemos, mas temos a necessidade de lamentar a passagem de cada fase da vida dos nossos filhos; por isso, a mente sonhadora se incumbe de atender essa necessidade e nos permite expressar nosso sofrimento em nossos sonhos.

A mensagem dos pesadelos com a morte de um ente querido: Estão ocorrendo mudanças com a própria pessoa, nos relacionamentos com ela ou com a perspectiva sobre ela. Também é possível que a mudança esteja acontecendo em seu interior, caso em que é a parte de você que age de maneira similar à pessoa que está mudando. Por mais difícil que seja vivenciar esses sonhos, é importante compreender que está acontecendo um processo com começo e fim natural. Seu sonho lhe diz que é hora de largar o que está passando para esperar a chegada do que virá.

ASSASSINATO

Na semana passada, eu falava em meu programa de rádio quando um ouvinte, alegando ter vergonha de falar ao vivo, me enviou um relato do seu sonho por e-mail. Nele, assassinara alguém e estava esquartejando o corpo para ocultá-lo. Estava claramente perturbado, e queria saber por que havia sonhado um evento tão absurdo de maneira tão nítida. Eu lhe garanti que não era o primeiro a matar alguém em um sonho e que, em um ponto qualquer da vida, muitas pessoas se tornam maníacas homicidas e sádicas nos sonhos! O motivo por trás disso é que todos nós precisamos pôr fim em alguma coisa que perdura por muito tempo. A morte em um sonho se liga a algo que está naturalmente mudando ou terminando, enquanto o assassinato é uma modificação ou fim forçado. Quanto mais difícil for essa mudança, mais perturbador será o sonho.

Sonhei que meu marido assassinou duas pessoas e depois as enfiou na escrivaninha que uso no meu trabalho! Eu estava irritada com ele porque não tinha terminado a tarefa como devia. Então, apertei um botão na escrivaninha e um triturador de lixo acabou com elas. Acordei gritando! — Rachael, 32

LAURI: Este sonho está comentando uma questão muito importante. O que você e seu marido estão tentando "descartar" em sua vida? Dois corpos indicam que há dois problemas, modelos de comportamento ou atitudes que precisam ser "eliminados". O fato de os corpos estarem em sua mesa de trabalho talvez signifique que você terá de se esforçar. Não será fácil mudar o que querem. No sonho, você e seu marido são cúmplices; isso significa que um terá de ser o apoio do outro nessa limpeza.

PESADELOS

RACHAEL RESPONDE: *Você está certa sobre o significado. Meu marido e eu queremos filhos, mas fizemos o pacto de abandonar o cigarro e as bebidas alcoólicas antes que eu engravidasse. Ele parou de beber, mas não deixou o cigarro, e eu continuo com os dois. Sim, com toda certeza precisarei trabalhar muito nisso.*

Pôr fim a um hábito, vício ou modelo de comportamento recorrente é muito difícil, sem dúvida nenhuma. Rachael ignorou sua necessidade de terminar com eles e, por isso, surgiram os pesadelos. Todavia, o sonho, por mais grotesco que seja, está lhe dando coragem quando iguala seus vícios a *lixo* — daí a presença do triturador. Mesmo no mais sangrento dos pesadelos é possível encontrar uma mensagem positiva.

Embora o sonho de cometer um assassinato esteja ligado à intenção de fazer uma mudança ou colocar um ponto final obrigatório em sua vida, mesmo contra sua vontade, da mesma forma que o assassinato é uma morte forçada sobre alguém contra sua vontade. Talvez uma mulher sonhe ser vítima quando o cônjuge está forçando-a a largar um vício ou comportamento ou fazer uma mudança, quando se perde um emprego ou quando influências externas a obrigam a fazer uma mudança não desejada em alguma parte de sua vida.

Acabo de acordar de um dos piores pesadelos que tive em minha vida inteira. Tenho um filho de 4 anos, e sonhei que um homem nos assassinou. Ele me deu um soco e caí batendo as costas na porta do closet. Gritei e tentei pegar meu celular para chamar a polícia, mas não consegui. Eu podia ouvir meu filho chorando e gritando. O homem me arrastou para a sala me puxando pelo meu tornozelo e me deu três facadas, todas no lado esquerdo, uma perto da clavícula, uma no pulmão e uma no estômago. Eu me vi morrer porque estava flutuando acima da cena, e

224   POR QUE SONHEI COM ISSO?

observei-o assassinar meu filho com facadas iguais às que
me aplicara. Depois vi meu cadáver flutuando por uma rua
inundada com água preta e suja. — *Jéssica, 30*

LAURI: Ser assassinada significa que houve uma mudança forçada em sua vida, talvez uma mudança que tenha se arrastado por bastante tempo, da mesma maneira que você foi arrastada no pesadelo. O que a faz se sentir pressionada para mudar ou terminar? Seria algo relacionado com seu peso? Pergunto isso porque foi esfaqueada no estômago. Na verdade, foram três facadas. Quando existe um número específico de alguma coisa no sonho, ele está diretamente conectado à mesma quantia na vida real. Você está lidando com três mudanças? Seja o que for, foi difícil para você fazê-las, razão da aflição no seu pesadelo. É possível que se trate de algo que exige auxílio de outras pessoas porque você tentou ligar para a polícia, mas provavelmente não teve coragem de continuar a ligação. A água suja é um indicativo de depressão. Você sofre de depressão e teme que seu filho sofra do mesmo mal? Ele recebeu as mesmas três facadas; isso significa sua preocupação de que algo que a angustia na vida real esteja afetando ou venha a afetar seu filho. Mas preste atenção: apesar da carnificina no pesadelo, você flutua por cima e observa. Quer acredite ou não, essa é uma ocorrência comum nos sonhos, e significa que seu eu interior deseja que você se desloque acima dos seus temores e preocupações atuais para olhar a cena como um todo. Saia da sua situação atual e observe como se fosse uma terceira pessoa. De repente as coisas ficarão muito mais claras.

JESSICA RESPONDE: *Várias coisas mudaram: meu trabalho, meu peso e minha casa. Recebi autorização para fazer a cirurgia de redução do estômago. Fiquei feliz, mas também muito assustada. Receio que não terei o apoio necessário por parte da minha família. O principal*

PESADELOS

é que ando deprimida devido à minha vida amorosa ou, na verdade, à falta dela. Minhas amigas me pressionam constantemente para voltar a namorar, muito embora eu não queira. Não me preocupo em ter um marido, mas me preocupo com a ideia do meu filho crescer sem pai. Também estou deprimida devido ao meu trabalho porque sinto que há questões sérias que não serão resolvidas por causa da falta de uma administração adequada. Nos termos que você apresentou, meu pesadelo não é tão assustador e faz muito sentido. Você me ajudou a ver as lições que meu subconsciente tentou me ensinar.

Como vimos no pesadelo de Jéssica, quanto mais difíceis ou assustadoras forem as mudanças, mais impressionante será o pesadelo. A pressão das amigas e do trabalho sobre Jéssica não é obra dela mesma, e embora a cirurgia de redução tenha sido uma escolha pessoal, a mudança física que ocorrerá será feita por outra pessoa — o médico. Acredito que sua mente sonhadora tenha escolhido uma faca como a arma do crime porque logo ela vai enfrentar o bisturi, e essa é a principal causa para sua depressão. Nem preciso dizer que essa será a maior mudança, porque seu corpo vai se modificar rápida e dramaticamente. Todas essas pressões e mudanças combinadas lhe dizem que chegou a hora da mulher velha, gorda, solteira e deprimida "morrer" para que a nova, magra, feliz e namoradeira Jéssica possa ter uma mudança para viver.

A arma do crime e o modo como a morte ocorreu em nossos pesadelos podem ser pistas importantes sobre quais questões e mudanças estão sendo forçadas sobre nós.

O estrangulamento é sinal de que estamos sendo forçados a não falar, que não temos permissão para dar voz aos nossos pensamentos e opiniões. Ser baleado indica que há alguém nos atingindo com palavras ou críticas prejudiciais, e morrer esfaqueado também pode indicar ser ferido com palavras cortantes.

POR QUE SONHEI COM ISSO?

Se a faca tiver destaque importante no sonho, indicará que há um comportamento, problema ou pessoa que precisamos "cortar" de nossa vida.

A mensagem dos pesadelos com assassinato: Algo teve duração longa demais, e agora é hora de mudar ou chegar a um fim. Se você for o assassino, está no controle dessa mudança ou final. Se for a vítima, eles o estão controlando; isso significa que chegou a hora de decidir se a mudança deve ou não acontecer. Você quer que sua vida, como a conhece agora, continue como é ou acredita que chegou a hora de pôr um fim nela para uma nova vida começar? O ator e escritor Orson Welles foi muito feliz ao dizer: "Se você quer um final feliz, vai depender do ponto onde interrompeu a história."

PRESO EM ARMADILHA

Em minhas pesquisas e experiência, ficar preso em um lugar sem saída surge como o sexto tema mais comum de pesadelos. As questões reais que causam esse pesadelo estão em total oposição às que causam os vários tipos de pesadelos relacionados com a morte. Pesadelos envolvendo morte refletem mudanças que estão acontecendo em nossa vida; já os que envolvem a situação de estar preso sem saída refletem a carência de uma mudança extremamente necessária. Ela não acontece porque temos medo de fazer o necessário para implementar a mudança, o que nos mantém essencialmente presos em uma situação da qual precisamos nos libertar.

Eu estava em meu quarto quando a energia acabou e as lâmpadas estouraram. Ficou tudo escuro, e a única iluminação era a luz do luar que vinha da janela. Eu estava com muito medo e tentei sair, mas não consegui, porque uma dessas grades de porta impedia a passagem. Depois vi

PESADELOS

teias de aranha em todos os cantos. Bonecas assustadoras, parecendo mortas e com a boca costurada, caíam do teto. Eu estava apavorado. Tentei fugir dali novamente, mas continuava impedido pela portinha. Então, minha cadela abriu a porta. Estava muito doente e parecia que ia morrer a qualquer instante. — Ryan, 14

LAURI: Pelo seu sonho, parece que você está em um tipo de situação (ou mesmo num estado de espírito) da qual quer escapar. Há alguém perto de você que, em sua opinião, não está sendo honesto? Ou então foi você que agiu mal? Pergunto isso porque teias de aranha em um sonho frequentemente sugerem que o sonhador está preso por uma teia de mentiras. As luzes se apagam em seu sonho porque você está "no escuro" sobre uma questão qualquer. Talvez precise "lançar alguma luz" sobre um problema... As mentiras que estão acontecendo, por exemplo. As bonecas indicam que você está sendo um "brinquedo" ou manipulado; as bocas costuradas significam que *você* não pode falar. Você também está preso pelo portão de bebê; isso sugere que você ou outra pessoa tem "agido como um bebê", o que o impede de sair do lugar quando o que você de fato deseja é crescer e administrar a situação para poder se libertar. No final do sonho, a cadela está à beira da morte. A principal mensagem de um sonho geralmente está no modo como termina. Ela lhe diz que sua lealdade a essa situação ou pessoa desonesta é doentia... Algo tem de mudar.

RYAN RESPONDE: *Um membro da minha família está sendo desonesto e isso me perturba muito. Eles estão mentindo e roubando. Não falei nada sobre isso porque sinto que seria desleal revelar o que sei. Sim, às vezes sinto que estou sendo manipulado. Terei de pensar sobre como deverei falar. Obrigado.*

Ryan definitivamente está em uma situação complicada da qual quer se libertar. Denunciar um membro da família não é nada fácil. Todavia, ele lida mal com essa situação, já que não fala sobre o caso, nem ao menos diz a esse parente que vai denunciá-lo se não mudar o modo de agir; desse modo, Ryan se prende num quarto escuro. Ele sabe o que é certo fazer, mas por não agir sua mente profunda está decepcionada e comunica sua frustração sob a forma de um pesadelo.

A mensagem dos sonhos de ficar preso em uma armadilha: Você está numa situação ou modo de pensar da qual precisa sair. Chegou a hora de ser honesto e perguntar a si mesmo o que está fazendo para piorar a situação em que se encontra no momento, e o que pode fazer para se libertar.

FIM DO MUNDO

Partindo do Livro do Apocalipse, passando pelas previsões de Nostradamus, por filmes como *O dia depois de amanhã* e documentários sobre o ano de 2012, não é de admirar que quando sonhamos com o "fim do mundo" fiquemos imaginando se se trata do lamentável futuro do nosso planeta! Felizmente, esse destino não pode estar mais longe da verdade. Os sonhos de fim do mundo são muito comuns e nos vêm quando nosso mundo pessoal, como o conhecemos, está mudando ou terminando. Tenho certeza de que você já entendeu que mudanças e fins parecem causar pesadelos. Porém, lembre-se de que somente as mudanças e fins aos quais resistimos ou que tememos induzem pesadelos. No que diz respeito aos sonhos com o fim do mundo, a mudança ou final é muito mais ampla e abrange uma parte enorme da sua vida.

PESADELOS

Sonhei que estava ao ar livre assistindo a um evento esportivo qualquer. De repente, mísseis começaram a cair do céu e um explodiu bem em cima de nós! Eu sabia que era o Armagedom. Senti a explosão ondular por meu corpo e percebi claramente que eu estava dissolvendo. Também ouvia nitidamente o barulho, mas não acordei até ele acabar. Foi muito real! — Christina, 25

LAURI: Que tipo de modificação importante está acontecendo em sua vida? Seu corpo se desintegrou porque devem estar acontecendo mudanças físicas importantes em seu organismo. Às vezes, explosões em sonhos indicam que está para acontecer uma explosão emocional importante. O pesadelo envia um alerta: se você não se livrar de certas tensões, decepções e rancores, poderá ter um colapso emocional grave. Seja qual for o motivo, o sonho pare de indicar que seu mundo pessoal, o que a cerca, está passando por uma mudança radical... Esperemos que seja para melhor.

CHRISTINA RESPONDE: *Tive um bebê há pouco tempo, e esse pesadelo aconteceu quando eu ainda estava grávida! Também mudamos para uma nova casa no início deste mês. Portanto, o que você falou sobre mudanças importantes em minha vida fez todo o sentido.*

Um novo bebê e uma casa nova são mudanças substanciais e positivas. Então, por que houve o pesadelo? Bem, como qualquer mãe de primeira viagem lhe dirá, um bebê é algo assustador! Tantas preocupações! Serei uma boa mãe? O que vai acontecer com meu corpo? O parto, como dizem, é muito dolorido? Meu bebê será saudável? Sim, um mundo se modifica com a chegada do primeiro filho... Ele é mesmo assustador porque se trata da maior empreitada da sua vida. Seu mundo não gira mais em

230 POR QUE SONHEI COM ISSO?

torno de você. Por meio desse pesadelo, o subconsciente de Christina se despediu do seu corpo e mundo anteriores.

Nossos mundos pessoais constituem a realidade que gira em torno de nós, e neles há pessoas próximas, como cônjuges, filhos, colegas de trabalho e melhores amigos. Também há ambientes repetitivos como nossa casa, local de trabalho, igreja e academia preferidos, e nossos comportamentos, crenças e autoimagem repetitivos. Quando qualquer uma dessas áreas se modifica dramaticamente ou é abalada a ponto de precisar de ajuste e foco marcantes, é provável que aconteça um pesadelo de fim de mundo. É desse modo que a mente interior diz: "Bem, esse foi o fim de tudo".

A mensagem dos pesadelos com o fim do mundo: É provável que sua vida agora esteja lhe parecendo diferente a ponto de você pensar que não mais lhe pertence. Mesmo que as mudanças que aconteceram — ou precisam acontecer — pareçam arrasadoras ou chocantes, não é o fim do mundo. Como no universo existem diversos outros mundos para explorar, também há muitos, muitos outros mundos que você poderá criar à sua volta.

ZUMBIS

Eu sonhei uma única vez com zumbis. Isso aconteceu há mais de 15 anos, e sempre me surpreendo com a frequência com que invadem os cenários de sonhos de outras pessoas. Todavia, sabendo que eles representam nosso inconsciente coletivo, não é de admirar que atualmente apareçam em tantos sonhos e pesadelos. Pense no que é um zumbi: um cadáver que ainda tem vida. Está se decompondo e caindo aos pedaços, mas continua andando e comendo, embora devesse estar morto e enterrado. Ele não pertence ao mundo dos vivos. Nessa linha de pensamen-

PESADELOS 231

to, muitos de nós temos a tendência de manter certas mágoas e rancores bem vivos apesar de terem acontecido há muito tempo.

Sonho constantemente que o mundo está cheio de zumbis. Sempre consigo evitar ser mordido ou qualquer coisa parecida. Mas geralmente eles encontram um meio de entrar e acabo acuado num canto de um sótão ou porão.
— Chris, 31

LAURI: Você talvez tenha esses sonhos sempre que sente seu mundo pessoal transbordando com problemas do passado que aparentemente não consegue deixar morrer. Os zumbis representam esses problemas, que deveriam estar mortos, mas você os alimenta para continuarem vivos. Você está sempre acuado em um sótão, porão ou armário, lugares onde armazenamos coisas na vida real. Para a mente sonhadora, eles representam os lugares da sua psique em que você guardou lembranças e sentimentos com os quais não quer continuar a lidar. Seus pesadelos continuam obrigando-o a voltar para esses cantos porque você não administrou os acontecimentos da maneira correta. Por acaso você os enfiou num cantinho cômodo em vez de dar vazão à raiva? Essa seria outra conexão com zumbis, que podem estar representando o entorpecimento e a falta de reação que você aceitou sem discutir.

CHRIS RESPONDE: *Estou tendo problemas para largar minha esposa. Ela me pôs contra a parede, disse que vivemos uma mentira nos últimos anos e que cada vez que me disse que me amava foi mentira. A vida que eu tinha acabou, e foi varrida e enfiada embaixo do tapete como se fosse lixo. Tenho dificuldade de me desfazer das coisas e jamais passei por uma situação tão difícil. Tenho medo de dar vazão à minha raiva. Sou um sujeito bem tranquilo e tento manter*

232 POR QUE SONHEI COM ISSO?

muitos acontecimentos trancados no fundo da minha mente. Sou o gordinho engraçado! Ha, ha! Sim, estou escondendo muitas coisas.

O sonho de Chris abrange tudo o que os zumbis representam: Manter viva uma questão que deveria estar morta e tentar viver uma vida vazia de emoções. É compreensível reagir dessa maneira depois do que sua esposa fez, mas sua mente interior não concorda com essa escolha e continua a amolá-lo com o pesadelo com zumbis. Chris tem administrado mal o fim inesperado do casamento, e por isso sua mente sonhadora fica lembrando-o da necessidade de deixar esse sofrimento morrer para poder enterrá-lo e ir em frente. Com grande frequência deixamos os revezes se tornarem nossa identidade em vez de encará-los como uma oportunidade de melhorar e fortalecer nosso self. A decepção amorosa não deveria defini-lo, mas ensiná-lo. Quando Chris aprender a enterrar o passado e voltar a viver, os zumbis vão cambalear para fora dos seus cenários de sonho de uma vez por todas!

A mensagem dos sonhos com zumbis: Você sabe por que os zumbis precisam comer cérebros? Existe uma questão comendo sua mente agora mesmo e é um problema que — na realidade — está morto, mas você o mantém vivo concedendo-lhe sua energia. É preciso largar essa questão para viver com um estado de espírito saudável e não uma mente consumida por rancores.

SANGUE

Já é assustador sangrar na vida real, mas sofrer uma hemorragia num sonho é chocante! Tanto no mundo dos sonhos como na vida real, a perda de sangue significa que algo realmente essencial está saindo e esse processo de esgotamento deve ser parado de imediato.

PESADELOS   233

Na maioria dos casos, sangue em um sonho representa a energia vital ou a essência da pessoa, e sangrar quer dizer que uma grande quantidade de energia está sendo desperdiçada e que a pessoa não recebe energia suficiente em troca. Mesmo que seja outro indivíduo e não você que esteja sangrando, a melhor hipótese é que ele representa a sua energia, sua essência que está sendo esgotada.

*Uma noite sonhei que eu e uma amiga conversávamos,
e de repente precisei correr para longe dela porque meu
rosto estava sangrando e não conseguia estancar o sangue.
Me lembro que acordei e logo depois voltei a dormir.*
— Dana, 34

LAURI: Fiquei surpresa em saber que você voltou a dormir depois do acontecido. O rosto, em um sonho, geralmente diz respeito a algo em sua vida real que tem de enfrentar. Está com medo de enfrentar alguém ou alguma coisa e tentar resolver uma situação? Por acaso sente que precisa de alguma coisa para "salvar sua cara"? Está perdendo o respeito de alguém? Poderia também estar exageradamente preocupada com o modo como se apresenta aos outros? O sangramento é um aviso enviado por sua mente profunda de que você está perdendo muito tempo ou energia nesse problema. Há muito mais saindo de você do que sendo recebido.

DANA RESPONDE: *Meu pai faleceu há pouco tempo e esta será a primeira temporada de férias que terei de "enfrentar" sem ele. Também terei de ficar "cara a cara" com minha irmã, e eternamente sinto que preciso "mostrar a cara perfeita" quando estou com ela. Ela sempre me critica e me acusa de não saber o que quero na vida. Sinto frequentemente que não importa o que eu faça, ela nunca me dará valor.*

O sonho de Dana mostra o que ela permite que sua irmã lhe faça. As críticas da irmã a prejudicam. É desgastante ter de enfrentar alguém que não nos trata bem. Creio que foi por essa razão que o sonho de Dana teve início numa conversa com uma amiga. Num relacionamento saudável, irmãs adultas também são amigas que *ajudam* uma à outra, não que se apoderam da essência da outra. O sonho de Dana também mostra que ela se sente incapaz de parar esse sangramento emocional e psicológico. Notem, contudo, que Dana escolhe a fuga em lugar da luta. Enquanto ela fizer essa mesma escolha na vida real, em vez de confrontar a irmã, o sangramento continuará e ela também continuará a perder seu senso do self toda vez que estiver junto da irmã.

A mensagem dos pesadelos com sangramento: Você está deixando sair energia em excesso e não recebe energia suficiente de volta. Será que está pondo muito de você num relacionamento? Está desperdiçando tempo e energia demais em algum projeto que não merece tanto empenho? Está sangrando em termos financeiros? Alguém está sugando sua vida? É hora de parar o sangramento e recuperar o que é seu antes de se transformar numa casca vazia.

PARALISIA

Outro pesadelo bastante comum que me relatam envolve paralisia, ou o que muitos acreditam ser uma perseguição por espíritos ou até mesmo uma possessão demoníaca. Essa é uma vívida e aterrorizante experiência, porque o sonhador tem certeza de que está acordado. Ele está deitado na cama, ciente do que há à sua volta, mas incapaz de se mexer. Acompanhando a experiência, frequentemente existe um ruído estranho, como um zumbido, sinos tocando ou alguém sussurrando. E então... surge a presença, a figura sinistra que aparece

PESADELOS 235

dentro do quarto. Esse espírito, esse fantasma, esse demônio... O que ele quer? Ele impede o sonhador de levantar da cama e vagarosamente começa a pressionar seu peito, prejudicando a sua respiração. O sonhador está completa e totalmente incapaz de se movimentar ou mesmo gritar, e se convence de que morrerá; de súbito, a presença desaparece, o peso no peito é levantado e a respiração e os movimentos voltam ao normal. Puxa vida! O que diabos aconteceu?

> *Meus sonhos me apavoram. Estou sempre deitada na cama e não consigo me mexer. Então, vejo alguém. Às vezes há uma luz brilhante atrás dessas criaturas, e outras tudo está escuro à sua volta. Tento acordar, mas é em vão. Tento gritar, mas também não dá certo. Esses pesadelos são constantes em minha vida desde que consigo me lembrar, mas estão piorando. Fico cada vez mais aterrorizada e creio que cheguei ao fundo do poço. Acho que preciso de ajuda.*
> *— Melissa, 30*

LAURI: O que você tem vivenciado não são sonhos, mas sim episódios fisiológicos de paralisia de sono, também conhecida como Síndrome da Bruxa Velha! Esse nome deriva da crença supersticiosa de que uma bruxa senta-se no peito das vítimas, mantendo-as imóveis e com dificuldade de respirar. O que realmente acontece é que ficamos imersos no estado hipnagógico, a primeira etapa do sono quando adormecemos e a última antes de acordarmos. É um estado de transição entre o sono e a vigília, por isso temos noção de que estamos deitados na cama.

Quando entramos no estado de sonho (também chamado de REM), o cérebro libera uma substância química que literalmente paralisa os músculos voluntários para nos impedir de levantarmos repentinamente e começarmos a realizar o que vemos no sonho. Trata-se de um mecanismo de segurança. Às

236 POR QUE SONHEI COM ISSO?

vezes, quando temos uma noite de sono intermitente ou não conseguimos entrar em um sono profundo que possa nos levar a passar por todas as etapas, podemos acordar antes do cérebro conseguir reativar nossos músculos (a maioria das pessoas não tem noção de como é complicado o processo de simplesmente adormecer e acordar). Isso pode nos deixar presos no estado hipnagógico e nos fazer viver uma experiência de paralisia de sono, em que nossa mente está praticamente acordada, mas o corpo continua paralisado.

Por algum motivo, o sonhador sente que existe uma presença escura e sinistra no quarto, geralmente no pé da cama. Ele relata que sente uma pressão no peito e dificuldade de respirar. Entre outros sintomas estão tremores e a audição de sons estranhos. Pessoas contam que têm a sensação de sair do corpo. O motivo da criação de algo tão aterrorizante ainda é incerto, mas pesquisadores descobriram que a amídala cerebral, que se localiza na parte mais profunda do cérebro e é o centro do medo do organismo, fica extremamente ativa durante o sono REM. Junte essa atividade intensa com acordar paralisado no estado de sono, e temos uma receita para o terror. Todavia, ela nunca demora muito tempo e é totalmente inofensiva. Fique tranquila, não há nada de errado com você. O melhor meio de se curar é estabelecer uma rotina normal antes de pegar no sono. Por exemplo, vá para a cama sempre no mesmo horário. O corpo adora a rotina e se adapta muito bem a ela. E faça o possível para ter pelo menos sete horas de sono.

MELISSA RESPONDE: *Muito obrigada! Eu estava pensando que havia algo de muito errado comigo, e é verdade que não durmo o suficiente. Sou dona de um bar e tenho dois filhos, por isso durmo muito tarde e em média tenho somente quatro ou cinco horas de sono. Farei o possível para dormir mais.*

PESADELOS 237

Eu já tive experiências desse tipo, a primeira vez na infância e outra quando estava no terceiro trimestre de gravidez. Àquela altura, com a barriga grande demais, o sono saudável e reparador não era fácil de conseguir. Quando as pessoas me contam essa experiência, depois de explicar a ciência por trás desse pesadelo eu lhes digo para não ter medo e aproveitar a oportunidade porque ele é um bom estado de espírito. Você está acordado e consciente em um estado de sonho ao mesmo tempo! Depois de entender o que está realmente acontecendo, o medo desaparece e você pode explorar as maravilhas do estado hipnagógico. É possível também usar sua vontade para voltar a dormir e permanecer lúcido para controlar o que acontece no sonho. Você também pode perguntar à presença no quarto: "Qual é o sentido da vida?" E esperar a resposta. Também é possível usar sua vontade para flutuar para fora do corpo e da cama, e tentar passar para outro local pela parede. Não existem limites para o que você pode fazer, porque as regras da vida real não se aplicam aos sonhos!

Embora a paralisia seja um subproduto dessa fascinante experiência fisiológica, ela não deve ser confundida com sonhos nos quais a paralisia faz parte da história. Se em um sonho uma parte do seu corpo está paralisada — como no popular pesadelo de tentar fugir de um perseguidor, mas não conseguir mexer as pernas —, é preciso perguntar a si mesmo o que há de estagnado em sua vida. A paralisia é uma incapacidade de se movimentar, portanto está ligada a algo na vida real que está empacado e não progride mais. A parte do corpo que está paralisada lhe dará uma ideia sobre a questão e indicará qual é seu papel na falta de movimento. Por favor, consulte o Capítulo 6 para relembrar o significado das várias partes do corpo num sonho.

238 POR QUE SONHEI COM ISSO?

Presenças demoníacas no quarto também são um subproduto da paralisia do sono e podem aparecer em sonhos e pesadelos, mas nesse caso precisamos examiná-las mais atentamente. Um demônio ou diabo poderia representar seus próprios demônios, como, por exemplo, vícios — bebida, tabaco ou outros excessos que, de alguma forma, prejudicam a sua vida. Ele também pode corresponder a alguma coisa que você "demonizou", e da qual passou a ter medo ou ressentimento. Em qualquer caso, sua mente está lhe mostrando o impacto negativo do problema, do comportamento ou da pessoa sobre sua vida, e o chama a agir e exorcizar essa questão antes de ser prejudicado completamente por ela.

Embora não tenham nada de engraçado, pesadelos são bons para nós porque nos avisam sobre o que está sendo tratado de maneira errada, ou o que está sendo ignorado. Eles nos obrigam a tomar providências para corrigir o que está errado, e serão incansáveis enquanto não atingirem seu objetivo. É importante lembrar que o pesadelo é uma ferramenta muito útil para que superemos o passado, enfrentemos nossos medos e nos tornemos indivíduos mais poderosos. Não tenha medo dos seus pesadelos; abrace-os, porque lhe dão a oportunidade de conquistar e perseverar.

Tive sonhos e tive pesadelos, mas venci meus pesadelos por causa dos meus sonhos. — Dr. Jonas Salk, criador da vacina contra a paralisia.

PESADELOS

Como Pôr Um Fim Nos Pesadelos Recorrentes

Pesadelos são uma experiência terrível e na maioria das vezes difíceis de esquecer. Podem nos deixar inquietos por dias. A maioria de nós tem um pesadelo de vez em quando, mas para alguns, os pesadelos são uma verdadeira doença que se repete todas as noites! Isso faz com que a hora de dormir seja a mais temida. Não é preciso ser assim. Os pesadelos não devem aprisionar ninguém. O melhor modo de pôr um fim no pesadelo recorrente é pinçar a questão que o está causando e fazer o possível para corrigi-la. Às vezes é algo tão simples quanto sair da zona de conforto e enfrentar uma situação de peito aberto. Às vezes pode requerer orientação profissional, dependendo da profundidade do trauma. Porém, seja qual for o caso, um pesadelo é um grito de socorro vindo do seu eu interno para lhe avisar que alguma coisa está errada em sua vida e precisa de atenção.

Escreva seu sonho. Escreva o sonho que teve na noite anterior sentado na cama, um pouco antes de apagar a luz. É crucial escrever na hora de deitar porque tudo precisa estar bem claro em sua mente para que ao dormir seus sonhos trabalhem em seu favor. Escreva com o máximo de detalhes que possa lembrar, incluindo todos os pensamentos e emoções que teve no pesadelo. Ocorre que, enquanto você escreve, certos detalhes que julgava esquecidos voltam à sua memória. Escrever o sonho com todas as minúcias sangrentas ou assustadoras o ajudarão a se dessensibilizar diante de todo o horror, e, quando conseguir se afastar do rodamoinho de emoções, você poderá ter sonhos mais objetivos.

Adicione conversas ao sonho. Esse é um exercício muito terapêutico. Seja quem for seu antagonista num pesadelo, uma pessoa ou uma criatura, quer as conheça ou não, elas representam a questão da vida real que é o motivo da sua sensação de impotência. Em algum lugar do contexto do sonho, é preciso encaixar uma conversação com o vilão. Escreva o que adoraria falar se essa pessoa ou criatura estivesse de fato diante de você. Anote o que vem à sua mente, explique como o assustam e o que você gostaria que soubessem. Em alguns casos, você é o vilão da história e está prejudicando alguém! Escreva uma conversa consigo mesmo. Use quantas folhas quiser. Tire tudo de você e passe para o papel. Logo depois de começar, ficará surpreso em ver o que sai da sua caneta. É importante escrever as respostas do vilão às suas perguntas, porque isso o ajudará a se conectar com essa parte de você que está consumida pelo medo, raiva ou culpa que causa os sonhos. Isso abre diálogo entre você e seu eu profundo, além de auxiliá-lo na procura dos seus mais profundos pensamentos e emoções, que provavelmente são empurrados para dentro enquanto você está acordado, mas que gritam por socorro nos pesadelos.

Troque o final. Lembre-se que o sonho ou pesadelo é só seu, foi criado e dado por você e, por isso, é possível reescrevê-lo. Quando chegar ao fim ou ao trecho mais assustador e desesperado, modifique o pesadelo dando-lhe um final ao seu gosto. Seja criativo. Você está na terra dos sonhos, portanto não há regras! Apenas certifique-se de que está assumindo o poder e trocando o cenário porque, no fim das contas, é a sensação de impotência para lidar com seus problemas que causa o pesadelo. Agindo assim você reprograma seu subconsciente para ter o resultado que deseja.

PESADELOS

Ao terminar, rasgue as anotações e jogue-as no lixo. Esse gesto simboliza que o pesadelo e o problema que o origina não têm mais utilidade para você. Eles são lixo e, como lixo, precisam ser descartados de sua vida. A mente subconsciente interna fala em símbolos, de modo que entenderá essa atitude. Depois disso, apague a luz e espere por um tipo diferente de sonho. O mais provável é que tenha um sonho mostrando que você começa a se afastar do problema. Não esqueça de escrevê-lo assim que acordar, ou na hora do café você já o terá esquecido. Então terá que aplicar o que aprendeu neste livro para poder descobrir a mensagem que você transmite a si mesmo por meio dos sonhos.

Talvez seja preciso usar essa técnica várias noites em seguida para fazer o pesadelo mudar e cessar. Todavia, se você for persistente, o resultado será ótimo; a maioria das pessoas que ensinei conseguiu resultados já na primeira noite. Essa mesma técnica provou ser extremamente útil para veteranos de guerra superarem pesadelos recorrentes causados por estresse pós-traumático. Sei que também constatará que ela será incrivelmente útil para você.

Assim que você for bem-sucedido em modificar ou eliminar seus pesadelos, descobrirá que sua conexão emocional com o problema da vida real também mudará. Se for uma questão do passado que nunca conseguiu superar, verá que ela já não terá o mesmo peso de antes. Se for uma questão com a qual estiver lidando mais ou ignorando, descobrirá que ela não é mais tão assustadora e se sentirá mais apto a cuidar dela do modo correto. O que está fazendo é trabalhar de dentro para fora em vez de tentar se aprofundar em sua mente para descobrir o que está errado.

Essa técnica é boa para todos e funcionará extremamente bem com crianças. Se você tem um filho que sofre de pesadelos recorrentes, saiba que eles estão conectados a alguma coisa que aconteceu em sua jovem vida e que a criança se sentiu impotente para controlar. Recomendo que você lhe peça para desenhar a parte mais assustadora do sonho. Crianças mais velhas podem escrever o que aconteceu, ou descrever tudo em forma de história em quadrinhos. Em seguida, peça-lhe para ser criativa e escrever ou desenhar o final ao seu gosto. Assim a criança ganhará um sentido de poder e controle que sente que lhe falta na vida real. Quando os pesadelos mudarem e terminarem por completo, você verá grandes mudanças positivas na criança, porque ela se sentirá realizada e corajosa!

UM FASCINANTE FATO SOBRE OS SONHOS: A palavra para pesadelo, em inglês, é *nightmare*. O sufixo *mare* usualmente traduzido para o português como "égua", entretanto, não tem nada a ver com o feminino de cavalo. Ele vem do inglês antigo e significa "goblin". Goblins, no folclore nórdico, são criaturas verdes que se assemelham a duendes e vivem de fazer brincadeiras de mau gosto.

Lista de Verificação Final

REGRAS PARA SEREM LEMBRADAS

Na introdução deste livro, eu lhe garanti que quando terminasse de lê-lo você jamais desprezaria seus sonhos. Só posso garantir que a esta altura você está mais do que convencido do poder da sua própria mente sonhadora e ansioso para descobrir as respostas e a orientação que o esperam nos sonhos desta noite e em muitos outros que estão por vir.

Elaborei uma lista de verificação final com itens que você precisa lembrar quando estiver analisando os sonhos. Apesar de parecerem aleatórios e bizarros, eles seguem certas regras. A lista que se segue faz um apanhado dessas regras, e se você as aplicar a seus sonhos, a mensagem contida neles lhe será revelada com uma facilidade que o surpreenderá.

1. Os sonhos falam por meio de metáforas. "Ela é a menina dos meus olhos." "Papai estava fervendo de raiva." "Ele é a ovelha negra da família." Metáforas comparam duas coisas aparentemente díspares para expressar um ponto de vista. Nossos sonhos funcionam da mesma forma, o que é um dos motivos para serem tão bizarros. Habitue-se a perguntar a você mesmo como os personagens, objetos, ações e cenários dos seus sonhos são comparáveis a você e aos eventos da sua vida real. Seu sonho da noite passada foi uma metáfora relacionada à sua vida neste dia ou a algo que aconteceu no dia anterior? O violento temporal do sonho da noite passada o fez lembrar do estado atual do seu casamento? O sonho de ter ganhado na loteria lhe causou a mesma alegria que você teve recentemente ao saber da sua promoção? Como uma metáfora, seus sonhos ilustram o que ocorre em sua vida e qual é seu verdadeiro sentimento em relação a esse caso. Quando for capaz de descobrir a metáfora, você encontrou a mensagem.

2. Os sonhos adoram usar trocadilhos e jogo de palavras. Às vezes a figura de linguagem ou trocadilho no seu sonho será clara como o dia; por exemplo, se no sonho você está andando por linhas de trem que sempre fazem curvas para a direita, está bem claro o aviso de que você segue no "caminho certo". Mas se sonhou com ostras, mariscos ou caranguejos, pode ser que depois de muito pensar você chegue à conclusão de que deve evitar falar demais sobre um determinado assunto, fazer "boca de siri". É preciso ter um bom nível de criatividade e conhecimento da língua natal, mas, como as metáforas, se encontrar o jogo de palavras ou trocadilho, você descobriu a mensagem.

3. Seus sonhos estão sempre conectados com os acontecimentos do dia anterior. O que acontece em sua vida hoje, qualquer pensamento que tenha passado por sua mente, qualquer coisa que realizou, qualquer conversa que teve, tudo o que pode ter sido motivo para frustração, provavelmente surgirá nos seus sonhos desta noite sob uma forma qualquer.

LISTA DE VERIFICAÇÃO FINAL

Não deixe de se perguntar como o sonho que teve o fez lembrar-se de acontecimentos do dia anterior. Manter um diário para anotar os sonhos o ajudará a unir os pontos entre as imagens do sonho e os eventos, pensamentos e conversas do dia anterior. Registre todos os livros que leu, ou outras coisas que tenha lido, os programas de televisão a que assistiu, as conversas que teve, o que viu e falou no dia em questão. Nunca se sabe quando o sonho emprestará alguma coisa que você viu ou leu para ajudá-lo a transmitir uma mensagem.

4. Seus sonhos falam somente de você! Quando sonhamos, nós nos interiorizamos e concentramos a atenção no eu interior. Pense nisto: seus olhos estão fechados, o quarto está às escuras, o mundo exterior ficou lá fora, portanto *você* se interioriza e focaliza a atenção *em si próprio* e em todas as coisas com que *você* está lidando agora mesmo.

Nossos sonhos nos mostrarão sob o disfarce de diferentes pessoas ou animais, ou mesmo objetos, para adquirirmos um melhor conhecimento sobre nós mesmos e nosso comportamento atual.

Tudo em seu sonho é você. A exceção a esta regra ocorre quando você sonha com alguém com quem convive diariamente, como um companheiro de quarto na universidade, seu cônjuge, sua namorada, seus filhos e um colega de trabalho. O melhor modo de determinar se alguém no sonho está representando a si mesmo em vez de mostrar alguma parte de você é se perguntar se existe alguma preocupação ou questão com essa pessoa, ou se estão envolvidos na mesma situação que você vive atualmente. Se a resposta for não, tudo indica que o personagem do sonho é de fato uma representação de alguma parte do seu ser.

Portanto, comece primeiro com você — como é essa criatura, pessoa, objeto que me representa? Quais são as três primeiras pa-

246 POR QUE SONHEI COM ISSO?

lavras que vêm à sua mente quando pensa nessa pessoa, criatura etc.? É possível fazer uma conexão de qualquer palavra que escolheu para você, sua vida e seu comportamento agora mesmo? Se os pontos não se unirem, trabalhe de fora para dentro. Como essa criatura, pessoa ou objeto me faz pensar no meu cônjuge? Meu melhor amigo? Meu filho? E assim por diante. Faça isso e os pontos vão se ligar. Sempre existe uma conexão. Nada nem ninguém em seu sonho surge por acaso.

5. A emoção que você sente em um sonho está diretamente ligada ao modo como se sente em relação a alguma coisa ocorrida na vida real. Os centros emocionais do cérebro estão extremamente ativos enquanto sonhamos, motivo pelo qual os sonhos às vezes são muito reais, causando pavor ou exaltação espiritual. No entanto, isso não quer dizer que essas emoções devam ser negligenciadas. Elas estão definitivamente ligadas a questões da vida real que o fazem se sentir da mesma maneira, mas talvez não tão exageradas.

Se seu sonho estiver cheio de raiva, pergunte-se *quem* ou *o que* causa essa raiva na vida real. Se você chorar no sonho, pergunte-se o que, na vida real, está lhe causando sofrimento. Você conseguirá fazer a conexão e, quando for bem-sucedido, saberá que a emoção se manifesta enquanto você dorme porque talvez não seja expressada eficazmente enquanto está acordado.

6. Tudo o que lhe é dito em um sonho é um conselho que está dando a si mesmo, e qualquer pergunta dirigida a você é uma pergunta que está fazendo a si mesmo. Lembre-se, os sonhos são uma conversa que você entabula consigo mesmo. Durante o dia frequentemente ignoramos aquela vozinha intuitiva no fundo da cabeça que sempre nos aconselha e exige ser ouvida. Quando dormimos e entramos no estado de sonho,

LISTA DE VERIFICAÇÃO FINAL

essa voz vem à superfície e assume a forma de alguém, e nos dá a mensagem de novo, na esperança de que prestemos atenção. Naturalmente, o que está sendo dito a você em um sonho talvez não deva ser tomado ao pé da letra, mas entendido como uma linguagem simbólica. A esta altura, você já deve ser capaz de decifrá-la para receber a mensagem.

Esta mesma regra se aplica a perguntas dirigidas a você no sonho — quer feitas por você ou vindas de outra pessoa — ela é sempre uma pergunta que está sendo dirigida a você mesmo. As perguntas feitas em sonhos costumam ser retóricas, isto é, têm como objetivo provocar pensamentos ou são um chamado à ação, que precisa ser iniciada em sua vida para melhorar as circunstâncias atuais.

7. Os objetos que aparecem no sonho geralmente representam suas faculdades e habilidades. *Usamos* objetos para executar alguma coisa, da mesma maneira que usamos nossas faculdades e habilidades para realizar alguma coisa. Usamos um telefone para nos comunicar, um carro para ir a algum lugar, usamos uma privada para nos... você sabe... nos aliviar. Portanto, os objetos do seu sonho, e seu funcionamento bom ou ruim, estão conectados com suas habilidades na vida real e a forma certa ou ineficaz de usá-las.

Um telefone que não completa a ligação está lhe mostrando que você não está se comunicando da maneira adequada com alguém da sua vida real. Um vaso sanitário entupido lhe mostra que sua capacidade de se aliviar da frustração ou do negativismo não está funcionando.

Tal como nossos sonhos dão forma às diferentes partes da nossa personalidade, também dão forma às nossas habilidades, capacidades e ferramentas internas.

248 POR QUE SONHEI COM ISSO?

8. Números e quantidades em um sonho estão diretamente ligados ao mesmo número ou quantias na vida real. Se certo número ou quantia surge em seu sonho, você precisa encontrar um lugar tranquilo e se sentar para pensar e tentar lembrar de todos os números da sua vida, tais como data de nascimento, endereços, salários, anos de casamento etc. Provavelmente será capaz de conectá-los a alguma coisa e, nesse caso, vai ter de perguntar a si mesmo como essa ligação — se, por exemplo, o número visto no sonho for o telefone de um antigo namorado — é relevante em sua vida atual. Faça o mesmo quando existir uma quantidade específica no sonho. Se viu três ovos, é bem possível que haja três ideias ou projetos em sua vida real que estejam para nascer.

9. Quando um sonho muda cenas repentinamente, está lhe mostrando como uma coisa levou ou poderia levar a outra na vida real. Mudanças súbitas de cenário frequentemente dificultam o entendimento, mas isso não é indício de que não existe uma mensagem clara em algum lugar do sonho. O melhor modo de interpretar um sonho que parece pular de um lado para o outro é analisá-lo cena a cena. Comece com a primeira como se fosse um único sonho e decifre o local, símbolos, ação etc., até sentir que encontrou a mensagem. Em seguida, passe para a outra cena e repita o processo. À medida que for seguindo de cena em cena, com certeza vai começar a perceber um fio capaz de unir tudo. Se isso não acontecer depois de você entender todos os significados e mensagens, pergunte a si mesmo como a mensagem do primeiro quadro poderia levar ao segundo ou estar ligada à sua mensagem. Continue usando o processo de pensamento "isto e aquilo": "Se *isto* acontecer, então vai acontecer *aquilo*"; ou "Se eu fizer *isto*, então farei *aquilo*". Você será capaz de enfileirar tudo e amarrar com um lindo laço quando tiver terminado.

LISTA DE VERIFICAÇÃO FINAL

10. O fim do sonho geralmente é a informação que sua mente sonhadora deseja que permaneça com você. Isso, claro, vale se seu sonho terminar naturalmente, e não interrompido pelo despertador ou com o cachorro lambendo seu rosto. Como ocorre em uma boa fábula, a moral é encontrada no final.

Por exemplo, se o sonho termina no momento em que seu automóvel cai de um penhasco, a principal mensagem que ele lhe deixa é que você se desviou do seu propósito, e se não retornar ao rumo original, entrará numa espiral descendente que poderá levá-lo ao fracasso. Embora o final nem sempre seja feliz, ele lhe dá algo em que concentrar sua atenção e com que trabalhar, para que volte a assumir o controle de sua vida e dirigi-la para onde você deseja que ela vá.

Lembre-se de que os sonhos poderão ser seus melhores amigos quando você souber se comunicar com eles. Talvez você nem sempre goste do que eles têm a dizer; mas, como um verdadeiro amigo que só deseja o seu bem, eles serão brutalmente sinceros quando necessário, e coerentes em sua sabedoria e orientação.

Afinal, seus sonhos são os seus mais profundos, mais concentrados pensamentos. São a parte mais poderosa do seu ser. Agora que você entendeu o funcionamento da mente sonhadora, espero que mantenha um relacionamento duradouro com os seus sonhos — porque por mais difícil que seja um problema trazido pela vida, você saberá o que fazer quando sonhar com ele.

Glossário de Sonhos

Este glossário de símbolos dos sonhos foi criado para ser usado como uma referência rápida em sua atividade de analista de sonhos. Muitos dos símbolos deste glossário podem ser encontrados ao longo dos sonhos que foram explicados neste livro. No final de várias definições de símbolo, há uma referência que o dirigirá para o capítulo (ou os capítulos) em que você verá, em um sonho verdadeiro, o símbolo consultado. Um símbolo pode não ter o mesmo significado para todas as pessoas. Por isso as definições aqui apresentadas são as mais comuns para cada símbolo e deverão ajudá-lo a captar o verdadeiro significado quando estiver analisando os sonhos. Bom trabalho!

ABRAÇO: Abraçar alguém em um sonho significa que você está dando boas-vindas ou fazendo uma recepção a alguma coisa em sua vida. Seria uma nova atitude ou crença? Um novo regime? Uma nova pessoa? Se alguém o estiver abraçando, pergunte-se se você se sente bem-vindo em sua vida. Se uma pessoa desconhecida na vida real o está abraçando, pergunte-se o que você precisa abraçar. Um homem desconhecido sugeriria que está abraçando sua energia masculina, assertiva. Uma mulher desconhecida talvez represente que

252 POR QUE SONHEI COM ISSO?

você está abraçando sua energia feminina, criativa e nutridora. Os abraços quase sempre são um sinal positivo de que você está se sentindo mais próximo de alguém na vida real ou que abraçou uma nova atitude ou visão de futuro. (Cap. 9)

ADULTÉRIO: Algo se tornou uma terceira roda em seu relacionamento. O ser amado está dedicando tempo demais a isso, e acabou se afastando do relacionamento? Seu subconsciente pode vê-lo como uma (ou um) "amante". Seu sonho lhe diz que você se sente "traído" pelo tempo e pela atenção que o ser amado dedica a essa atividade. Se o traidor for você, pergunte-se sobre o que poderia estar fazendo para não dedicar o devido tempo ao seu parceiro. Há um novo bebê na família? Seria seu emprego? Seus amigos? Viagens? Os sonhos lhe dizem que você e seu parceiro precisam encontrar um meio de valorizarem mais um ao outro. (Cap. 9)

AFOGAMENTO: Geralmente significa que você está afundando na depressão. Também pode significar que você se sente assoberbado, ou que entrou fundo demais numa situação. (Cap. 10)

AFUNDAR: Afundar em um sonho significa que alguma coisa pode estar indo na direção errada. Você tem uma má impressão ou sensação de que está "afundando" a respeito de alguma coisa? Sente que está afundando na depressão? Alguma coisa da vida real está lentamente escapando de você? (Cap. 4)

ÁGUA: Seu estado emocional. O estado da água reflete o estado de suas emoções. Também pode simbolizar uma corrente de pensamentos criativos. Uma energia curadora. **Água clara e calma** sugere que você está tomando decisões corretas sobre a área emocional. **Água lamacenta ou pantanosa** está conectada com confusão emocional e depressão. Uma **inundação**

GLOSSÁRIO DE SONHOS

crescente significa que você talvez esteja mergulhado em determinado assunto, indo fundo demais. Uma situação cada vez mais complicada. **Submerso na água** indica que você não aguenta mais determinada situação e se sente oprimido. (Cap. 4, Cap. 8 e Cap. 10)

AGULHA: Sua capacidade de criar alguma coisa, de "mexer os pauzinhos" para realizar algo. Sua capacidade de consertar erros. Também pode indicar que alguém próximo está "enchendo sua paciência", irritando-o ou aborrecendo-o.

ALIENÍGENA: Simboliza algo que você não conhece, que nunca encontrou antes. Um território selvagem. Existe em sua vida alguma questão que lhe pareça estranha? (Cap. 4)

ALTO: Se no sonho alguém ou alguma coisa for alta demais, está indicando abundância em sua vida. Por exemplo, uma pessoa muito alta pode significar que você tem enorme respeito por ela. Se for um desconhecido, ela representa um traço de personalidade que é seu, que o tem em abundância. Uma característica marcante que faz as pessoas o verem como alguém poderoso. (Cap. 3)

AMIGO: Os amigos às vezes desempenham seu próprio papel ou simbolizam determinada qualidade que vocês dois compartilham. Se não for uma pessoa real, mas um amigo apenas no sonho, simboliza uma parte sua da qual gosta, uma qualidade interior que está sendo útil em sua vida neste momento. Nossos sonhos nos mostrarão as diferentes partes de nossa personalidade sob a forma de uma pessoa para nos ajudar a obter uma compreensão mais profunda de nós mesmos. (Cap. 10)

ANEL: Anéis quase sempre estão associados com o cumprimento de uma promessa. Quais são as promessas ou compromissos aos quais precisa se dedicar agora? Se sonhou com sua aliança, provavelmente isso diz respeito ao seu casamento. Se houver algo de errado com ela, deve haver um problema em seu casamento que precisa ser solucionado.

ANIMAIS: Simbolizam nossos instintos e comportamentos básicos. Você está se comportando ou precisa se comportar como um animal em seu sonho? Alguém à sua volta se comporta como um animal em seu sonho? Quais são as características desse animal, e como você pode conectá-las a você mesmo ou a alguém à sua volta? (**Cap. 5**)

ARANHA: Falsidade, uma teia de mentiras. Pergunte-se quem à sua volta talvez não seja digno de confiança. Aranhas também podem significar que alguma coisa ou alguém o tem perturbado a ponto de lhe dar a sensação de que está preso numa armadilha. A aranha usa a teia para prender suas presas. (**Cap.5**)

ARCO-ÍRIS: Na maioria das vezes diz respeito a uma promessa. Alguém lhe prometeu alguma coisa ou foi você o autor da promessa? Um arco-íris também significaria que você está saindo de uma depressão e tudo ao seu redor parece mais claro e promissor. O arco-íris, mais recentemente, é o símbolo do orgulho gay. (**Cap. 8**)

ARMADILHA: Falta de movimento em sua vida. Você está encalhado numa situação e não sabe como sair dela? Talvez seja hora de se perguntar como você contribuiu para sua falta de progresso ou incapacidade de sair do atoleiro. (**Cap. 2 e Cap. 10**)

GLOSSÁRIO DE SONHOS

ARMÁRIO: Se no sonho você for incapaz de encontrar ou de abrir seu armário, pergunte-se o que se sente despreparado para realizar na vida real. Sente que não tem o conhecimento necessário para lidar com alguém ou com alguma coisa? O armário também representa sua identidade, o lugar onde guarda seus pertences. Por isso, a incapacidade de encontrar seu armário sugere que você não tem certeza do seu lugar na vida, na carreira ou num círculo social. **(Cap. 3 e Cap. 6)**

ASAS: Sua capacidade de subir acima de onde se encontra agora, bem como de se elevar acima do que está pesando em seu peito. Se no sonho houver algum defeito nas asas, pergunte-se o que o tem prejudicado na vida real. O que o está impedindo de alcançar um patamar mais alto? Asas também podem indicar que você está tentando avançar "na raça" e com orações.

ASSASSINATO: Se for você o autor do crime, há a necessidade ou desejo de terminar, de pôr um fim de uma vez por todas em um relacionamento, comportamento, questão etc. Se alguém tenta assassiná-lo, pergunte-se se na vida real você se sente pressionado para fazer algumas mudanças ou terminar alguma coisa. Se alguém que você conhece está sendo assassinado, pergunte-se que tipo de mudança ele vem enfrentando atualmente. Talvez seu relacionamento com essa pessoa esteja correndo perigo ou se modificando. **(Cap. 10)**

ASSOALHO: Frequentemente o assoalho indica se você está seguro ou inseguro em sua vida ou em uma situação em particular. A condição do piso está diretamente relacionada com seu nível de confiança.

ATIRAR: Um tiro em um sonho geralmente significa falar uma torrente de besteiras. Se é você que está atirando, pergunte-

-se se recentemente proferiu críticas ou magoou alguém com palavras. Se você for o alvo do tiro, significa que recentemente recebeu uma crítica muito forte. Ou *você* está sendo exageradamente crítico a seu próprio respeito? Atirar no sonho também pode dizer respeito a acertar no alvo na conclusão de um negócio. Se no sonho a arma não atirar, você ou alguém próximo talvez não esteja se esforçando o bastante na realização de alguma coisa. (**Cap. 10**)

ATRASO: Se está correndo e atrasado em um sonho, pergunte-se qual é o prazo que precisa atender na vida real. É relacionado com o trabalho? Ou um prazo autoimposto? Há alguma coisa que você tem medo de perder? No sonho, você está dizendo a si mesmo para juntar suas coisas e se concentrar no que é importante!

AVIÃO: Um caminho que você escolheu pode estar decolando e alcançando novas alturas, colocando-o mais perto das metas que você determinou. Geralmente aponta para a vida profissional, mas poderia simbolizar qualquer coisa que você deseja manter "em alta", como finanças, relacionamento, sua autoestima etc. Se o avião aparece caindo, talvez signifique o medo que você tem em sua vida ou em seu interior, ou que recentemente você tenha sofrido uma perda financeira. (**Cap. 4**)

AVÓ: A sabedoria que você ganhou devido à idade e à experiência. Também pode significar a necessidade de ser mimado. Poderia simbolizar a passagem do tempo ou atitudes e comportamentos antiquados e fora de moda. Talvez signifique que algo está envelhecendo ou que você está se cansando de alguma coisa. Se a avó do sonho já morreu, talvez seja, na realidade, um sonho de contato! Qual é o conselho que ela lhe dá?

GLOSSÁRIO DE SONHOS

AZUL: Frequentemente indica depressão ou melancolia.

BAGAGEM: Frequentemente simboliza um fardo que você carrega na vida real. Você trouxe bagagem desnecessária para um relacionamento ou situação atual? Ou alguém chegou à sua vida com muita bagagem? Se você tem encontrado dificuldade em fechar sua mala, a mente sonhadora está lhe dizendo que é preciso largar mão de certos projetos para viajar pela vida com mais facilidade.

BANCO TRASEIRO: Se estiver sentado nele, isso mostra que você não tem conseguido controlar alguma área da sua vida, mas quer ficar ao volante. Qualquer coisa ou pessoa sentada no banco traseiro representa algo que você precisa deixar para trás por enquanto, até poder voltar a ele. (**Cap.** 4)

BANHEIRA: Sua capacidade de se limpar do negativismo e da frustração. Qual é a questão ou energia negativa que precisa sair da sua psique agora mesmo? Pode também significar a necessidade de limpar toxinas do seu organismo. (**Cap.** 7)

BANHEIRO: Você precisa se limpar do negativismo, das frustrações ou de um comportamento destrutivo? Se o banheiro estiver muito sujo e impossível de usar, você não está aliviando suas frustrações da maneira correta. O sonho está lhe dizendo que você tem se reprimido demais. (**Cap.** 7)

BAR: Necessidade de relaxar, de abandonar as inibições.

BARATA: Insetos geralmente relacionam-se a alguma coisa ou alguém que o está "irritando", e o sonho lhe diz que é hora de "exterminar" o problema. Todavia, baratas também podem representar sua capacidade de sobreviver depois de

POR QUE SONHEI COM ISSO?

uma situação emocional ou doença física: os cientistas dizem que só elas sobreviveriam a um holocausto atômico. Às vezes baratas simbolizam o ato de fumar maconha. (**Cap. 3**)

BARCO: Sua capacidade de navegar em meio a uma situação emocional. Um barco afundando significa que você está assoberbado, talvez afundando numa depressão ou se aproximando dela. Barcos e navios também podem indicar um relacionamento romântico: o barco do amor, dois navios passando no horizonte escuro etc. A embarcação do sonho refletirá se sua situação atual — especialmente romântica — está navegando suavemente ou balançando demais, a ponto de afundar. (**Cap. 4**)

BARRIGA: Sua capacidade de "digerir" informações. Está acontecendo alguma coisa difícil de "engolir"? Você ou alguém próximo precisa pôr "os bofes para fora?" Você tem uma intuição, um "frio na barriga" devido a alguma coisa? Também pode se referir ao seu peso ou imagem corporal. (**Cap. 6**)

BATALHA: O que você está combatendo na vida real? Peso? Vícios? Doença? Questões de autoestima? Alguém? O que está tentando vencer? Uma batalha no sonho reflete se você está vencendo ou perdendo na vida real. (**Cap. 3**)

BATOM: Chama a atenção para a boca. Portanto, aponta para a comunicação verbal. Há alguma coisa que você precisa dizer? Você exagerou ou fantasiou uma história recentemente?

BAÚ: Uma caixa como um baú de tesouro simboliza o lugar no interior da sua psique onde você guarda suas lembranças ou crenças valiosas. Também pode simbolizar algo que

GLOSSÁRIO DE SONHOS 259

descobriu recentemente e que poderá ser valioso em sua vida, como um novo talento ou habilidade.

BÊBADO: Você ou alguém próximo pode ter uma perspectiva distorcida da atual situação. Desejo ou necessidade de se entorpecer. (**Cap. 3**)

BEBÊ: Há algo novo em sua vida que precisa de muita atenção e carinho para atingir seu pleno potencial, como um novo relacionamento, novo emprego etc. Também pode significar que você está passando por um renascimento. Você está se reinventando? Conquistou uma nova conscientização? O que há de novo em você? Precisa começar de novo ou já começou? Pode também se referir a alguém em sua vida que você tem mimado ou que tem agido como um "bebê". (**Cap. 2**)

BEIJOS: Qualquer coisa que faça referência à boca aponta para a expressão verbal. Também significa comunicação porque, como no beijo, são necessárias duas bocas para se comunicarem. Quem você está beijando no sonho? Tem se comunicado bem com essa pessoa? Precisa encontrar um modo melhor de se comunicar? Se alguém estiver jogando beijos para você, então uma pessoa próxima está tentando chamar sua atenção e lhe contar alguma coisa.

BICICLETA: Necessidade de equilíbrio em sua vida. Como as duas rodas da bicicleta, o que está tentando equilibrar na vida real? Família e carreira? Negócios ou pessoal? O modo como você anda lhe diz se está sendo ou não bem-sucedido no equilíbrio de seus problemas. (**Cap. 4**)

BOCA DO ESTÔMAGO: Uma intuição. Botar tudo para fora. (**Cap. 7**)

260 POR QUE SONHEI COM ISSO?

BOCA: Qualquer sonho relacionado com a boca indica a comunicação verbal. Cuidado com o que diz, disse ou precisa dizer. (**Cap. 6 e Cap. 10**)

BOLA: Pode indicar que a bola está em seu campo, é sua vez de entrar em ação. Talvez signifique infantilidade ou competição. Hora de jogar bola. O modelo da bola também é significante.

BOLO: Tempo de comemorar. Bolos, biscoitos e outros doces estão lhe dizendo que chegou a hora de agradar a si mesmo por ter executado muito bem uma tarefa. Se você estiver em dieta na vida real, sonhar com bolos e doces é o modo da sua mente interior ganhar o que não consegue na vida real.

BOMBA: Arrasando grande parte de sua vida. Também pode indicar uma enorme explosão emocional. Más notícias. Alguém "jogou uma bomba" em você?

BONECA: Alguém o está manipulando, depreciando ou caçoando? Ou é você que está fazendo isso a outra pessoa? Se você estiver segurando a boneca como se fosse um bebê, pode ser um alerta de que você está agindo como criança *ou* que talvez esteja dando seu amor para alguém ou alguma coisa que não pode corresponder. A boneca também pode indicar uma pessoa que você considera "uma boneca", muito doce e delicada. (**Cap. 10**)

BORBOLETA: Transformação. Assim como uma lagarta se transforma em borboleta, você está se modificando para atingir uma forma ou uma conscientização mais elevada.

BRAÇO: O modo como você se expressa e/ou tenta se aproximar dos outros. Sua capacidade de executar alguma coisa. Seu

GLOSSÁRIO DE SONHOS 261

braço é afetado no sonho? Se for esse o caso, talvez esteja se sentindo incapaz agora mesmo. Poderia ser um trocadilho relacionado a "braço de ferro"

BRANCO: Hora de um novo começo. Limpar a lousa. Pureza, inocência.

BURACO: Um buraco sugere que algo está faltando em sua vida. O lugar onde ele fica lhe dará uma pista. É comum um buraco indicar que você carece de determinada habilidade que seria necessária no momento. (**Cap. 6**)

CABEÇA: Uma cabeça em um sonho representa o intelecto, conhecimento e ideias. Se há algo de errado com a cabeça em um sonho, pode haver algo de errado no seu pensamento. Alguma coisa é uma má ideia?

CABELO: Pensamentos e ideias que, como os cabelos, vêm da cabeça. O que você anda pensando ultimamente? Quais são os planos e ideias que estão brotando de sua cabeça? Se estiver fazendo um **corte de cabelo**, significa que talvez precise diminuir de tamanho uma ideia ou modo de pensar; **cabelo embaraçado** indica confusão quanto a alguma questão; **queda de cabelo** significa incerteza ou falta de ideias; **cabelo comprido** mostra que você precisa expandir uma ideia ou representa muitas outras ideias. (**Cap. 6**)

CADEIA: Atualmente você está atolado em alguma área da sua vida. O que imagina que o impede de agir? De que maneira você poderia estar se aprisionando? (**Cap. 3**)

CAIR: Medo de fracasso, de perder o status ou o controle. Alguma coisa em sua vida está avançando rapidamente na direção errada. Suas finanças? Um relacionamento? Sua carreira? Sua autoestima? Hora de redirecionar imediatamente a situação! Às vezes uma queda pode apontar para um início de depressão. (**Cap. 2 e Cap. 10**)

CAIXA: O que você esteve reprimindo ultimamente? Sua opinião? Uma ideia? Suas frustrações? Um segredo? Uma caixa geralmente representa nossa capacidade de conter alguma coisa, algo que deveria ser libertado. Você precisa se abrir e sair da sua caixa, ou pensar fora do espaço da caixa? Se você encontrar uma caixa ou alguém lhe der uma, o seu conteúdo costuma representar os dons ou habilidades que lhe foram concedidos por Deus e que você precisa espalhar sobre o mundo ou sobre seu próximo. (**Cap. 5**)

CALÇA: Sua capacidade de estar na chefia, de "usar as calças" num relacionamento ou situação. Se você ou alguém está sem calças ou elas são pequenas demais e não cabem, procure nas diferentes áreas de sua vida e pergunte-se onde está se sentindo incapaz ou desconfortável para liderar. Se a calça serviu ou ficou perfeita em você, significa que você está se saindo bem sendo autoritário e responsável. Também pode estar se referindo a ser surpreendido com sua calça abaixada!

CALCANHAR: Na maioria das vezes o calcanhar diz respeito à sua própria vulnerabilidade. Esteve um pouco vulnerável demais recentemente?

CAMINHÃO: Seu veículo ao longo da vida, ou um problema em especial. Frequentemente associado com trabalho. Sua capacidade de carregar um fardo pesado. (**Cap. 4**)

GLOSSÁRIO DE SONHOS

CAMPO: Em que área de sua vida existe um enorme potencial para crescimento? Um campo seco ou estéril aponta para falta de crescimento, baixa produtividade. Também pode se referir a um "campo" para seguir carreira.

CAMUNDONGO: Algo ou alguém esteve irritando-o ou roendo-o por dentro. Um **rato** também indica uma irritação, porém mais especificamente a irritação causada por alguém que, em sua opinião, é capaz de jogar sujo.

CANÇÃO: Preste atenção ao título e à letra. Estão dizendo alguma coisa sobre uma situação atual? Cantar indica que hoje em dia existem felicidade e harmonia em sua vida.

CÂNCER: O que está lhe consumindo por dentro agora mesmo? Como um câncer, algo o tem corroído. O sonho está avisando que há algo ou alguém muito doente em sua vida que precisa ser removido. **(Cap. 6)**

CÃO: Simboliza alguém que você sente ser um companheiro leal. Em geral diz respeito à sua parceira, mas também poderia ser um amigo ou colega de trabalho. Pode representar um aumento de responsabilidade, porque os bichos de estimação precisam de atenção e cuidado. Talvez simbolize um medo qualquer, se você tem medo de cachorros. Também pode simbolizar sua necessidade de se conter e se treinar para ter um melhor comportamento. Observe a raça do cachorro que aparece no sonho. Qual é a característica desse tipo? **(Cap. 5, Cap. 6 e Cap. 8)**

CARRO: Mostra como você viaja pela vida ou por uma situação particular, ou se está atingindo suas metas como gostaria. Pode também se referir a seu "impulso" ou motivação. **(Cap. 4)**

264 POR QUE SONHEI COM ISSO?

CASA: Não importa se você sonha com sua verdadeira casa ou com outra casa qualquer, ela simboliza *você*, seu estado de espírito, a morada da sua alma. O estado em que ela se encontra reflete você na época do sonho. Se é uma casa onde habitou, talvez o sonho não esteja falando dela, mas de quem você era nessa época. Se está tentando encontrar seu caminho de volta para a casa, provavelmente tem procurado fazer as coisas voltarem ao normal na vida real. (**Cap. 7**)

CASAMENTO: Uma união de qualidades e opiniões. Com quem está se casando? Você precisa se unir com uma qualidade ou opinião da sua noiva ou noivo do sonho, "até que a morte os separe". Se estiver se casando com noiva ou noivo desconhecidos, é necessário mesclar as qualidades dos gêneros à sua psique. Um noivo desconhecido ou sem rosto indica que chegou a hora de se comprometer com seu self masculino assertivo. Uma noiva desconhecida simboliza que é hora de se comprometer para ser sensível e atencioso na vida real. Em que outra área de sua vida você precisa se comprometer? Um casamento também pode representar um compromisso ou obrigação que você assumiu recentemente, ou precisa assumir. (**Cap. 3**)

CASSINO: Você está pensando em algo em que gostaria de apostar? O sonho pode lhe mostrar se isso vale ou não a pena. (**Cap. 2**)

CASTELO: Em sonhos, locais de moradia quase sempre representam o eu interior. Portanto, o castelo do seu sonho é *você*. Ele sugere que você tem planos pessoais grandiosos ou sente-se muito bem com o que é. Riqueza em talento/personalidade. Um castelo também pode significar que você sente que está num "ótimo ponto" de sua vida. (**Cap. 7**)

GLOSSÁRIO DE SONHOS 265

CAUDA: Seu passado. Algo que você deve deixar para trás.

CAVALO: Força, nobreza. Sua capacidade de voltar à sela quando a vida o derruba. Também pode se referir à sua saúde. Um cavalo ferido ou doente pode significar que você não se sente forte o bastante ou saudável o bastante para lidar com um problema. **(Cap. 5)**

CAVERNA: Sempre houve muitas explorações em cavernas. No sonho geralmente está relacionada com seu eu profundo, na descoberta do que o faz agir. Você sentiu medo na caverna do sonho? Talvez signifique algo que enterrou bem fundo em seu interior, alguma coisa com a qual tem medo de lidar.

CEGO: Você pode estar se recusando a ver alguma coisa. O sonho lhe diz para abrir os olhos e dar uma boa olhada no que realmente está acontecendo em sua vida. Você não está vendo alguma coisa como ela de fato é. **(Cap. 6)**

CELEBRIDADE: Sua capacidade de atuar e brilhar. O que ela faz no sonho pode refletir seu modo de agir em uma situação em particular ou na vida como um todo. Qual é a qualidade ou fama que tem a celebridade do seu sonho? Quais são as qualidades que você atribui a ela? Talvez seja uma música que ela canta ou papel que desempenha. Se você aplicasse essas qualidades a si mesmo, começaria a brilhar na vida? **(Cap. 2)**

CEMITÉRIO: Frequentemente indica que você enterrou algum problema, ou que uma questão ou mágoa precisa ser sepultada para você poder avançar. Não queira ver alguma coisa saindo do túmulo, porque isso indicaria que questões antigas ou mortas estão novamente subindo à superfície.

CERCA, MURO: Você está "em cima do muro" no que diz respeito ao que precisa resolver, mas não tem certeza da atitude que tem de tomar? Uma cerca também significa que você construiu uma barreira emocional para impedir que as pessoas se aproximem demais de você. (**Cap. 2**)

CERIMÔNIA DE CASAMENTO: *Ver* Casamento.

CHAPÉU: Você ou alguém próximo está escondendo ou acobertando pensamentos e ideias? Também poderia simbolizar o papel que você escolheu para desempenhar nesta vida.

CHAVE: Sua capacidade de abrir as portas da oportunidade. Uma ideia ou solução. O ingrediente "chave" que você precisa para sua vida agora mesmo. Pergunte-se por que se sente iluminado ou mais seguro ultimamente. (**Cap. 5**)

CHEF: Sua capacidade de planejar e preparar, de elaborar um esquema. Também pode representar sua capacidade de fornecer alimento emocional para outros.

CHEFE: Nesse momento, há algum problema entre você e seu chefe na vida real? Se não for esse o caso, o chefe representa sua capacidade de assumir responsabilidades e tomar decisões. Pergunte-se onde precisa ser mais enérgico em sua vida. Se o sonho for com ex-chefe, pergunte-se se ele tinha qualidades que você gostaria de pegar emprestadas agora para melhorar sua situação atual. Também pode ser uma referência a uma época da vida em que trabalhou para essa pessoa. Você progrediu desde essa época? (**Cap. 2**)

CHICLETE: Você está numa situação "pegajosa"? Em geral, sonhos com chiclete indicam que é necessário falar bem

GLOSSÁRIO DE SONHOS

claro, que há algo que você tem necessidade de "cuspir" para fora, sem demora! **(Cap. 6)**

CHORO: Se estiver chorando num sonho, então existe alguma coisa que o aflige e você não se permite chorar por causa dela. Se outra pessoa estiver chorando, o sonho continua apontando para o seu sofrimento. Entretanto, você também deve observar as pessoas que o cercam na vida real. Há alguém em estado de depressão? **(Cap. 2 e Cap. 10)**

CHUVA: Uma tempestade emocional, lágrimas, pesar. A chuva lava, e devido a isso talvez seja hora de fazer uma boa faxina emocional. **(Cap. 8)**

CHUVEIRO: Você precisa ou está no processo de se limpar de algo negativo ou frustrante. Se está tomando uma ducha em público, talvez esteja preocupado com a reação dos outros se contar um fato que pesa em seu peito. **(Cap. 7)**

CIGARRO: Se você parou de fumar recentemente, é comum sonhar que continua com o vício. Esses sonhos persistem cerca de sete anos depois de você ter desistido do tabagismo, por isso continue firme! Se você não é fumante ou não fuma há mais de uma década, o cigarro pode representar um mau hábito ou um modelo negativo de comportamento de alguém à sua volta, ou mesmo seu. Pergunte-se se você costuma fazer algo prejudicial a si mesmo ou se alguém próximo está agindo dessa maneira.

CIRURGIA: Talvez você precise remover alguma coisa de sua vida. Algo em sua vida real ou interior precisa de reparação. **(Cap. 3 e Cap. 6)**

CLOSET: O local de sua psique no qual você armazena ideias, sensações, comportamentos que não deseja divulgar a outras pessoas. Preste bastante atenção ao conteúdo do seu armário e pergunte-se se ele representa algo sobre o qual você precisa se abrir. (**Cap. 3**)

COBRA: Energia masculina. Se você é mulher e está sonhando com cobras, olhe para os homens de sua vida e se pergunte se existe algum problema com seu marido, namorado, chefe, irmão etc. Se você for homem, a cobra pode se referir à sua própria fertilidade ou poder masculino. Uma cobra também pode simbolizar a energia curadora. Você está precisando de cura emocional ou física? Uma picada de cobra significa que essa cura está para começar. A injeção do veneno é como uma injeção do remédio. Cobras também simbolizam sabedoria e conhecimento (como na história de Adão e Eva). Você aprendeu algo de novo recentemente? Também pode representar medo ou tentação, alguma coisa que pode se transformar numa situação venenosa. (**Cap. 5**)

COLEGA DE ESCOLA: Um antigo colega de escola geralmente não surge representando a si próprio em seu sonho, mas algo que você tem em comum com essa pessoa ou uma das características dela que precisa incluir em sua vida agora. Às vezes um antigo colega pode estar se referindo a como você era na época em que conviviam. Será que você precisa deixar o antigo estado mental no passado ou deve trazê-lo para o presente? (**Cap. 2**)

COLEGAS DE TRABALHO: Você tem enfrentado problemas com um colega de trabalho? O sonho talvez esteja lhe mostrando uma maneira de resolvê-los. Esse colega foi útil ou prejudicial no sonho? Ele lhe pareceu inofensivo? Se ele se

GLOSSÁRIO DE SONHOS

mostrou prejudicial, talvez você precise cuidar da situação na vida real. Às vezes está representando uma parte da sua personalidade parecida com a do colega. Qual é a qualidade ou defeito que você tem em comum com essa pessoa? Ou que qualidade dessa pessoa você gostaria de ter? **(Cap. 2)**

COLISÃO: Talvez se relacione a um erro que você cometeu recentemente. Que grande bagunça existe em sua vida? Você está indo na direção de um desastre emocional? Pode ser um recado para que você mesmo tome cuidado para não sair do curso. **(Cap. 4)**

COMER: Fome por alimento intelectual ou emocional. Dê uma boa olhada no que comeu no sonho. Se foi uma comida incomum, talvez esteja mostrando que você tem um grande desejo de ter uma qualidade que associa a ela. Poderia estar apontando para sua dieta. Também pode sugerir que algo está "corroendo" você por dentro. **(Cap. 3)**

COMIDA: Do que você sente "fome" na vida real? Anseia por alimento emocional? Alimento espiritual? Alimento intelectual? É bem provável que a comida simbolize o que está à disposição na vida real que poderia "alimentar" uma necessidade especial. Uma mesa cheia sugere que neste momento existem muitas coisas à sua disposição que atenderiam suas necessidades. Comida nos sonhos também pode indicar um problema de peso corporal. Quem está tentando ganhar ou perder peso costuma sonhar com comida. **(Cap. 3)**

CÔMODOS DA CASA: Cada cômodo reflete um aspecto diferente do seu eu mais profundo. Qual é o propósito de cada um? Encontrar novos cômodos significa a descoberta de novos elementos da sua personalidade, ou é uma indicação de que você tem muito espaço para crescer como pessoa. **(Cap. 7)**

COMPUTADOR: Como você está computando ou processando certas informações que recebeu recentemente? Também pode representar seus meios de comunicação.

CONGELADO: Alguma coisa está totalmente parada em sua vida, sem sinal de avançar? Alguém próximo de você mostrou--se muito frio em termos emocionais? Há um projeto ou ideia que você precisa colocar no freezer por algum tempo? (**Cap. 8**)

CÔNJUGE: Seu cônjuge geralmente está representando a si mesmo. Pergunte-se se no sonho o cônjuge foi útil, prejudicial ou benigno. Se foi benigno, o sonho está lhe dizendo que ele não pode ajudá-lo na vida real. Você terá de resolver as coisas sozinho. Se o cônjuge se mostrou disposto a ajudar, pergunte-se como, na vida real, os dois estão trabalhando juntos (ou deveriam estar) para realizar alguma coisa. Se for prejudicial, é hora de descobrir como o cônjuge está trabalhando contra você na vida real. Se conseguir uma resposta, talvez seja hora de conversarem sobre esse problema (sem apontar dedos acusadores). (**Cap. 2**)

CORREDOR: Está passando por transição neste momento? Seu corredor é comprido? Se for este o caso, ele está lhe dizendo que a transição será longa. Um corredor escuro significa incerteza sobre como deverá agir nessa situação. Várias portas no corredor significam que existem muitas opções para você agora mesmo. (**Cap. 7**)

CORREIO: Sua habilidade de se comunicar. Em que área de sua vida estão ocorrendo problemas de comunicação? Tem prestado atenção às mensagens que alguém está tentando lhe mandar?

GLOSSÁRIO DE SONHOS 271

CORRER: Você está precisando acertar o ritmo em algum lugar da sua vida? Está tentando acompanhar? Talvez as coisas estejam acontecendo rápido demais. Desacelere. É você que está correndo de alguma coisa? Então, provavelmente há uma tentativa de evitar alguém ou alguma coisa em sua vida real. **(Cap. 2)**

CORTE: Desejo ou necessidade de cortar alguém ou alguma coisa fora da sua vida. Uma separação. Também pode apontar para palavras cortantes, dolorosas. Crítica.

CORUJA: As corujas têm fama de serem sábias e, portanto, representam sua própria sabedoria e conhecimento... ou alguém que você considera um sábio. Está acontecendo agora mesmo algo que vai exigir sua própria sabedoria e perícia? Você está precisando procurar conselhos de uma pessoa de renomada sabedoria? Aprendeu algo de novo que poderá adicionar aos dados do seu banco de sabedoria? Corujas são aves noturnas, por isso podem indicar o ato de ficar acordado a noite inteira.

COSTAS: Sua força, sua capacidade de carregar um fardo pesado. Também pode significar que você precisa ou tem de deixar alguma coisa para trás, ou virou as costas para alguém ou para alguma coisa. Também há algo que você precisa trazer de volta.

COSTELAS: A caixa torácica é formada por costelas e ela abriga o coração. Sente necessidade de prender suas emoções numa caixa?

COZINHA: Com que objetivo você está se preparando na vida real? Está cozinhando uma ideia ou plano? Um cenário de cozinha também pode sugerir que você está "faminto" por alimento emocional, intelectual ou espiritual. **(Cap. 7)**

272 POR QUE SONHEI COM ISSO?

COZINHAR: Representa ideias e esquemas em preparação. O que você está tramando na vida real? Costuma aparecer nos sonhos de mulheres grávidas. (**Cap. 7**)

CRIANÇA: Crianças desconhecidas em seu sonho geralmente simbolizam sua criança interior, a parte de você que deseja se divertir, que não quer crescer e lidar com responsabilidades. Você precisa prestar atenção à sua criança interior e se divertir um pouco. Você está sendo infantil demais em relação a uma questão? Crianças desconhecidas também indicam um projeto, ideia ou empreendimento que não está plenamente desenvolvido e ainda precisa dos seus cuidados e atenção. (**Cap. 2**)

CROCODILO: Expressão verbal. A boca grande e dentes afiados geralmente indicam respostas ásperas. Você ou alguém à sua volta andou trocando farpas? Você ou uma pessoa próxima tiveram uma conversa ríspida? (**Cap. 2**).

DEDO: Pode ser referência a uma culpa, a um "dedo-duro". Você foi culpado por alguma coisa? Ou está culpando alguém? Mais de um dedo representa sua habilidade de "captar" um conceito ou de agarrar alguma coisa. Também é preciso prestar atenção ao dedo usado no sonho. O **indicador** = culpa ou acusação, mas também pode ser sua habilidade de impor uma ideia. O **anular** = compromisso. O **polegar** = aprovação ou desaprovação. **Dedo médio** = sua capacidade ou necessidade de mandar alguém à... **Mindinho** = você está sendo delicado ou sensível demais nesse momento?

DEFORMIDADE: Incerteza. Algo em sua vida não está ocorrendo da maneira esperada. Você tem uma visão distorcida sobre algo? Algum aspecto de você mesmo ou de sua vida não teve permissão para crescer e se desenvolver de maneira saudável e normal.

GLOSSÁRIO DE SONHOS 273

DENTES: Na maioria das vezes simboliza suas palavras. Se eles estão caindo, você deve ter falado demais, sem pensar ou espalhado mexericos. O que permitiu que saísse da sua boca deveria ter ficado lá permanentemente, como os dentes? Se estiver cuspindo ou arrancando os dentes, é um aviso que algo precisa ser dito. (**Cap. 6**)

DESAPARECIDO: Se algum objeto do sonho é dado como desaparecido, possivelmente está representando algo em sua vida ou no seu interior que desapareceu. Onde há um vazio em sua vida? Se uma pessoa está desaparecida, talvez signifique que você "sente falta" dela. É frequente pais sonharem que seu filho está desaparecido. Isso se deve ao distanciamento natural entre eles que o tempo traz. Perder um ônibus, avião etc. indica o medo de perder uma oportunidade *ou* indica um prazo final que você precisa atender na vida real. (**Cap. 8**)

DESCOBERTA: Descobrir alguma coisa em um sonho significa que você está encontrando algo de novo em si mesmo ou no mundo que o cerca. Seja o que for que descobrir — um objeto, pessoa ou animal —, simboliza algo que precisa reconhecer na vida real. Comumente é algo positivo para sua vida, mas às vezes a descoberta é desagradável, e então há necessidade de encontrar um meio de transformá-la em um aspecto positivo.

DESERTO: Em que área da sua vida está havendo uma carência de produtividade? Em que área da sua vida você chegou a uma secura? (**Cap. 3**)

DESPENHADEIRO: Você está à beira de alguma coisa? Tem medo de estar caindo em depressão? Algo em sua vida chegou a um fim repentino? Se houver a sensação de que está

274 POR QUE SONHEI COM ISSO?

sendo empurrado para a borda do rochedo na vida real, você finalmente se fartou de uma situação. Pular de um rochedo talvez signifique que entrou de cabeça em alguma coisa rápido demais. Olhe antes de saltar! **(Cap. 4)**

DIABO: Força má ou negativa. Alguma coisa em seu interior ou próximo de você que o tenta a fazer a coisa errada, a pôr a culpa nos outros e a ser malcriado. Poderia ser um alerta para assumir seus atos. Diabos e demônios nos sonhos geralmente se referem aos demônios pessoais, como um vício, um mau comportamento ou atitude, uma fraqueza etc. **(Cap. 10)**

DIAMANTE: Joias vistas nos sonhos frequentemente se referem às joias da sabedoria. Alguém lhe deu um conselho "valioso" recentemente? Algo à sua volta ou alguma ideia ou projeto é um "diamante" bruto? Um diamante pode representar sua capacidade de brilhar e fascinar as pessoas.

DINHEIRO: Como você se valoriza e valoriza os outros. Frequentemente, o dinheiro nos sonhos significa que você tem de tomar consciência do seu próprio valor. Se ele aparece sob a forma de moedas, talvez seja necessário fazer uma mudança em sua vida. Quando estamos enfrentando dificuldades financeiras, é comum sonhar com ganhar ou achar dinheiro.

DISCUSSÃO: Você tem um problema, desavença ou discórdia com a pessoa com quem discutiu no sonho? Se for esse o caso, preste atenção ao que falaram. Pode haver algo muito esclarecedor dentro do roteiro do sonho. Se não tem queixa sobre a pessoa do sonho, pergunte-se por que estaria com raiva de você mesmo. O mais provável é que o roteiro do seu sonho se refira a uma luta anterior que você tenta resolver.

GLOSSÁRIO DE SONHOS 275

DIVÓRCIO: Esse sonho é muito comum para pessoas que passam por um processo de divórcio ou se divorciaram recentemente, porque tenta ajudá-las a enfrentar esse período. Se não for esse o seu caso, sonhar com divórcio significa que houve um distanciamento de ideias entre você e seu cônjuge. Que tipo de desentendimento vocês tiveram em tempos recentes? Alguma coisa, como um emprego, projeto ou pessoa se intrometeu entre vocês? Divórcio, mesmo que não seja o seu, pode significar que existe algo ou alguém que tem de ser afastado de sua vida.

DOCA, EMBARCADOURO: Alguma área da sua vida, antes em movimento e avançando, atracou e está parada? Você precisa parar por algum tempo para reavaliar a situação? Um estaleiro também pode representar algo ou alguém que lhe dá segurança e precisa ficar no mesmo lugar por um determinado tempo. (**Cap. 4**)

DOENÇA: Alguma coisa ou alguém o está corroendo? Alguma questão tem se tornado cada vez mais difícil? Você ou alguém próximo está mostrando um comportamento desequilibrado ou doente? Seu sonho lhe diz que é hora de encontrar o remédio para a situação. (**Cap. 6**)

DOENTE: Alguma coisa em sua vida não é boa para você. Existe uma situação ou pessoa que não é saudável. Que problema de sua vida precisa ser curado? (**Cap. 10**)

DOR: Costuma indicar uma dor emocional. Qual é a parte do corpo afetada? Dor no peito significa mágoa. Dor de cabeça representa ego ferido; nos pés indica que você está passando por uma experiência sofrida para chegar aonde deseja estar em sua vida. (**Cap. 6**)

ELEFANTE: Dizem que elefantes têm excelente memória. Alguém ou alguma coisa do passado surgiu repentinamente em sua memória? Há uma lição em sua vida da qual precisa se lembrar? Elefantes também são muito grandes, por isso talvez o sonho queira lhe dar uma mensagem de grande importância. Há um negócio importante transcorrendo em sua vida atual? Há uma oportunidade muito, muito grande diante de você? Em algumas culturas, um elefante é símbolo de boa sorte. No hinduísmo, o elefante é a deidade que afasta obstáculos.

ELEVADOR: Qual área da sua vida você está tentando deixar para trás com o intuito de alcançar um nível mais alto? Progressão ou regressão, dependendo da subida ou descida do elevador. Eleve sua mente e espírito. Sua capacidade de subir acima de onde está agora. Se o elevador não funciona, move-se para o lado ou cai, você tem enfrentado grande dificuldade de progredir em alguma área. O sonho pode estar lhe dizendo que chegou a hora de adotar uma estratégia diferente. **(Cap. 3)**

ENCALHADO: Algo ou alguém encalhado ou atolado sugere falta de progresso em algum aspecto de sua vida. Examine seus relacionamentos, finanças, ideias criativas etc. Hora de descobrir um modo de fazer as coisas andarem... ou de você avançar.

ENCOLHIMENTO: Alguma coisa está se tornando menos poderosa, menos importante em sua vida, e já nem mais representa uma opção para você. **(Cap. 9)**

ENGASGO: Você está engasgando com suas palavras? Há algo que precisa ou deseja dizer, mas não consegue ou está sendo forçado a ficar calado? O sonho lhe mostra que não falar ou não dar voz a seus pensamentos é prejudicial para você. Se

GLOSSÁRIO DE SONHOS

sonha frequentemente que está engasgando e acorda com dificuldade de respirar, é bom procurar um médico para verificar se você tem apneia do sono, porque o sintoma é comum para essa doença.

ENTERRAR: Pergunte-se: "Eu tenho necessidade de enterrar esse problema e seguir em frente?" "Esse assunto está morto para mim?"

ENTRADA DE GARAGEM: Sua capacidade de se aventurar em algo novo. Se estiver saindo, você está começando uma nova jornada em sua vida. Se estiver entrando, ela está chegando ao fim. Se o sonho se passa no caminho e você nunca se movimenta, para fora ou para dentro, pergunte-se qual é a área de sua vida que está estacionada. **(Cap. 8)**

ERVAS DANINHAS: Um elemento inesperado ou não desejado de sua vida e que cresce rapidamente. Como uma erva daninha, é algo que você precisa arrancar antes que ela ostensivamente tome conta dos seus pensamentos ou rotinas diárias. Se no sonho você as arranca, isso indica que você está trabalhando ativamente para remover esse elemento indesejado da sua vida.

ESCADA: Sua capacidade de ser bem-sucedido. Hora de progredir. Um processo passo a passo.

ESCADAS: Progressão ou regressão, dependendo do lado para o qual se está indo. Escadas representam sua capacidade de subir para um nível mais alto de sua vida profissional, seu status, sua jornada espiritual etc. Também podem significar que você precisa avançar em alguma situação subindo um degrau de cada vez.

ESCAVAR, CAVOUCAR: Uma forma de procurar, de se afundar num determinado tema. Procure em seu interior ou em seu passado para descobrir respostas ou um insight necessário. Talvez você esteja sendo muito intrometido. Pode refletir o medo de que algo ruim do seu passado seja descoberto. Também pode significar que você está se colocando num buraco mais profundo, uma situação de piora.

ESCOLA: Hora de aprender uma lição ou se preparar sozinho em certas matérias. Talvez você se sinta testado, ou precise atravessar uma situação com a nota máxima. Tem medo do fracasso? Se estiver tentando encontrar uma sala de aula, isso indica desorientação em alguma área de sua vida. Se estiver atrasado para uma aula, significa que você tem medo de perder uma oportunidade. Sensação de não estar preparado. **(Cap. 3)**

ESCONDER-SE: Uma boa indicação de que você está evitando um problema, sente medo do confronto ou talvez esteja escondendo um segredo. O que não deseja que seja "encontrado"? **(Cap. 10)**

ESCORREGÃO: Escorregar em um sonho significa que você cometeu um erro na vida real. Pergunte a si mesmo se está preocupado com alguma coisa ou alguém que esteja deslizando para fora de sua vida.

ESCURIDÃO: Misterioso, desconhecido, às vezes pode simbolizar o negativismo.

ESCURO: Estar no escuro em um sonho significa que você não está entendendo uma questão em sua vida real. Há alguma coisa acontecendo sobre a qual você precisa lançar uma luz?

GLOSSÁRIO DE SONHOS

Está incerto a respeito de uma decisão? Também pode significar depressão. (Cap. 3, Cap. 8 e Cap. 10)

ESPELHO: O que está acontecendo neste momento que o fez ficar preocupado com a opinião dos outros em relação a você? Como um espelho, nossos sonhos são reflexos de nosso self. Ver seu reflexo em um sonho significa que você precisa olhar seriamente para o seu self e seu comportamento na vida real e se perguntar se está satisfeito com o que viu. (Cap. 8)

ESPINHA: A acne indica imperfeições em sua reputação. Você está preocupado com a impressão que causa nos outros, não apenas em termos físicos, mas como seu comportamento ou reputação o precedem. Pergunte-se se há uma situação infeccionada com a qual você tem de lidar "cara a cara". O que você está precisando endireitar para "limpar"? (Cap. 8)

ESQUELETO: Pode representar a presença de "esqueletos no armário", coisas da sua vida ou do passado que você deseja que fiquem em segredo. Esqueletos também representam problemas que deveriam estar esquecidos mas ainda atuam em sua mente, mágoas e rancores que você precisa enterrar e deixar para trás.

ESQUERDA: O lado esquerdo geralmente diz respeito ao que foi e o que precisa ser deixado para trás. Também pode sugerir que você sente que está isolado. (Cap. 4)

ESTRANGEIRO: Parte da sua personalidade que você não conhece bem. Hora de procurar conhecê-la. Preste atenção para determinar se a pessoa foi útil ou prejudicial para você no sonho. Se foi útil e positiva, provavelmente indica que você é uma força positiva em sua própria vida. Se o estrangeiro

280 POR QUE SONHEI COM ISSO?

foi negativo ou prejudicial, pergunte-se de que maneira você está prejudicando a si mesmo ou o seu progresso. (**Cap. 2**)

ESTRANGEIROS: Pessoas estrangeiras em um sonho frequentemente simbolizam aspectos da sua própria personalidade que você não reconhece como seus ou que ainda não conhece bem. Você ou alguém próximo agiu de uma maneira que lhe pareceu "estranha"? Se seu sonho ocorrer num lugar desconhecido ou num país estrangeiro, significa que está lidando com um território estrangeiro na vida real. Está numa situação na qual nunca esteve antes, e talvez por isso sinta-se perdido, sem saber o que fazer.

ESTUPRO: Indica que você sente que alguém está se aproveitando de você, o está prejudicando. Alguém pode estar querendo que aceite seus pensamentos ou opiniões à força. Pergunte-se em que área de sua vida está se sentindo impotente.

EX: O ex do seu sonho foi seu primeiro amor? Se for esse o caso, ele se tornou um símbolo seu para paixão e entusiasmo, e apareceu para lhe dizer que é hora de trazer a paixão de volta ao seu atual relacionamento ou à sua vida como um todo. Em outras palavras, é hora de apimentar as coisas ou de terminar sua época de secura. Se há — ou houve — problemas graves com seu ex, talvez você esteja sonhando com a pessoa porque não foi capaz de deixar os problemas no passado. Parte de você ainda está ligada a ele. Os sonhos lhe dizem que é hora de se soltar. Não deixe questões do passado interferirem em seu atual relacionamento, ou em seus relacionamentos futuros. É impossível avançar enquanto continua agarrado ao que ficou para trás. (**Cap. 2**)

GLOSSÁRIO DE SONHOS 281

EXECUÇÃO: Sente-se forçado a pôr um fim em alguma coisa de sua vida? Sente-se culpado por alguma coisa?

EXPLOSÃO: Explosões emocionais. Raiva. Aviso que está para explodir. Uma enorme ideia. Às vezes sonhamos com explosões quando está acontecendo uma mudança extremamente importante em nossa vida. **(Cap. 8)**

FACA: Necessidade ou desejo de cortar ou romper laços, de se separar de determinada questão. Pôr fim em um comportamento, ideia ou pessoa em particular. Observações ríspidas, cortantes. Críticas. **(Cap. 10)**

FACADA: Palavras que ferem. Alguém próximo fez uma crítica ou acusação que o feriu emocionalmente? Também pode significar que você precisa dar uma facada em alguma coisa. **(Cap. 10)**

FADA: A parte de você que acredita em forças invisíveis no mundo e forças invisíveis em seu interior. Seu lado despreocupado e brincalhão. Pode estar mostrando alguém do seu conhecimento que é assim. Também pode indicar que está se sentindo muito pequeno e precisa enfrentar algo que pensa ser maior do que você.

FANTASMA: Um fantasma em um sonho sugere que algo do seu passado continua perturbando-o agora. Alguma coisa que você pensou estar terminada continua a vagar por sua psique. Hora de enfrentar os fantasmas do seu passado para poder progredir. É impossível avançar quando você continua agarrado ao que ficou para trás. **(Cap. 3)**

282 POR QUE SONHEI COM ISSO?

FERIMENTO: Ferimento em sonhos geralmente diz respeito a uma ferida emocional que precisa ser curada na vida real. Também examine outras áreas de sua vida que podem estar feridas, tais como relacionamentos ou seu ego.

FESTA: Existe uma causa para comemoração em sua vida. Hora de se recompensar por um trabalho bem feito. Em que obteve sucesso recentemente? Pode até significar que é hora de se soltar. (**Cap. 7 e Cap. 8**)

FEZES: Pode se referir a uma situação complicada. O que em sua vida está fedendo neste momento? Algo em sua vida anda uma porcaria? Seja o que for, seu sonho lhe diz que é necessário livrar-se do problema dando uma descarga para que suma para sempre.

FILHA: Se você está sonhando com sua própria filha, pergunte-se se está preocupado com alguma atitude que ela tem tomado. Se não for esse o caso — especialmente se ela não está mais sob o seu teto —, talvez ela represente algum aspecto seu que é parecido com sua filha. Qual parte sua que você vê nela principalmente? Esse é o aspecto que ela mais provavelmente representa no sonho. Se você não tem uma filha na vida real, a filha do sonho possivelmente é algum projeto, relacionamento ou mesmo uma parte de você que ainda está crescendo e se desenvolvendo, algo pelo qual *você* é responsável. (**Cap. 2**)

FILHOTE DE CACHORRO: Cães geralmente indicam lealdade e companheirismo, e por isso representam seu relacionamento com alguém ou sua lealdade. Um cachorrinho simbolizaria um relacionamento bastante novo ou uma lealdade recentemente descoberta (lealdade a um programa de dieta ou exercício, por exemplo). (**Cap. 5**)

GLOSSÁRIO DE SONHOS 283

FILME: Tudo o que está acontecendo num filme assistido no sonho é um reflexo direto do modo como você esteve "atuando" na vida real. Também pode ser uma reflexão direta do que vê para você mesmo na tela maior... a longo prazo.

FLUTUANDO: Capacidade de se elevar acima do comum ou superar uma situação grave. Se você está flutuando no ar e não consegue descer, talvez seja um recado do seu subconsciente para que você mantenha o pé no chão, pare de ir de um lado para o outro etc. Pairar sugere que você ou alguma coisa em sua vida não está avançando nem recuando. Onde há estagnação em sua existência? **(Cap. 10)**

FOGÃO: Você está planejando alguma coisa? Que ideias está cozinhando? Alguma área de sua vida começa a esquentar? Se você sonha com um "grill", pode significar que alguém o "grelhou" com perguntas demais. O forno também é um símbolo comum para o útero e costuma aparecer nos sonhos de mulheres grávidas. **(Cap. 7)**

FOGO: Frequentemente significa raiva, fúria ou paixão incendiária. Se uma casa está queimando, é um alerta para nervosismo, um colapso nervoso. Uma força destrutiva ou consumidora em sua vida **(Cap. 7)**

FORMATURA: Sua capacidade de avançar para o nível seguinte na sua vida, carreira, relacionamento, metas pessoais etc. Se, no sonho, você sente medo de não conseguir se formar, deve estar se sentindo inseguro de sua habilidade de progredir em alguma área da vida real. Esse sonho provavelmente está lhe dizendo para trabalhar com mais afinco e se preparar melhor para atender um prazo. **(Cap. 3)**

FORMIGAS: Comumente, qualquer inseto em seu sonho indica que algo ou alguém o está perturbando, como um mosquito. Formigas, sobretudo, são trabalhadoras e armazenam alimentos para o inverno, por isso podem representar sua própria engenhosidade.

FORNO: *Ver* Fogão.

FRUTA: Na maioria das vezes diz respeito ao fruto do seu trabalho. Esteve trabalhando arduamente em algum projeto e ele finalmente está dando frutos? Frutas também são um símbolo comum nos sonhos de mulheres grávidas porque estão dando "frutos" e multiplicando. (**Cap. 7**)

FUGA: De qual situação você está tentando escapar na vida real? Frequentemente significa o desejo de melhorar as condições atuais. A necessidade de sair de uma situação não desejada. (**Cap. 2**)

FUNERAL: O que terminou em sua vida? Que tipo de mudança está acontecendo? A mente sonhadora compara a mudança com a morte porque — como na morte — não sabemos o que está "no outro lado" dessa mudança. Um funeral também pode sugerir que chegou a hora de deixar uma mágoa, problema, comportamento, projeto, relacionamento etc. repousar e continuar indo em frente. É certo e saudável lamentar o fim de certas coisas. (**Cap. 2**)

FURACÃO: Você ou alguém que lhe é próximo teve uma explosão emocional? Estão acontecendo mudanças fortes e repentinas em sua vida? Um furacão também pode indicar a fúria de alguém ou extrema preocupação. Se eles ou você conseguirem se "centrar", você encontrará a calma, pois o olho do furacão é o ponto mais calmo. (**Cap. 8**)

GLOSSÁRIO DE SONHOS 285

FUTEBOL AMERICANO: Um esporte competitivo. Está enfrentando competição em alguma área da sua vida? Como gostaria de fazer um gol? Há alguma coisa com que precisa lutar para atingir seu objetivo? Também pode se referir a namorar muito, sem compromisso. (**Cap. 6**)

GALERIA: Tempo de expor seus dons, talentos e conhecimento. Um lembrete para preservar suas lembranças. Não esqueça suas lições de vida.

GALINHA: Recentemente você teve medo de lidar com alguma coisa? Alguém à sua volta foi covarde demais para fazer alguma coisa?

GARAGEM: O que está temporariamente "estacionado" ou à espera? (**Cap. 3**)

GAROTA: Geralmente simboliza um self despreocupado, juvenil. Pode também representar seu self imaturo, ingênuo. Crianças e jovens desconhecidos nos sonhos frequentemente simbolizam um projeto, ideia, relacionamento ou outro aspecto de sua vida que ainda não está plenamente desenvolvido. Uma garota desconhecida pode representar sua sensibilidade e/ou sua capacidade de nutrir. (**Cap. 2**)

FILHOTE DE GATO: Para uma mulher, um gatinho frequentemente diz respeito ao seu gatinho interior, sua sexualidade. Para um homem, pode indicar uma mulher de sua vida que acha atraente. Também pode sinalizar sua parte jovem e brincalhona, ou comunicar uma independência mal desenvolvida. (**Cap. 6**)

286 POR QUE SONHEI COM ISSO?

GATO: A energia sexual feminina, uma "gatinha". Se um gato o morder, pode ser um chamado à intimidade. Um gato doente ou faminto talvez indique que você está atravessando uma época de secura. Também pode indicar independência, indiferença, o gosto pela fofoca, equilíbrio físico ou outras qualidades que você atribui aos felinos. Um felino predatório é sua capacidade de proteger seus interesses, bem como de ir atrás do que deseja na vida. Se o gato é ameaçador no seu sonho, sua mente quer que você utilize suas qualidades em sua vida. (**Cap. 5**)

GELO: Emoções ou situação congelada. Alguma coisa está estacionada ou alguém o está ignorando. (**Cap. 8**)

GIGANTE: Alguma coisa em sua vida ou uma parte da sua personalidade assumiu um tamanho desproporcional. O que parece estar dominando ou assoberbando você? Também pode indicar abundância de alguma coisa. (**Cap. 4**)

GOLFINHO: Golfinhos são inteligentes e brincalhões, por isso frequentemente representam sua habilidade de prosperar e se divertir em uma situação emocional, como um relacionamento. Golfinhos também representam suas ideias criativas ou espirituais. No sonho, os golfinhos devem estar alegres e prontos para ajudar. Se estiverem feridos, você precisa se perguntar se seu self emocional ou criativo está magoado na vida real.

GORDURA: Frequentemente indica abundância, uma imensa quantidade de uma qualidade: amistoso demais, briguento demais etc. Também significa que você ou alguém está exagerando na franqueza. Indica também uma autoimagem ruim.

GLOSSÁRIO DE SONHOS 287

GRAVIDEZ: Você está para dar à luz alguma coisa nova em sua vida, algo que precisa de muito cuidado e atenção para atingir o pleno potencial. Pergunte-se também se está passando por um "renascimento". **(Cap. 6)**

GUEPARDO (*"cheetah"*): Felinos predatórios representam a capacidade que você tem de sair em busca da presa e trazer o que deseja para a sua vida. Um guepardo em particular às vezes se refere a alguém que é um *cheater* (enganador, em inglês) na vida real. Os guepardos são famosos pela velocidade, e talvez seu subconsciente esteja lhe pedindo para se apressar e terminar alguma coisa. **(Cap. 5)**

GUERRA: Geralmente indica uma luta interior. Com quem ou o que está brigando agora mesmo? Está envolvido numa guerra de palavras com alguém? *Ver* Batalha. **(Cap. 3)**

HOMEM: Seu self masculino, a parte de sua personalidade que é assertiva, age sem demora, toma decisões e ganha dinheiro. Se um homem desconhecido o está atacando, significa que ignora seu self masculino e assertivo. Se um homem desconhecido se mostrar atraído por você, então você está começando a reconhecer e acrescentar suas qualidades masculinas à sua vida. **(Cap. 2)**

HOMOSSEXUAL: O sonho com um caso homossexual (se você for hetero) significa que está admirando sua própria feminilidade ou masculinidade. É orgulho do seu gênero. Quando os homens conseguem um bom aumento de salário, um cliente importante, conquistar uma mulher etc., eles podem ter um sonho homem com homem porque fizeram algo especialmente viril naquele dia na vida real. As mulheres costumam ter sonhos lésbicos quando estão grávidas porque esse estado é o epítome do ser feminino. Pergunte-se o que fez ultimamente que foi especialmente viril ou feminino. (**Cap. 9**)

HOSPITAL: Alguma área de sua vida está precisando de cura, física ou emocional. Seria um relacionamento? Sua autoestima? Uma enfermidade física? Seu sonho está lhe dizendo que é hora de tentar melhorar as coisas. (**Cap. 3**)

HOTEL: Um hotel sugere que você está numa situação temporária ou passa por uma transição, porque só ficamos em hotéis por um curto intervalo de tempo. (**Cap. 3**)

IGREJA: Seu alicerce moral. Você está às voltas com um dilema moral neste momento? O sonho pode estar alertando-o para não esquecer os seus princípios para lidar com o problema. Também pode estar lhe dizendo para ter fé e acreditar que vai haver uma melhora na situação. Se você estiver rezando, pedindo alguma coisa, poderá ser atendido.

ILHA: Sente-se sozinho e isolado? De que maneira está separado ou cortado do convívio com os outros? Uma ilha no sonho também pode dizer que é hora de relaxar e rejuvenescer.

INFECÇÃO: *Ver* Doença.

INFERNO: Pode simbolizar um tempo difícil que você precisa atravessar. Medos, ansiedades, sensação de estar preso numa armadilha. Uma força maléfica.

INSETOS: É hora de lidar com alguma coisa ou alguém que o está aborrecendo. Quanto mais insetos no sonho, maior é o

GLOSSÁRIO DE SONHOS

problema. Faça o que for necessário para "esmagar" a questão de uma vez por todas. (**Cap. 5**)

INTRUSO: Na maioria das vezes, o intruso representa algo que se intrometeu em seu mundo pacífico ou invadiu e estragou a rotina habitual. Poderia ser um pensamento invasivo. Sonhos com intrusos são comuns em mulheres grávidas porque o corpo percebe o feto como um invasor.

INUNDAÇÃO: Uma situação que está piorando. Emoções avassaladoras. Algo está se tornando maior e escapando ao seu controle. É preciso encontrar um meio de ficar flutuando. Um símbolo comum nos sonhos das mulheres a cada mês, relacionado à menstruação. (**Cap. 8 e Cap. 10**)

IRMÃ: Se você estiver sonhando com sua própria irmã, é provável que não seja ela a pessoa representada (a não ser que exista com ela um problema que não sai de sua cabeça). A presença de sua irmã talvez represente uma parte de você que é parecida com ela. O que vocês têm em comum? Essa qualidade — ou defeito — tem importância para sua vida neste momento? O modo como sua irmã se comporta no sonho é uma boa indicação de como essa qualidade ou defeito o está auxiliando ou prejudicando. Se você for mulher e não tiver uma irmã, mas ela aparecer no sonho, então ela representará sua irmandade na comunidade feminina. Representará o fato de que você não está sozinha em sua atual situação na vida. Se for homem e não tiver irmã, ela representará seu lado feminino, a parte de você que pode ser criativa, sensível, nutridora, boa ouvinte e sensível.

IRMÃO: Algum problema atual com seu irmão tem lhe causado preocupação? Se for esse o caso, o sonho o estará orientando

290 POR QUE SONHEI COM ISSO?

sobre essa questão. Se não for, seu irmão pode representar uma parte de você — uma parte que é parecida com seu irmão. Quais são as qualidades do seu irmão? Você precisa utilizar essas qualidades em sua própria vida?

JANELA: Sua percepção do mundo. A capacidade de ver através de uma barreira. Qual é seu atual ponto de vista? **(Cap. 4)**

JARDIM: Alguma coisa está florindo em sua vida. Tempo de cultivar um novo relacionamento, talento ou habilidade. Sua capacidade de alimentar e cultivar aspectos de sua vida.

JOELHO: Sua habilidade de ser flexível. Você precisa ser teimoso ou deveria se "dobrar" um pouquinho neste momento? **(Cap. 6)**

JOGO: Em que área de sua vida você está apostando? Será que vale o risco? **(Cap. 2)**

JORNAL: Qual informação você recebeu recentemente sobre seu mundo pessoal? Se lhe foi difícil ler o jornal no sonho, talvez você não esteja conseguindo aceitar esse último boato ou informação.

LABIRINTO: Em algum ponto de sua vida você está se sentindo incerto ou sem direção. O que ou quem está lhe causando confusão? Sua mente sonhadora quer que você encontre seu próprio jeito de sair dessa situação. **(Cap. 10)**

LADO DIREITO: O lado direito geralmente indica a coisa certa a ser feita. A mão direita é seu lado de ofertar.

LAGO: Suas profundezas emocionais. Esperançoso quando a água está limpa e convidativa. Água suja aponta para uma

GLOSSÁRIO DE SONHOS 291

depressão ou problema emocional que você não consegue ver direito. Corpos de água são comuns em sonhos de mulheres porque se referem à menstruação. **(Cap. 4)**

LEÃO: Coragem, bravura. Talvez seja hora de rugir, de mostrar quem é o rei da selva. Também pode simbolizar seu eu predatório, sua capacidade de sair para a caçada e conseguir o que deseja. Para uma mulher, um leão pode representar sexualidade, seu "gatinho sexual" interior. Para um homem, talvez diga respeito a uma mulher. **(Cap. 5)**

LÍNGUA: Pense no que você recentemente disse ou precisa dizer. Se no sonho houver alguma coisa errada na língua, houve um problema de comunicação em sua vida.

LIXÃO: Ideias, atitudes e comportamentos descartados, inúteis e negativos. Atualmente você tem lidado com questões de sua vida que não são mais úteis? Hora de jogar no lixo o que você não precisa mais.

LOBO: A parte de você que é agressiva e gulosa. Ou alguém próximo está sendo agressivo e invejoso. No sonho de uma mulher, geralmente simboliza um homem. **(Cap. 5)**

LUA: A lua e outros corpos celestiais são geralmente uma referência a altas expectativas ou esperanças. Viajar para a lua sugere que as coisas estão se movimentando para atingir a meta elevada que você estabeleceu. **Muitas luas representam** muitas aspirações elevadas. **Meia-lua** pode significar que você não está se dedicando o bastante na tentativa de atingir a meta. Se a **lua estiver muito perto**, você logo vai atingir a meta desejada. Uma **lua brilhante** é sinal de otimismo. Uma **lua escura** pode ser sinal de depressão.

LUTA: Com que ou com quem você está lutando na vida real? Peso? Tabagismo? Questões de autoestima? Uma pessoa? O que está querendo vencer? A briga reflete a batalha que você está vencendo ou perdendo na vida real. (**Cap. 2, Cap. 3 e Cap. 5**)

MÃE: Se você não enfrenta problemas com sua mãe no momento atual, a presença de sua mãe num sonho representa sua capacidade de saber o que é melhor em determinada situação, de nutrir a si mesmo e os outros. Se você é mãe, a mãe no sonho simboliza seu próprio desempenho como mãe. Se no sonho ela estiver doente ou morrendo, examine o modo como você trata seus filhos. Também preste atenção a qualquer aviso vindo de sua mãe, porque ele está vindo da sua própria intuição. (**Cap. 2**)

MALA: *Ver* Bagagem.

MÃO: Sua habilidade em "manusear" um problema. Agora está em suas mãos. Você precisa de uma "mãozinha"? Precisa pedir ajuda? É também um meio de se expressar. Se houver algo de errado com a mão em seu sonho, talvez se trate de incapacidade de lidar com algum problema na vida real. (**Cap. 2 e Cap. 6**)

MASTURBAÇÃO: A masturbação geralmente significa que a pessoa está se agradando na vida real em vez de pensar nas necessidades dos outros. Também pode significar que você está muito satisfeito consigo mesmo ou com uma realização recente. (**Cap. 9**)

GLOSSÁRIO DE SONHOS

MÉDICO: Hora de uma cura emocional, espiritual ou física. A parte de você que sabe o que lhe é favorável. Sua capacidade de se curar ou resolver uma situação. Você está num relacionamento doentio ou situação prejudicial? Preste atenção ao conselho dado pelo médico em seu sonho. **(Cap. 2)**

MENINO: Um menino desconhecido em seu sonho pode representar a criança que existe em você, a parte de você que precisa ser livre e gosta de se divertir. Às vezes, crianças desconhecidas em sonhos podem representar um projeto ou outra coisa de sua vida que exige sua atenção e dedicação — como uma criança — e que ainda não está totalmente desenvolvido. Um menino também pode ser um aspecto não amadurecido da sua personalidade, em especial qualidades masculinas como assertividade e capacidade de tomar decisões firmes. **(Cap. 2)**

MERCEARIA: Hora de nutrir a si mesmo e os que o rodeiam. **(Cap. 30)**

MESA: Fome por nutrição emocional, financeira ou intelectual. Amizade sólida, hora de reunião da família. Também pode significar honestidade: pôr as cartas na mesa.

MILITARISMO: Tempo de se desdobrar, ser disciplinado e responsável. Também pode indicar que se é exageradamente exigente e disciplinado. Pode significar que é hora de se levantar e lutar pelo que acredita ser certo.

MOBILIÁRIO: Mais frequentemente diz respeito a pensamentos que "mobiliam" a mente. Móveis antigos representam pensamentos e atitudes conservadoras. Pouca mobília sugere falta de ideias neste momento. Mudar móveis de posição sig-

294 POR QUE SONHEI COM ISSO?

nifica que você está rearranjando suas prioridades. Empurrar móveis significa que você está tentando se afastar de alguma coisa, mas precisa primeiro perguntar-se se continua preso a certos sentimentos, inseguranças ou crenças do passado. Móveis modernos indicam novas ideias. (**Cap. 7**)

MOFO: Mofo ou umidade em paredes sugere alguma questão de sua vida que envelheceu ou algo que foi negligenciado. Assim como o mofo e a umidade destroem coisas que foram abandonadas por muito tempo, pode haver algo corroendo sua paz de espírito. Você permitiu que alguma coisa errada continuasse assim por tempo demais ou não se preocupou em lidar com um velho problema. (**Cap. 7**)

MONTANHA: Pode simbolizar uma meta que deseja alcançar ou obstáculo ou revés que precisa vencer. Quanto maior for a montanha, maior é a meta, obstáculo ou revés. Você é uma pessoa que sempre quer se ver no pico da montanha ou subindo para o alto porque isso significa progresso e sucesso. Também pode simbolizar alturas espirituais.

MONTANHA-RUSSA: Simboliza a vida com seus altos e baixos. Suas emoções. Poderia refletir uma situação pessoal, como suas finanças. O que em sua vida não está progredindo como deveria? O que está flutuando? Também poderia sugerir que você entrou nessa situação só para acompanhar alguém. (**Cap. 3**)

MORRO: Na maioria das vezes representa um obstáculo que você precisa eliminar. Quanto mais íngreme o morro, maior é a dificuldade para vencer o obstáculo da sua vida real. Se estiver descendo um morro, isso pode sugerir que as coisas começam a ficar mais fáceis agora. "Daqui em diante é só

GLOSSÁRIO DE SONHOS 295

moleza". Um morro também pode ser uma referência ao ponto atual de sua vida. Você sente que já chegou ao máximo de sua vida e agora começa a decadência, a velhice?

MORTE: Mudança, a velha ideia de morrer para abrir caminho para o novo. Fim de um relacionamento ou problema. Uma parte de você, algo do mundo real que está chegando ao fim. Não tema. O renascimento está perto. Pessoas mortas em um sonho geralmente sugerem questões mortas, que não devem mais receber energia. Pergunte-se se está abrigando um rancor que precisa deixar morrer. **(Cap. 10)**

MOTOCICLETA: Necessidade de libertação de um relacionamento, emprego ou outra situação. Você está pronto para viajar sozinho em determinada jornada. **(Cap. 4)**

MUDANÇA: A não ser que você esteja realmente mudando de casa na vida real, significa a necessidade de se afastar de uma situação ou de algo do seu passado, ou de mudar para um novo conjunto de ideias. É impossível avançar quando nos agarramos ao passado. **(Cap. 7)**

MULHER: Os aspectos femininos da sua personalidade, como criatividade, sensibilidade, capacidade de nutrir, passividade. **(Cap. 2)**

MULTIDÃO: Em que ponto da sua vida você está se sentindo oprimido ou assoberbado? Há coisas demais acontecendo? Sente-se desorganizado? Muitas pessoas reunidas também podem simbolizar todos os diferentes aspectos da sua personalidade ou da sua vida. Uma multidão indisciplinada indica caos ou raiva na vida real.

MUSEU: *Ver* Galeria.

NADAR: Sua capacidade de lidar com uma situação emocional. Se estiver se esforçando para nadar, isso significa que tem dificuldade para lidar com um problema emocional. Se luta para se manter à tona, então a situação é realmente difícil. Se estiver nadando com facilidade e prazer, seu sonho lhe mostra que está lidando com uma questão de sua vida como se fosse um "peixe na água."

NÁDEGAS: Hora de pôr alguma coisa "para trás". Também pode se referir a um passado recente. (**Cap. 6**)

NAVIO: *Ver* Barco.

NEVE: Em geral, alguma coisa fria em um sonho aponta para emoções frias. Você ou alguém ao seu redor esfriou emocionalmente? Alguém está tratando-o com indiferença? Neve também pode sugerir que alguma parte da sua vida está congelada ou atolada. (**Cap. 8**)

NEVOEIRO: Incapacidade de ver nitidamente uma situação. Uma ideia pouco clara. Incerteza. (**Cap. 8**)

NUDEZ: Qual é a causa do seu embaraço, vulnerabilidade ou despreparo na vida real? Recentemente você esteve (ou vai estar em breve) numa situação na qual todos os olhos se voltaram para a sua pessoa? "Revelou" um pouco demais sobre você mesmo ou sobre alguma coisa? Talvez precise revelar a verdade ou chegar ao que é básico. (**Cap. 10**)

GLOSSÁRIO DE SONHOS 297

NÚMEROS: Números indicam aspectos específicos em sua vida. Compare o número nos seus sonhos com os números de sua vida, como aniversários, endereços, finanças, números de telefone etc. **(Ver mais na Lista de Verificação Final)**

NUVENS: Suas formas de pensamento estão mudando constantemente. Nuvens fofas e brancas simbolizam pensamentos positivos. Nuvens escuras significam pensamentos negativos ou depressão. Se você está observando as nuvens mudando de forma, é uma sugestão de que mudou de ideia sobre alguma coisa. **(Cap. 8)**

O LADO DE FORA: Em um sonho, o lado de fora geralmente diz respeito a descartar alguma coisa. Se estiver tentando tirar algo da sua casa, automóvel etc., pode significar que alguma coisa se intrometeu em seu mundo pessoal, em sua paz de espírito, e você precisa encontrar um modo de expulsá-la de sua vida ou de seus pensamentos.

OCEANO: Suas profundezas emocionais e criativas. Alguma coisa deve estar afetando-o profundamente em termos emocionais. O sonho também lhe diz que existem muitos outros peixes no mar. Há vastas oportunidades para você. **(Cap. 4)**

ÓCULOS: Focalize sua atenção. Olhe mais de perto o problema. Qual é seu "ponto de vista" sobre sua situação atual? É você ou é uma pessoa próxima a você que finge não "ver" o que realmente está acontecendo?

OLHOS: Abra os olhos e procure ver claramente sua situação. Sua percepção, ponto de vista ou capacidade de focalizar um problema. Se não estiver enxergando bem, seu sonho lhe diz

298   POR QUE SONHEI COM ISSO?

que você não está encarando um acontecimento atual como ele é realmente, ou não está dando atenção suficiente a uma situação atual. **(Cap. 6)**

OMBRO: Sua resistência emocional. A capacidade de assumir uma responsabilidade. Um ombro ferido ou contundido indica fraqueza de sua parte ou de alguém próximo de você na vida real.

ONDAS: Ondas grandes ou tsunamis sugerem que você está se sentindo emocionalmente assoberbado. Pergunte-se por que as ondas ameaçam arrastá-lo em termos emocionais ou "varrê-lo" da sua rotina normal. Ondas também podem indicar uma "onda de inspiração". O que em sua vida está avançando ou se distanciando como uma maré? O que parece entrar e sair da sua vida constantemente? **(Cap. 4)**

ÔNIBUS: Um dos meios mais lentos de sair do ponto A e chegar ao ponto B. As coisas estão avançando muito devagar para você? Pode também simbolizar o conformismo ou acompanhar o pensamento das massas. Se perdeu um ônibus, talvez esteja perdendo uma oportunidade na vida real. **(Cap. 4)**

ORGASMO: Ter orgasmo em um sonho significa que seu corpo teve mesmo um orgasmo físico! O corpo não conhece a diferença entre um evento onírico ou real, por isso reagirá diante de um sonho como se fosse real. Orgasmos nos sonhos são mais comuns em mulheres do que em homens... desculpem, rapazes! Se você tiver um orgasmo em um sonho, pode ser um aviso de que você não tem uma vida sexual suficientemente ativa. Um alívio sexual tem de acontecer de uma forma ou de outra! Mas também pode significar a necessidade de um alívio emocional. **(Cap. 9)**

GLOSSÁRIO DE SONHOS
299

OSSOS: Alguma coisa que você precisa enterrar de uma vez por todas e parar de desenterrar. Um osso de cachorro pode ser referência a um relacionamento. Você está recompensando seu parceiro de maneira justa ou levando-o na conversa, fazendo-o trabalhar para você antes de recompensá-lo? Ou seu parceiro é que tem agido com você dessa maneira?

OUVIDO: Sua capacidade de ouvir. Está ouvindo o que diz o seu parceiro ou outra pessoa da sua vida? Hora de prestar atenção ao que alguém está tentando lhe dizer.

OVNI: Alguma situação é estranha ou desconhecida para você. Também pode simbolizar uma percepção mais elevada ou sua capacidade de alcançar suas mais altas metas. (**Cap. 4**)

OVO: Um ovo em um sonho geralmente significa renascimento, algo novo entrando em sua vida. Também sugere que você está chocando uma ideia. Se você estiver grávida ou tentando engravidar, ovos são símbolos muito comuns porque dizem respeito a sua fertilidade. (**Cap. 3**)

PAI: Está enfrentando um problema atual com seu pai? Se for esse o caso, o sonho está lhe mostrando como você se sente sobre a situação, e mesmo mostrando o que deve fazer. Se não houver nenhum problema entre você e ele, a figura do seu pai representa suas capacidades de chefe de família, de tomar decisões importantes, ganhar dinheiro e ser assertivo. Se houver algo de errado com seu pai ou se ele morrer no sonho, pergunte-se se você perdeu a capacidade de ganhar dinheiro ou tomar decisões importantes. Se você for pai, ele está representando seu próprio papel como genitor. (**Cap. 2**)

PAIS: A não ser que exista um problema entre você e seus pais, a presença deles no sonho diz respeito a você no papel de pai ou mãe. O modo como eles agem no sonho está relacionado ao seu comportamento como pai ou mãe, ou ao que atualmente sente sobre a criação de filhos? **(Cap. 9)**

PARALISIA: Em que aspecto de sua vida você não está se movimentando o suficiente para progredir? De que maneira acabou atolado? Se você acordou e não conseguiu se movimentar, provavelmente vivenciou um episódio de "Paralisia do Sono", que pode ser assustador. (Frequentemente inclui a sensação de haver uma presença escura na sala e de um peso no peito.) É algo completamente inofensivo, e significa que você ficou preso no estágio hipnogógico do sono por um momento. Você não consegue se movimentar porque no sono REM o cérebro paralisa seus músculos para que você não consiga se levantar e atuar segundo seu sonho. Se uma pessoa não tem dormido o suficiente, ela às vezes acorda antes que seu cérebro reative seus músculos, e então ocorre a Paralisia do Sono. **(Cap. 10)**

PAREDE: Um obstáculo ou barreira emocional que você construiu ao seu redor. Incapacidade de se conectar ou comunicar com alguma pessoa ou incapacidade de progredir em alguma situação. Contra quais muros você está se chocando na vida real?

PARQUE/ESTACIONAMENTO: Agora mesmo, alguma coisa está parada em sua vida. Hora de recomeçar ou você está precisando de férias? Um parque público pode sugerir que é necessário se abrir e falar em voz alta. Também que é preciso relaxar, voltar a ter contato com seu self despreocupado e divertido. **(Cap. 3)**

GLOSSÁRIO DE SONHOS 301

PÁSSARO: Sua habilidade de levantar voo, de ir além de onde você está agora. Também pode se referir à sua capacidade de se libertar de alguma coisa que lhe dá a sensação de estar preso. **(Cap. 5)**

PÉ: Sua capacidade de apoiar a si próprio, de manter-se no chão e avançar na vida ou numa situação especial. **(Cap. 6)**

PEDRA, ROCHA: Pode representar algo em sua vida que é sólido, como um relacionamento, sistema de crenças, uma opinião etc. Se a rocha for um obstáculo no sonho, ela se refere a algo aparentemente inflexível que o impede de alcançar certa meta pessoal. Muitas rochas juntas podem estar apontando para uma situação extremamente difícil ou "pedregosa". **(Cap. 4)**

PEITO: É onde fica o coração, e frequentemente diz respeito a suas emoções ou ao amor por alguém ou alguma coisa. Se, em seu sonho, o peito está ferido, você pode estar sofrendo por amor ou desperdiçando os sentimentos relacionados a outra pessoa. **(Cap. 6)**

PEIXE: O peixe está morrendo? Talvez seja preciso se conscientizar que existem "muitos outros peixes no mar". O peixe nada com desenvoltura? Então ideias ou projetos criativos estão indo muito bem. Talvez haja alguém em sua vida que você considera um "peixão". Pode simbolizar ideias criativas ou espirituais. Símbolo da cristandade. É símbolo comum nos sonhos de mulheres grávidas, e também pode se referir ao feto. **(Cap. 3)**

PENDURAR: Pode significar que alguma área de sua vida está "suspensa", sem sair do lugar. Se é você que está sendo

302 POR QUE SONHEI COM ISSO?

pendurado ou vê alguém ser pendurado, é uma provável indicação de que sua voz está sendo sufocada. Há alguma coisa que você não está revelando.

PÊNIS: Energia masculina. Hora de ficar em pé (isso mesmo) e ser assertivo. (**Cap. 6**)

PERDIDO: Em que área de sua vida você se sente sem rumo? Talvez seja hora de elaborar um plano para sua vida. Nada dura para sempre. Aprenda a valorizar o que possui. Talvez seja necessário abrir mão de alguma coisa. Talvez você sinta que algo esteja faltando em sua vida. Sente-se vazio? Pode ser um aviso do seu subconsciente para procurar alguma coisa que o faça se sentir realizado. (**Cap. 2**)

PERNA: Sua capacidade de "se virar" sozinho, de se manter firme ou de avançar. Se alguma coisa está prejudicando suas pernas, pode haver uma incapacidade de ficar em pé sozinho ou de progredir em alguma área. (**Cap. 6**)

PERSEGUIÇÃO: Se algo ou alguém está seguindo-o em um sonho, é bem provável que seja alguma coisa que você tem dificuldade de colocar "para trás" em sua vida real. Precisa esquecer uma mágoa? Um problema que não solucionou adequadamente? Uma fama da qual não consegue se livrar? Se você estiver seguindo alguém ou alguma coisa, eles representam algo que deseja obter na vida real. Está querendo seguir os passos de alguém?

PERSEGUIÇÃO: Ser perseguido significa que você está correndo de algum problema ou confronto na vida real. Quem ou o que você anda evitando? Se é você que está

GLOSSÁRIO DE SONHOS 303

perseguindo alguém ou alguma coisa, talvez esteja se apressando para atender um prazo autoimposto. **(Cap. 10)**

PESCOÇO: Você esticou o pescoço para ver alguém? Está competindo com alguém como se estivesse à distância de um pescoço? Em geral, qualquer coisa relacionada com o pescoço ou garganta vista em um sonho indica sua voz, algo que precisa dizer... ou deseja nunca ter dito.

PIANO: Sua capacidade de ter harmonia em todas as áreas de sua vida e estar "afinado" com os que o cercam. Se houver algo de errado com o piano do sonho, pergunte-se em que aspecto da sua vida está acontecendo um desequilíbrio: o que deixou de funcionar harmoniosamente para você? Onde "saiu de sintonia"?

PICADA: Alguém do seu conhecimento lhe disse algo que o magoou ou fez uma crítica que feriu seus sentimentos? Ou foi você que andou dizendo coisas ofensivas? Picadas também apontam para algo que está em má situação, algo que o deixa "mordido", por assim dizer. **(Cap. 4)**

PINTAR: O ato de pintar em um sonho sugere que você pretende criar uma coisa, salientar alguma coisa em sua vida, *ou* que você pode estar tentando encobrir algo. Pintar um quadro simboliza que você está tentando se expressar na vida real ou criar o que imagina para a sua vida. Também se pergunte se está tentando influenciar alguém ou alguém próximo está tentando influenciá-lo.

PISCINA: Sua piscina emocional. Está segurando ou contendo demais as suas emoções? Poderia também simbolizar algo em que deseja mergulhar. **(Cap. 6)**

PISTAS: Atualmente você anda imaginando se entrou na pista certa devido a uma decisão tomada? Uma **pista de corrida** pode sugerir que você está preso a um prazo. Por que está com pressa? Será que está sendo impaciente demais?

PLANETA: Na maioria das vezes, os planetas representam as metas elevadas que você aspira e que lhe parecem distantes e fora de alcance. Também podem se referir a uma nova fase ou capítulo de sua vida, algo que lhe parece "um mundo novo"

PODRIDÃO: Alguma coisa de sua vida pode estar se estragando ou permanecendo por tempo demais. Examine seus relacionamentos e questões desagradáveis sobre problemas atuais, comportamentos ou atitude. Como um alimento podre, alguma coisa precisa ser atirada para longe de sua vida, antes que se torne insuportável.

POEIRA: Ver poeira em um sonho significa que esteve negligenciando alguma coisa, um problema ou mesmo uma parte de você. Neste momento, você não está usando seus talentos e habilidades? Limpar a poeira significa voltar aos negócios. Em que está voltando a se concentrar? Está clareando ou limpando um mal-entendido? Ver alguma coisa virar poeira significa sentir que algo está se tornando menos relevante em sua vida.

POLÍCIA: Sua capacidade de colocar um ponto final em alguma coisa, saber o que é certo e o que é errado. Se estiver sendo perseguido por policiais, talvez se sinta culpado por algo. (**Cap. 2**)

PONTE: Transição, chegar de um ponto A até um ponto B. Você está tentando passar por cima para entrar em uma nova área

GLOSSÁRIO DE SONHOS 305

de sua vida? Se a ponte desmorona ou você cai dela, significa preocupação de não conseguir ser bem-sucedido nessa transição de sua vida.

PORÃO: Lugar mental onde você guarda lembranças, atitudes, comportamentos etc. que gostaria de esquecer, ou não mostrar às claras. Às vezes simboliza o passado. Se o sonho acontece num porão, significa que provavelmente há algo do seu passado que tentou manter oculto, mas precisa trazer à superfície para lidar com ele. (**Cap. 7**)

PORCO: Você ou alguém à sua volta está se mostrando ou se comportando de maneira grosseira, rude? Pode também ser um reflexo da sua imagem corporal.

PORTA: Uma oportunidade. Uma porta trancada simboliza sua incapacidade de se aproximar de alguém, ou incapacidade de progredir. A porta aberta lhe diz para avançar. O toque de uma campainha no sonho é um dos meios usados pelo eu mais profundo para chamar sua atenção. Há uma oportunidade batendo à sua porta? Você está respondendo ao "chamado" ou vocação de sua vida? Ou então você precisa "se abrir" e ser honesto sobre alguma coisa, ou se abrir para alguém entrar em sua zona de confiança. (**Cap. 2**)

PORTÃO: Um portão aberto é uma oportunidade que está à sua disposição agora mesmo e pode marcar o começo de uma nova jornada ou fase de sua vida. Também pode representar sua capacidade de vencer um obstáculo ou barreira que atualmente você enfrenta. Um portão fechado pode sugerir que você ou alguém próximo precisa "se abrir" acerca de alguma questão para conseguir "passar" para outra. Também pode significar que você se sente isolado ou não é desejado por alguém. (**Cap. 10**)

306 POR QUE SONHEI COM ISSO?

PÓRTICO: Um pórtico é uma extensão da casa, por isso pode refletir sua habilidade de se estender para os outros e também sua capacidade de ser "aberto" e honesto. Um pórtico na parte posterior da casa pode representar algo acontecido no passado recente ou algo que você prefere manter em segredo.

PRAIA: Pode significar que você precisa de férias e relaxamento. Num nível mais profundo poderia simbolizar seu próprio poder; a tremenda energia do oceano, da terra e do céu se juntando. Sua criatividade. Como anda a sua inspiração?

PRAZO: Você está preocupado com uma data de entrega na vida real? Precisando atender um prazo que você mesmo se impôs? Sente que o tempo está correndo mais depressa também na vida real? Há preocupação com a perda de uma oportunidade?

PRÉDIO, EDIFICAÇÃO: Um prédio simboliza algo de sua vida que você já construiu. Como é esse edifício? Alto e enorme? Isso indica sucesso. Está em construção? Trata-se de algo que ainda não foi terminado. Está abandonado ou desmoronando? Então simboliza alguma coisa de sua vida que você negligenciou e precisa de mais atenção... ou talvez precise ser demolida. **(Cap. 4)**

PRESIDENTE: Seu self autoritário, que toma decisões. A parte da sua personalidade que preside seus negócios. Está precisando ser mais decisivo e exigente?

PROFESSOR: Há alguma coisa que você tem de aprender agora mesmo? Uma nova atividade? Uma lição de vida? Está aprendendo a lidar com uma questão em particular? Se o professor

GLOSSÁRIO DE SONHOS

do sonho lhe dá conselhos e orientação, preste atenção ao que ele fala, porque é você dizendo alguma coisa que precisa conhecer mais profundamente.

PULO: Na vida real, você está para "pular" dentro de uma coisa rapidamente demais? Como está dando "um salto de fé"? Também pode significar a necessidade de saltar para pegar uma ideia ou oportunidade antes que seja tarde demais.

PUXAR (com barbante, por exemplo): Alguém o está puxando para algum lugar? É você que está puxando alguém? Também pode representar sua capacidade de se ligar a alguém ou de manter as coisas amarradas. Pode se referir ao modo de dizer "sem laços". Alguém lhe ofereceu uma oportunidade do tipo "sem laços", sem compromisso?

QUARTO DE DORMIR: Talvez você precise de mais descanso. Pode estar comentando assuntos particulares, íntimos, especialmente os relacionados com seu cônjuge. Alguma coisa o faz ficar acordado à noite? Um quarto de criança frequentemente aponta para o início de suas esperanças, ideais, temores etc. Também pode ser hora de examiná-los e questionar a si mesmo se você está onde imaginou que estaria agora. (**Cap.** 7)

QUEBRA, QUEBRADO: Se algo estiver quebrado em um sonho, você precisa perguntar-se o que quebrou ou se rompeu na vida real. Uma promessa? Um relacionamento? Um negócio? Sua confiança? Uma esperança? Ou houve um avanço recente que rompeu com o passado no que diz respeito à comunicação, ao trabalho ou a uma meta etc.

308 POR QUE SONHEI COM ISSO?

QUEIMADURA: Recentemente você tem se sentido sem gás? Está exausto ou cansado de alguma coisa? Foi uma queimadura emocional? A raiva de alguém o feriu recentemente?

QUEIXO: Sua capacidade de ser "durão", de escapar de um golpe ou de "manter o queixo para cima" mesmo que a situação lhe seja adversa.

QUINTAL: Simboliza suas coisas particulares que gosta de manter em segredo, longe dos olhos dos outros. Também pode representar o passado, o que está atrás de nós. (**Cap. 7**)

RACHADURA: Alguém próximo de você está começando a "rachar" sob pressão? Se houver alguma coisa rachada ou rachando em seu sonho, algo em sua vida talvez esteja a ponto de desmoronar. O que precisa da sua atenção imediata? O que precisa remendar ou reconstruir? Se estava olhando para alguma coisa pela rachadura, talvez esteja perto de receber um novo conhecimento sobre uma determinada questão.

RAINHA: Capacidade de liderança, suas qualidades femininas de administração.

RAIO: Um estalo de inspiração. Uma brilhante e súbita ideia. Uma enorme explosão de energia ou impulso. Às vezes pode ser um símbolo, porque é algo que vem do céu. (**Cap. 8**)

RALO: Alguma coisa está drenando sua energia, emoções ou mesmo finanças. Também pode ser uma sugestão de que algo não vai bem e está escorrendo pelo ralo, afastando-se de você. Água suja indo para o ralo é um bom sinal. A depressão está se esvaindo.

GLOSSÁRIO DE SONHOS

RATO: *Ver* Camundongo.

REGATO: O fluir de sua vida. Você está indo com a corrente ou resistindo a ela? Se luta contra a corrente, talvez não esteja gostando do rumo que sua vida está tomando. Se tenta atravessar o rio, pode ser um indício de que você está tentando passar para uma nova área de sua vida. Se estiver se afogando em um rio, a vida está sendo pesada demais para você. Se seu filho estiver se afogando num rio ou sendo levado pela correnteza, o sonho prepara-o para entender como a vida e o tempo afasta nossos filhos de nós. Seu filho provavelmente está se tornando mais independente. Rios e riachos também são símbolos comuns para mulheres no período da menstruação...

RELÓGIO: Geralmente, um relógio de parede ou de pulso significa que você está sendo obrigado a atender um prazo. O que vem tentando conseguir nesse momento? É um prazo autoimposto? Para uma mulher, um relógio pode estar apontando para seus ritmos biológicos. Ele começou a funcionar? Você começa a se preocupar com a possibilidade de o tempo estar acabando? Qual é a causa da sua impaciência?

RESTAURANTE: Pergunte-se qual é o alvo da sua "fome" na vida real. Sente que nesse momento tem opções disponíveis que "alimentarão" suas necessidades emocionais, criativas ou intelectuais?

RETRATOS: O modo como você retrata a si mesmo ou uma situação particular. Seu sonho poderia estar dizendo: "Tente ver o quadro todo!" Talvez seja hora de olhar para o passado. Retratos também são memórias. Seu sonho pode estar lhe dizendo para tomar consciência do presente porque depende de você transformá-lo numa boa ou má lembrança.

310 POR QUE SONHEI COM ISSO?

RIO: *Ver* Regato.

RODOVIA: A estrada da vida. O caminho que está percorrendo neste momento. A direção que está tomando. O estado de conservação da rodovia refletirá as condições do tráfego da sua vida: muito cheia e congestionada; trânsito vagaroso, estrada livre etc. Sair da rodovia sugere que você pode estar sendo enganado. **(Cap. 4)**

ROSA PINK: As cores quase sempre refletem suas emoções. O pink sugere que você ou alguém próximo está demonstrando ou precisa demonstrar gentileza e/ou passividade. Analise as associações que faz com essa cor. Ela o faz se lembrar de um quarto ou sala do passado? Um pulôver preferido?

ROSTO: Enfrente o problema, enfrente o passado, enfrente os fatos etc. Se não há confronto, pode significar que tem medo de enfrentar alguma coisa, ou pode simbolizar uma parte sua que você não reconhece. Quais são as dificuldades que está enfrentando agora na vida real? Seu sonho lhe mostrará como está lidando com esses transtornos. **(Cap. 9 e Cap. 10)**

ROUBO: Em sua opinião, o que está sendo tirado de você na vida real? O que sente estar perdendo? Sua credibilidade? Identidade? Energia? Oportunidade? Tem dificuldades financeiras? Alguém está ganhando os créditos dos quais você sente ser merecedor? **(Cap. 4)**

SACOLA: Pode se referir ao medo de perder o emprego e ter de carregar suas coisas na hora da saída. Também pode indicar que você ou alguém próximo a você tem algo a esconder.

GLOSSÁRIO DE SONHOS 311

SALA DE AULA: É hora de aprender uma lição ou estudar sozinho algumas matérias. Talvez tenha a impressão de que precisa passar por um teste ou situação com notas excelentes. Tem medo do fracasso? Ficar à procura de sua classe talvez signifique falta de orientação em sua vida, em alguma área. Chegar atrasado para a aula reflete o medo de perder uma oportunidade ou de sentir que não está preparado para ela. **(Cap. 3)**

SALVAMENTO: Se houver uma tentativa de resgate em seu sonho, é bem provável que esteja diretamente ligada a algum aspecto de sua vida que precisa de socorro. Examine seus relacionamentos, finanças, vida profissional, projetos, até mesmo seu estado emocional, e pergunte-se onde precisa realmente de alguém para ajudá-lo. No sonho, se estiver resgatando alguém, como um membro da família ou um amigo, pergunte-se como acha que poderia auxiliar essa pessoa na vida real.

SANGUE: Sua energia, sua força vital, que o mantém progredindo. Se há muito sangue em seus sonhos, você está desperdiçando ou perdendo energia, ou algo ou alguém tem esgotado sua energia. Muito está saindo de você e não há retribuição. Você está sangrando em termos financeiros? **(Cap. 6)**

SAPATO: Sua capacidade de se manter firme e de se defender. Também pode se referir à direção que você precisa tomar e aos passos que deverão ser dados para chegar lá. Se perdeu os sapatos, talvez esteja se sentindo inquieto e inseguro sobre alguma coisa. **(Cap. 6)**

SEIOS, MAMAS: Sua capacidade de nutrir e cuidar de você e dos que o cercam.

POR QUE SONHEI COM ISSO?

SEMENTE: Representa um início totalmente novo em alguma área de sua vida, ou uma ideia que precisa ser implementada para poder crescer e alcançar o seu potencial. Uma semente de abóbora é o início da felicidade.

SERROTE: Há alguém ou alguma coisa que você tem de separar da sua vida? Você tentou diminuir ou cortar ao meio o tempo que dedica a alguma coisa ou a alguém?

SEXO: União de qualidades ou opiniões. Escolha três palavras para descrever seu amante do sonho. Aplique essas palavras a você mesmo e à sua vida. Ela seria bem melhor se você tivesse essas qualidades ou opiniões? Sexo num sonho nem sempre representa uma união física que você gostaria de ter, mas muito mais uma união psicológica que precisa ter. Sexo com alguém do mesmo gênero (se você não for gay) significa que recentemente você teve grande sucesso em realizar algo que o fez se orgulhar do seu gênero. Por exemplo, mulheres grávidas tendem a ter sonhos lésbicos porque não há nada mais feminino do que gerar uma vida. Homens às vezes têm um sonho homossexual quando conseguem marcar um encontro com uma mulher bela e desejável, ou quando têm uma boa promoção. **(Cap. 9)**

SHOPPING CENTER: Há muitas opções à sua disposição agora mesmo. Talvez você sonhe com o shopping quando precisa de um pouco de mimo, ou quando procura por alguma coisa que o fará se sentir feliz. O que está tentando trazer para sua vida agora mesmo?

SINAGOGA: *Ver* Igreja.

GLOSSÁRIO DE SONHOS 313

SOL: Um dia ensolarado em um sonho geralmente reflete alegria e felicidade na vida real. O sol costuma indicar verdade, honestidade, iluminar alguma coisa. **(Cap. 8)**

SOLDADO: *Ver* Militares.

SOMBRA: Para a mente sonhadora, uma sombra simboliza uma parte de você mesmo ou de alguém que é obscura, não reconhecida. Pode indicar seu lado escuro, a parte que é melancólica, deprimida ou que se comporta mal. Há alguma coisa sombria ocorrendo no momento? **(Cap. 7)**

SONO: Querer não ver alguma coisa ou não estar plenamente consciente do que acontece em sua vida. Se houver alguém dormindo no seu sonho, a pessoa talvez não tenha consciência do que está ao seu redor. Essa pessoa precisa acordar para se conscientizar de alguma coisa? Ou será que o melhor seria não saber de nada? Às vezes a pessoa que dorme no seu sonho representa uma parte da sua própria personalidade. Por exemplo, se sua mãe está dormindo, pode estar representando seus instintos maternais ou nutridores que estão dormentes ou inativos neste momento. **(Cap. 9)**

SÓTÃO: Lugar mental onde você armazena suas ideias e metas espirituais. Também é um lugar na casa onde se guardam os objetos que perderam sua utilidade e, portanto, representa o local de sua psique onde estão armazenadas coisas que foram esquecidas ou com as quais você não quis lidar. O sonho coloca-o no sótão porque existe algo que você precisa enfrentar ou trazer de volta à sua vida. **(Cap. 7)**

314 POR QUE SONHEI COM ISSO?

SUBIR, GALGAR: Se estiver subindo com dificuldade, há algo em sua vida real que está sendo difícil de superar, ou há alguma meta difícil de alcançar. Seu sonho o estimula a continuar se movimentando na direção do seu objetivo, porque quando você finalmente chegar "ao alto", verá que o esforço valeu a pena.

SUBTERRÂNEO: Qualquer coisa subterrânea diz respeito a algo que foi empurrado para baixo do seu pensamento consciente (uma lembrança, emoção, problema etc.). Geralmente é algo que você tem esperança de esquecer, mas a mente sonhadora deseja que você se aprofunde e lide com a questão. Também pode significar que é tempo de olhar profundamente para dentro de si e encontrar a resposta e a verdade que você precisa agora mesmo.

SUICÍDIO: Um final ou mudança forçada em sua vida ou seu comportamento. Que parte da sua personalidade ou da sua vida você deseja terminar? Outra pessoa cometendo suicídio em seu sonho também pode estar representando uma parte de você que está tentando modificar. Todavia, se for alguém com quem você lida diariamente, pode não ser um símbolo, mas a verdadeira pessoa. Se for o caso, pergunte-se se ela está tentando fazer mudanças em sua própria vida. (Cap. 2 e Cap. 5)

SUJEIRA: Sujeira ou lama em um sonho geralmente indica negatividade, frustração ou depressão, porque são coisas que "sujam" uma psique que deveria ser limpa. (Cap. 3 e Cap. 10)

TEIA (INTERNET): Alguém ao seu redor criou uma rede de mentiras? Você é o único que está sendo desonesto? O sonho está lhe mostrando que a desonestidade o prenderá numa ar-

GLOSSÁRIO DE SONHOS

315

madilha. Uma teia também diz respeito a uma rede de informações entre companhias ou à World Wide Web (WWW).

TELEFONE: Simboliza sua capacidade de se comunicar, de transmitir suas ideias e também a habilidade de escutar. Se existir alguma coisa errada com o telefone do sonho, isso significa que talvez haja problemas de comunicação com alguém em sua vida. (Cap. 9, Cap. 10, Lista de Verificação)

TELEVISÃO: Hora de olhar para o quadro mais amplo. O que vê na televisão provavelmente está conectado com alguma coisa em sua vida real que não está recebendo a devida atenção. Assistir à televisão também pode sugerir que você está sendo apenas um espectador em sua vida, sem agir da maneira necessária.

TELHADO: Proteção. Sensação de segurança. Também pode indicar as finanças e sua capacidade de manter um telhado sobre a cabeça. Se houver um defeito no telhado, pergunte-se o que está errado com suas finanças ou sua sensação de segurança. (Cap. 9)

TEMPESTADE: Você deve estar lidando com uma situação tempestuosa neste momento. Talvez você (ou uma pessoa próxima a você) tenha experimentado uma explosão emocional. (Cap. 8)

TERRAÇO: *Ver* Pórtico.

TOALHA: Sua capacidade de passar uma borracha no passado. Se estiver enrolando alguma coisa numa toalha, é preciso perguntar-se o que você tenta manter "embaixo dos panos" neste momento. É possível que seja uma referência a desistir, a "jogar a toalha".

TORNADO: Furacões ou tornados no sonho quase sempre apontam para preocupação e ansiedade. Com o que está preocupado no momento? O que faz suas emoções saírem do controle? Há algo acontecendo que você receie não ser capaz de controlar? Se esses sonhos são constantes, é uma boa indicação de que você entrou no clube dos fóbicos! Esses sonhos são um alerta para se acalmar, relaxar e "deixar nas mãos de Deus..." **(Cap. 8)**

TORNOZELO: Sua capacidade de ser flexível. Ultimamente você tem sido flexível demais, dando oportunidade para alguém se aproveitar? Ou precisa ser mais flexível agora mesmo para colaborar no progresso de uma situação? **(Cap. 5)**

TRAIÇÃO: *Ver* Adultério.

TRAVESSEIRO: Necessidade de ser confortado ou de descansar e relaxar. Conversas despreocupadas (conversar com o travesseiro).

TREM: Quase sempre diz respeito à sua linha de pensamento ou capacidade de se manter no lado certo da vida. Se o trem estiver descarrilando ou batendo, sua linha de pensamento foi interrompida ou talvez você tenha saído dos trilhos que o levariam para suas metas e seu propósito de vida. Chegou a hora de repensar uma questão. Às vezes um trem pode representar a família. Os vagões seguindo um atrás do outro são como as gerações que se sucedem. **(Cap. 4)**

TRILHA: Uma trilha ou direção que você escolheu tomar em sua vida. A condição em que a trilha se encontra reflete a faci-

GLOSSÁRIO DE SONHOS 317

lidade ou dificuldade que você encontra em percorrê-la. Está seguindo pelo caminho de alguém ou pavimentando o seu?

URSO: Ursos indicam alguém próximo de você — ou mesmo uma parte de você — que tem uma energia emocional intermitente, que num momento é uma gracinha e fofinho como um ursinho de brinquedo, e no momento seguinte se torna ríspido e agressivo, como uma mamãe urso furiosa. Poderia também apontar para quem é superprotetor. (**Cap. 5**)

VAGINA: A energia e qualidades femininas: passividade, sensibilidade, criatividade, a capacidade de nutrir ou dar à luz algo de novo. (**Cap. 6**)

VASO SANITÁRIO: Sua capacidade de soltar sua negatividade e jogá-la no esgoto. Se a bacia estava suja ou entupida, você não tem processado sua negatividade como deveria e está segurando coisas que deveria esquecer. (**Cap. 7**)

VAZAMENTO: Recentemente você disse alguma coisa que não deveria? Cometeu um erro? Alguém que você conhece cometeu um erro? (**Cap. 7**)

VAZIO: O que falta em sua vida? Sente-se emocionalmente vazio? Está sem ideias novas? O sonho pode estar lhe dizendo que é hora de procurar realização em sua vida. (**Cap. 3**)

VELHO: Alguma coisa de sua vida está ficando "velha"? Uma pessoa idosa no seu sonho pode indicar a sabedoria que você adquiriu através da idade e da experiência. Talvez se refira a atitudes e crenças velhas e ultrapassadas.

318 POR QUE SONHEI COM ISSO?

VENENO: Frequentemente diz respeito a algo negativo ou prejudicial em sua vida, como modelos de pensamento negativos, mau comportamento, um relacionamento doentio etc. Que situação ou pessoa da sua vida real está sendo "venenosa" para você? Se no sonho você estiver envenenando alguém, pode ser um reflexo do seu desejo de expulsá-lo da sua vida ou de que quer o mal para ele. Se você foi envenenado, seu sonho o está avisando de que há algo ou alguém muito prejudicial em sua vida e que você tem de se livrar disso. (**Cap. 5**)

VENTO: Os ventos da mudança estão soprando por sua vida neste momento. Podem ser um preparo para uma situação tempestuosa que está para chegar. (**Cap. 8**)

VERMELHO: Costuma significar um sinal de alerta ou interrupção. Uma bandeira vermelha mostrada para você em um sonho avisa-o sobre um perigo. Também pode significar raiva ou paixão. (**Cap. 5**)

VIDRO DE CONSERVA: Você está segurando as coisas, mantendo-as com a tampa fechada. Talvez você deva se abrir!

VINHO: Comemoração. Espiritualidade. Sorver o conhecimento. Se for vinho tinto, para uma mulher, está indicando o próximo período menstrual. (**Cap. 7**)

VOAR: Capacidade de se libertar dos males terrestres e de coisas que o deprimem e o fazem sentir-se pesado. Também a capacidade de atingir novas alturas e alcançar um nível de vida mais elevado. Pode ser um abraço de parabéns do seu subconsciente por ter feito um bom trabalho. O que está acontecendo agora que alegra seu espírito? (**Cap. 4 e Cap. 5**)

GLOSSÁRIO DE SONHOS 319

VÔMITO: Alguma coisa que está ocorrendo em sua vida não é boa para você. Seu sonho lhe diz que você precisa se livrar imediatamente desse problema, pessoa ou comportamento. (Cap. 4)

ZUMBI: Algo que você pensou estar "morto e enterrado", mas que tenta voltar à vida. Frequentemente representa uma mágoa que você mantém "viva" embora o problema tenha morrido. Você ou alguém próximo de você está se mostrando frio e sem emoções, e desligado dos sentimentos e da realidade? (Cap. 7 e Cap. 10)

Este livro foi composto na tipologia Dante Lt Mt,
em corpo 11,5/15, e impresso em
papel off-set 75g/m² no Sistema Cameron da
Divisão Gráfica da Distribuidora Record.